유치원과 어린이집 교사를 위한

학급긍정훈육법
· 영유아 돌봄편 ·

유치원과 어린이집 교사를 위한

학급긍정훈육법

· 영유아 돌봄편 ·

제인 넬슨 · 셰릴 어윈 지음 | **성은지** 옮김

김성환 감수

POSITIVE DISCIPLINE
FOR CHILDCARE PROVIDERS:

A Practical and Effective Plan
for Every Preschool and Daycare Program

ଓଓ에듀니티

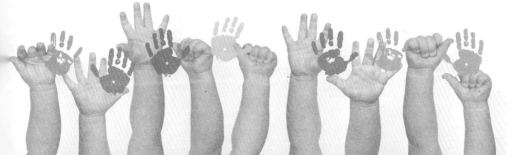

학급긍정훈육법 영유아 돌봄 편

초판 1쇄 발행   2019년 7월 17일
초판 4쇄 발행   2023년 4월 1일

지은이 제인 넬슨, 셔릴 어윈
옮긴이 성은지
감수 김성환

발행인 김병주
마케팅 진영숙
COO 이기택
뉴비즈팀 백헌탁, 이문주, 백설
행복한연수원 이종균, 이보름
에듀니티교육연구소 조지연

디자인 디자인붐
일러스트 안희원

펴낸 곳 (주)에듀니티
도서문의 070-4342-6110
일원화 구입처 031-407-6368 (주)태양서적
등록 2009년 1월 6일 제300-2011-51호
주소 서울특별시 금천구 가산동 371-28 우림라이온스밸리 A동 1208호
출판 이메일 book@eduniety.net
홈페이지 www.eduniety.net
페이스북 www.facebook.com/eduniety
인스타그램 www.instagram.com/eduniety/
　　　　　　 www.instagram.com/eduniety_books/
포스트 post.naver.com/eduniety

ISBN 979-11-6425-023-3 (13370)
값은 뒤표지에 있습니다.

문의하기

투고안내

모든 양질의 돌봄 제공자들을 위해
— 특히 내 손주를 돌보고 있는 이들을 위해.
제인

세상의 아이들을 돌보는 데 시간과 노력을 바치는
모든 분께 감사의 마음을 담아.
셰릴

이 책에 쏟아진 찬사

『학급긍정훈육법 – 영유아 돌봄편』은 아이들이 아주 어릴 때부터 타인의 기분에 관심을 가질 수 있도록 아이들의 자존감을 발달시킬 수 있는 효과적인 전략이 담긴 보물창고다. 이 책은 아이의 자신감, 용기, 유대감을 길러줌으로써 문제행동을 줄이는 마법과도 같은 기술을 알려준다.

　– 롭 구텐버그Rob Guttenberg,『치어리더로서의 부모The Parent as Cheerleader』
　　저자, 매릴랜드 주 인증 유아교육법 교육자, 매릴랜드 주 청소년
　　YMCA 부모교육부 소장

영유아 교사에게 더없이 훌륭한 정보를 담은 책! 여기서 제시하는 패러다임 시프트야말로 우리나라에서 보육의 질을 높이기 위해 꼭 필요한 시각이며 종종 박봉에 제대로 인정도 받지 못하는 영유아 교사들을 격려해줄 수 있다. 아이의 학습, 발달, 성장에 영유아 교사들이 얼마나 지대한 영향을 미칠 수 있는지 깨달을 때의 그 '전구가 팟! 하고 들어오는' 순간을 지켜보는 것은 늘 즐거운 일이다. 부모로서 나는

내 자녀의 교사들이 꼭 이 책을 읽길 바란다.

- 데보라 카셴Deborah Cashen, 텍사스 주 휴스턴 시 뭐든 할 수 있는 공동
  체 만들기

이 책은 유아교육 공동체에게 더할 나위 없이 유용하다. 때로 암담한 결과와 맞닥뜨리며 힘들게 교육법을 터득해가야 하는 신규교사에게 특히 도움이 될 책이다. 보조교사 교육에도 유용하다. 제인과 셰릴은 복잡한 개념도 모두가 분명히 이해할 수 있는 간단명료한 방법으로 설명하는 뛰어난 능력의 소유자들이다. 이 두 작가는 심리학 이론들이 어떻게 직접적으로 적용될 수 있는지 구체적인 예시를 들어서 알려준다. 영유아 교사들에게 유용한 실용서적이다.

- 팸 보드루Pam Boudreau, 몬테소리 학교

와우! 이 책은 효과적이고 실용적인 아이디어로 가득 찬 놀라운 정보의 보고 그 자체다. 모든 사람이 환영받는 환경을 구축하는 법부터 성인과 아이 모두를 존중하고 힘을 주는 훈육모델까지, 없는 정보가 없다. 특히 교육자와 부모를 위해 고자질하는 아이부터 협동하지 않는 아이까지 아이 돌봄의 모든 것을 알려주는 2부는 멋진 선물이다.

- 매리 제이민 매과이어Mary Jamin Maguire, M.A., L.P., LICSW 트레이너, 미네소타 주 취학아동교육법 교육자 네트워크 소속 교사

고맙습니다

처음 우리가 훌륭한 영유아 교사의 필요성을 절감하게 된 것은 우리 아이들을 돌봐주실 분이 필요했기 때문이었습니다. 다행스럽게도 훌륭한 분들을 만나 그분들의 애정과 능력 덕에 마음을 놓았고 우리 아이들도 더 나은 사람으로 성장할 수 있었습니다.

아이들이 무엇을 원하고(소속감과 자존감이었죠), 아이들이 원하는 것을 어떻게 줄 수 있는지(아이들의 세계를 이해해주고 격려해주고 벌이 아닌 훈육을 해야 한다는 것이죠)에 대한 깊은 깨달음을 주신 알프레드 아들러Alfred Adler 선생님과 루돌프 드라이커스Rudolf Dreikurs 선생님의 지혜에 늘 감사드립니다.

그 밖에도 너무나 많은 분께 도움을 받아 일일이 나열할 순 없지만, 우리에게 영유아교육법을 지도해주신 스승님들, 우리 수업에 와주신 영유아 교사님들, 훌륭한 워크숍과 강연에서 무수히 뵈었던 선생님들, 우리에게 많은 도움을 준 책의 저자들 그리고 모든 사람이 서로를 더 존중하고 더 격려할 수 있는 세상을 만들기 위해 힘쓰시는 '긍정훈육' 관계자분을 비롯한 수많은 분께 모두 감사드립니다.

최고의 직원들과 함께 좋은 책을 만드시는 프리마Prima 출판사와 작업하게 되어 영광입니다. 특히 담당 편집자인 제이미 밀러Jamie Miller 씨는 우리에게 단순한 편집자 그 이상의 존재이십니다. 당신의 번뜩이는 아이디어들을 우리가 글로 옮겨낼 수 있으리라 한결같은 신뢰를 보내주시고, 또 어떤 역할이든 거뜬히 해내시는 팔방미인이기도 합니다. 그중에서도 특히 우리의 친구라는 역할을 맡아주신 것에 감사드립니다. 숀 브리랜드Shawn Vreeland 씨는 인내심에 있어 타의 추종을 불허하는 편집자이십니다. 저희 요청사항을 전부 들어주시면서도 단 한 번도 (적어도 저희가 보기에는) 싫은 내색을 하신 적이 없으니까요.

그리고 무엇보다도, 아이들을 보다 잘 이해하고 돌보기 위해 이 책을 읽고 계신 모든 독자 여러분께 진심으로 감사드립니다. 아이를 돌보는 일은 그 가치를 인정받거나 감사 인사를 받기 힘든 일입니다. 그래서 더욱 아이들을 가르치고, 사랑하고, 돌보고, 헌신하는 모든 분께 감사의 말을 올립니다.

감수자 서문

아이의 행동에 끌려다니지 말고
아이의 신념을 이끄는 리더의 길을 가라

김성환(국제 긍정훈육 트레이너, 격려상담가, 초등학교 교사)

먼저 분명히 해야겠다. 이 책은 마법의 책이 아니다. 이 책을 따라 하면 학생이 그림처럼 바뀌는 것도 아니다. 나는 자기 이론이 정답인 것처럼 떠드는 교육서도, 교사에게 희생을 강요하는 지나치게 미화된 책들도, 또 한 명의 실천을 전체에게 유용하다며 성급하게 일반화하는 책도 경계한다. 하지만 '긍정의 훈육' 시리즈는 제인 넬슨과 린 로트가 아들러 심리학에 기반하여 만든 교육, 양육 프로그램으로 30년이 넘는 시간 동안 실천을 통해 검증된 책이다. 교사를 위한 『학급긍정훈육법』은 국내에서만 이미 6만 명 이상의 교사들이 읽은 교육 베스트셀러이기도 하다. 개인을 성장으로 이끄는 아들러 심리학에 기초해 어린 학생들을 어떻게 바르게 이끌수 있는지를 제시하는 이 책은 지나치게 철학이지도 않고, 지엽적인 방법에 치우치지도 않는다.

긍정의 훈육에서 훈육은 discipline을 번역한 것이다. 여기서 discipline은 '사도, 리더'의 의미를 가지고 있는데, 교사의 여정은 인간에 대한 신뢰인 긍정 즉 Positive와 내가 먼저 리더가 되는 Discipline의 길로 제시된다.

많은 교사들이 흔들리고 있다. 아이들과 좋은 관계를 맺고 싶어 친절하다가도 때론 지나치게 단호해진다. 아이들의 행동에 따라 감정상태가 온탕과 냉탕을 왔다 갔다 한다. 이 책은 교사가 아이들의 행동에 그때그때 반응하지 않고 아이의 신념을 이끌어주는 리더로의 여정에 나침반이 되어줄 것이다.

분명히 할 것은 성공적인 교사에 대한 정의이다. 성공적인 의사라는 것이 병원을 잘 경영하는 것이 아니듯, 성공적인 교사 또한 학교와 학급을 운영하는 데 있지 않다. 그 출발선은 한 학생의 변화로부터 시작된다.

다양한 학생을 돕기 위해 교사인 나는 어떠해야 하는지, 어떤 관점을 가져야 하는지, 어떤 방법들을 익혀야 하는지, 어떤 기술을 익혀야 하는지를 이 책을 통해 만날 수 있다. 교사는 아이의 행동을 통제할 수는 없지만, 준비된 교사로서 적절한 안목으로 아이들의 배움이 일어날 수 있는 환경을 만들어줄 수는 있다. 인간은 통제할 수 있는 것을 목표로 설정할 때, 결과에 흔들리지 않는다. 이 책은 교사가 진정한 어른으로서 아이들의 행동이라는 결과에 이끌리지 않고 행동 뒤에 숨겨진 아이들의 신념을 만나게 하는 데 도움을 준다. 특히 이 책은 영유아 교사와 특수교사를 위해 쓰여졌다. 그 연령대 아이들의 마음을 이해하고 바르게 이끌어주며 사회적 기술을 가르치는 다양한 방법이 소개되어 있다.

우리 사회에는 평등의 개념이 널리 퍼져 있다. 당신이 아직도 학생과의 수직적 관계를 당연하게 여기고 있는 교사라면 하루빨리 그 낡은 프레임에서 벗어나길 바란다. 이 책을 통해 학생과 수평적인 관계 속에서 교사가 아이들로부터 진정한 존중을 어떻게 이끌어낼 수 있는지에 관한 지혜를 배울 수 있을 것이다.

2014년, 대한민국에 『학급긍정훈육법』을 소개했고 어느덧 5년의 시간이 흘렀다. 나는 변화하는 교육 현장에서 생존하고 싶었다. 좋은 교사가 되고 싶었다. 솔직히 '학급긍정훈육법'을 포기하고 싶은 순간도 있었다. 리더의 길, 교사의 길이 쉽지 않음을 느꼈기 때문이다. 말로 가르치는 것이 아니라 삶으로 보여주어야 하기에 더욱 그렇다. 하지만 지금까지 '긍정의 훈육'과 함께 한 여정을 후회한 적은 없다. 아이들을 바라보는 관점이 바뀌었고 아이들을 도울 수 있는 건강한 방법들을 많이 익혔으며 가장 중요하게는 내 삶이 함께 성장하고 있기 때문이다.

반복된 일상으로부터 새로운 여행을 떠나고 싶은가?
교사로서 새로운 여정을 시작하고 싶은가?
이 책을 펼쳐 든 당신에게 그 길은 이미 시작됐다.

차례

고맙습니다 · 8

1부 · 아이 돌봄의 기본 원칙

01 · 양질의 돌봄은 교사와 아이 모두에게 필요하다 · 19

02 · 훈육에 대한 고정관념 타파하기 · 41

03 · 영유아 교사를 위한 긍정훈육의 기본 기술 · 53

04 · 아이들의 발달과 두뇌 성장, 기질 이해하기 · 97

05 · 아이들은 함께 자란다 – 젠더와 사회성, 놀이의 중요성 · 123

06 · 마법 같은 격려의 힘 · 148

07 · 특별한 도움이 필요한 아이 돌보기 · 168

2부 · 아이 돌봄의 모든 것

01 · 고자질하는 아이 · 191

02 · 고집 센 아이 · 196

03 · 거짓말하는 아이 · 200

04 · 깨무는 아이 · 205

05 · 나눔에 인색한 아이 · 209

06 · 낮잠(조용한 휴식)과 아이 · 214

07 · 떨어지지 않으려는 아이 · 219

08 · 말 안 듣는 아이 · 224

09 · 목청껏 떠드는 아이 · 229

10 · 무례한 아이 · 232

11 · 반항하는 아이 · 236

12 · 밥을 잘 먹지 않는 아이 · 240

13 · 배변훈련과 아이 · 245

14 · 분리불안을 느끼는 아이 · 252

15 · 사과하지 않는 아이 · 256

16 · 심부름과 아이 · 261

17 · 싫다는 말부터 하는 아이 · 265

18 · 새로운 선생님을 맞이한 아이 · 269

19 · 우는 아이 · 272

20 · 의욕 없는 아이 · 278

21 · 징징거리는 아이 · 282

22 · 장난감 때문에 싸우는 아이 · 286

23 · 줄을 서지 않는 아이 · 292

24 · 친구를 따돌리는 아이 · 295

25 · 화내는 아이 · 301

26 · 협력하지 않는 아이 · 306

부록

• 함께 놀 수 있는 미술 놀이 레시피 · 312

• 미국 유아교육협회(NAEYC) 평가 지표 · 319

• 영유아 돌봄에 관한 참고자료 · 327

1부

일러두기
본서에 등장하는 보육교사(children provider), 보육자(care giver), 교육자(educator) 등의
유사 표현은 모두 '교사'로 통일했습니다.

아이 돌봄의 기본 원칙

양질의 돌봄은
교사와 아이 모두에게 필요하다

01

지난 10~20년간 보육에 관한 많은 연구가 있었지만 결론은 나지 않았다. 보육이 좋은지 나쁜지, 양질의 돌봄이란 어떤 것인지, 유치원과 어린이집이 아이들에게 해를 끼치는지 아닌지 의견이 분분하다. 어떤 이들은 부모가 늘 아이와 함께 집에 있어야 한다면서 아이를 사랑한다는 워킹맘들이 아이를 망치고 있다고 주장한다. 반면 유치원과 어린이집이 아이에게 좋다고, 즉 아이의 학습, 발달, 성장능력을 증진한다고 말하는 사람도 있다.

사람 사는 세상이 대부분 그렇듯, 아이 돌봄 또한 그리 간단한 문제가 아니다. 해가 되는지 득이 되는지는 교육프로그램이 어떤 식으로 운영되는지에 달렸다. 하지만 그 형태가 어떠하든 수백만의 일하는 부모와 가족이 있는 한 보육은 계속될 것이다.

> 아이 돌봄 또한 그리 간단한 문제가 아니다. 해가 되는지 득이 되는지는 교육프로그램이 어떤 식으로 운영되는지에 달렸다.

보육을 위한 선택지는 많다. 어디에, 누구에게 아이를 맡길지 고민하는 부모도 많다. 심사숙고 끝에 '딱 맞는' 곳을 고른 뒤 매일 아침 아이를 맡기고 돌아서지만, 그럴 때마다 사랑하는 아이를 다른 사람 손에 맡기면서 느낄 수밖에 없는 불안감을 견뎌낸다. 그곳이 대형 돌봄센터이든 아이를 봐주는 가정집이든, 아동교육 및 발달 전문가의 손이든 전통적인 개념의 보모이든 간에 부모는 믿고 싶은 마음과 불안감 사이에서 갈팡질팡한다.

한 가지 분명한 점은 양질의 보육이 이루어지는 곳은 아이에게 도움이 되지만[1] 그렇지 않은 곳에서는 해를 입을 수 있다는 것이다. 그리고 양질의 보육처를 찾는 데 필요한 시간이나 지식이 부족한 부모들도 있다.

이 책을 집필한 이유는 아이가 배우고, 웃고, 성장하는 동시에 신체적, 정신적, 인지적으로 건강한 발달을 이루도록 지지하고 격려하는 환경을 교사가 구축할 수 있게 하기 위해서다. 이 책에서는 영유아 발달, 두뇌발달, 기질, 나이에 맞는 행동 등을 살펴보고 특별한 돌봄이 필요한 아이들의 교육방법도 다룬다. 아이가 건강하게 자랄 수 있고 다니고 싶어 하는 시설, 교사들이 의욕을 가질 수 있는 시설을 어떻게 만들지 이야기하고, 때로는 아이들보다 교사들을 더 힘들게 하는 부모와

---

1. 미국 국립아동건강 · 인간발달연구소 조기 탁아 연구 네트워크(NICHS Early Child Care Research Network), 「영아교육의 특성: 긍정적 교육에 이바지하는 요소Characteristics of Infant Child Care: Factors Contributing to Positive Caregiving」, Early Childhood Research Quarterly 11(1996), p. 269–306

어떻게 협력관계를 구축할까의 문제도 다루었다. 가장 어려운 과제인 훈육을 어떻게 해야 하는지도 다룬다. 이처럼 주요 요구사항을 모두 충족시킬 수 있는 수단을 갖는 것이 양질의 돌봄을 실천하는 길이다.

'양질의 돌봄'이란 무엇인가

그렇다면 양질의 돌봄이란 무엇일까. 어떻게 하면 교사와 아이 모두를 위한 양질의 돌봄을 제공할 수 있을까. 우리는 '교사와 직원, 아이들을 비롯한 모든 사람이 잠재된 능력을 발휘할 수 있도록 든든한 버팀목이 되어주는 환경'을 제공하는 것이 양질의 돌봄이라 믿는다.

사람은 따뜻한 환경에서 소속감과 자존감을 느낀다. 이들은 자신의 능력을 신뢰하며, 자신이 속한 공동체에 크든 작든 긍정적인 변화를 일으킬 수 있다고 믿는다. 삶에 필요한 능력을 습득할 기회가 많고 실수를 통해 배울 줄 안다. 양질의 돌봄 환경에서는 모든사람이 어떤 일이 있어도 인간답게 존중받을 수 있다. 신체적, 정신적으로 안전하다는 믿음 또한 가질 수 있다.

또한 양질의 돌봄은 5세 이하 아이들에게 놀이가 얼마나 중요한지 이해하여 놀이에 적합한 환경을 제공해준다. 학업은 아이들을 지치게 하고 자신이 무능하다는 생각이 들게 할 수 있으니 강요하지 않는다. 양질의 돌봄을 제공하는 사람들은 아동발달의 원리와 연령대에 적합한 교육 그리고 두뇌발달 연구를 이해하는 데에 시간을 들인다. 아이 능력 밖의 것을 기대하지 않는다. 의욕을 잃게 하는 훈육과 힘이 되어

주는 훈육이 따로 있다는 것을 이해하며, 그 둘을 구분할 줄 안다.[2]

부모도 빼놓을 수 없다. 양질의 돌봄에는 부모와의 원활한 소통이 필요하다. 부모가 아이를 위해 선택한 곳의 환경을 파악할 수 있도록 교사의 집이나 돌봄센터에서 아이들과 함께 적어도 한 시간은 보낼 수 있게 한다. 부모에게 아무 때나 아이들을 보러 와도 된다고 알려주자. 아직 분리불안이 있는 어린아이는 부모의 방문으로 오히려 힘들어질 수도 있지만, 부모가 안심할 수 있다면 그리 크지 않은 대가라고 할 수 있다.(부모들이 아무 때나 방문하진 않겠지만 그럴 수 있다는 걸 아는 것만으로도 안심할 것이다.)

> 가장 좋은 형태의 돌봄은 유아 교육자와 부모 간의 협력으로 이루어진다. 아이는 가정에서와 유치원, 어린이집에서 동일하게 존중받는 환경 그리고 따뜻하면서도 단호한 규칙이 주어질 때 잘 자란다.

교육법은 교사뿐만 아니라 부모에게도 도움이 된다. 그래서 2부에서는 부모와 교사 모두가 공유할 수 있는 팁과 활동을 다뤘다. 돌봄센터 관리자는 이런 활동을 교사 교육에서 활용하고, 가정에서 보육하는 교사는 이를 부모에게 글로 안내해줄 수 있을 것이다. 아이를 이해하고 가르치고 격려하고 훈육하는 법을 이해하는 데에 여기 소개한 팁과 활동이 도움이 될 것이다.

가장 좋은 형태의 돌봄은 교사와 부모 간의 협력으로 이루어진다. 아이는 가정에서와 유치원, 어린이집에서 동일하게 존중받는 환경 그

---

2. 아동교육 전문 훈련을 강력히 권한다. 그러나 수업을 들을 수 없는 상황이라도 아동발달의 기초를 배울 수는 있고, 또 마땅히 배워야 한다. 이 책은 물론, 긍정의 훈육 시리즈의 다른 책도 도움이 될 것이다. 제인 넬슨, 셰릴 어윈, 로즐린 앤 더피의 『긍정의 훈육: 0~3세 편』(에듀니티, 2017), 『긍정의 훈육: 4~7세 편』(에듀니티, 2016)

리고 따뜻하면서도 단호한 규칙이 주어질 때 잘 자란다.

　이 책에서는 아이의 관점에서 자신을 존중하는 훈육과 양질의 돌봄이 어떤 것인지 계속해서 다룰 것이다. 우선 교사의 입장부터 보도록 하자.

교사를 위한 양질의 돌봄

　가정집에서든 대형 시설에서든, 양질의 돌봄을 위해서는 먼저 교사가 스스로를 돌보는 것의 중요성을 이해해야 한다. 아이 돌봄에 관한 책에서 교사 자신을 돌보라는 말이 왜 먼저 나오는지 의아할 수도 있다. 이어지는 캐럴린의 예시를 한번 생각해보자.

　캐럴린은 아이들을 사랑하는 마음으로 어린이집을 열었다. 자신은 아이가 없지만 돈과 시간과 열정과 에너지를 바쳐 교육을 받고, 훌륭한 교사를 채용했으며, 필요한 도구를 구매하고, 자신이 돌보는 아이들을 위해 따뜻하고 행복한 공간을 마련했다.

　작게 시작하려고 작은 건물에 '겨우' 서른 명의 아이를 돌보기 시작했다. 아이를 사랑하는 세 명의 직원을 채용했는데, 이들 중 한 명만이 아동발달에 관한 정규 교육을 받았다. 이들의 하루는 새벽 6시에 시작한다. 이때부터 문을 열고 아이들을 맞이하기 시작한다. 캐럴린은 저녁 7시가 넘어서야 귀가하는 경우가 대부분이다. 마지막 부모가 아이를 데려간 후 내일을 위해 청소를 마치고 귀가한다. 집에 도착하면 남편과 교대로 저녁 준비나 설거지, 기타 집안일을 처리한다. 밤 11시 전에 잠자리에 드는 일이 거의 없다. 아이가 생기면 지금과 같은 생활이 가능할지 자문할 때도 있다.

직원에게 근무 중 휴식이 필요하다는 것을 알고 있지만, 자신도 거의 짬이 나지 않는다. 점심을 아예 거르는 날도 있다. 정말 바쁜 날에는 화장실도 겨우 갈 정도다. 전에는 부부가 함께 달리기, 등산, 캠핑을 즐기곤 했지만, 이제는 주말에도 트레이닝 프로그램과 워크숍에 다니느라 바쁘다. 새로운 프로그램과 아이디어를 구상하느라 자료를 뒤지며 다음 주를 준비하고, 교구도 사야 한다. 툴툴대는 남편 앞에서 피곤하지 않은 척하느라 애쓴다. 캐럴린은 매일 아침이 두려워지고, 직원들에 대한 불만이 쌓이고, 원하는 대로 따라주지 않는 아이들에게 쏘아붙이기 시작한다. 자신이 하는 일이 얼마나 힘든지 이해해주지 않는 학부모들, 원비를 늦게 내거나 픽업 시간에 늦는 학부모들이 미워지기 시작한다. 애초에 왜 어린이집을 하겠다고 했는지 회의감도 든다.

캐럴린에게는 자신을 돌보는 것이 절박하다. 자신이 사랑하는 직업과 심신의 건강 사이에 균형을 맞추는 것이 필요하지만 쉴 때마다 죄책감이 인다. 할 일이 늘 기다리고 있기 때문이다. 사실 자신을 위한 휴식은 이기적인 일이 아니다. 휴식은 가족, (아이가 있다면) 자신의 아이 그리고 자신이 돌보는 아이들을 위한 최선의 선택이다. 나의 컵이 채워져 있지 않다면 다른 사람에게 줄 수 있는 것도 없다.

가정집에서 보육을 하는 대표적인 이유는 자기 아이를 두고 일하러 나가고 싶지 않아서다. 또 다른 이유는 아이들을 정말 좋아하기 때문이다.(이 책을 읽을 정도로 아이 교육에 관심 있는 독자들에게 굳이 이런 말을 할 필요가 있을까 싶지만, 그럼에도 하는 이유는 강조를 위해서다. 아이를 좋아하지 않는다면 당장 보육을 그만둬라. 자신을 좋아하지도 않는 사람과 매일 몇 시간씩 보내는 것만큼 아이에게 해로운 것은 없을 것이다.)

자신의 아이와 함께 있을 수도 있고 또 아이들을 좋아한다는 선한 이유로 시작했는데 안 좋을 게 뭐가 있을까? 사실 아주 많다! 우선 캐럴린처럼 자신을 돌보지 않으면 심하게 지칠 수 있다. 쉬지도 못한 채 늘 손이 가는 아이들을 언제든지 돌볼 준비가 되어 있어야 한다는 것, 이따금 고약하게 구는 아이들을 돌봐야 하는 상황이 버거워질 수도 있다. 한 교사는 이렇게 말한다. "가끔 심호흡하면서 내가 진짜로 아이들을 좋아한다는 사실을 나 자신에게 일깨워줘야 할 때도 있어요. 그리고 같은 일에 종사하는 새언니와 통화하며 서로를 위로해요. 새언니는 일이 버겁고 아이들이 좋지 않을 때도 있는 게 정상이라고 안심시켜줘요. 이해받는 것만으로도 마음이 한결 가벼워지고, 힘을 받았으니 다시 다른 사람들에게 힘을 줄 마음이 생깁니다."

지원 체계를 구축하라

영유아교육에 종사하는 친구가 없다면 한 명쯤 만드는 것이 좋다. 지자체의 돌봄센터 정보란을 이용해서 다른 유아교육 종사자들을 알아보고 연락해서 유선상으로라도 서로 도움을 주고받을 수 있는 체계를 구축하라.

나의 컵이 채워져 있지 않다면 다른 사람에게 줄 수 있는 것도 없다.

영유아교육에 종사하는 친구가 없다면 한 명쯤 만드는 것이 좋다.

유아교육 수업을 듣고 있다면(이 점은 다시 언급할 예정이다), 마음이 맞는 사람들이 있는지 지켜보라. 전화번호를 공유하고, 서로 다독여주거나 아이디어를 나누며 서로 돕자고 해보자. 유아교육 콘퍼런스나 각종 워크숍도 아이디어를 공유하거나 인맥을 넓히는 데 많은 도움이 된다.

인터넷에도 놀랄 만큼 많은 정보가 있다. 미국 중앙보육정보센터 (National Child Care Information, www.nccic.org)가 좋은 출발점이 될 수 있다. 여기에만 가도 둘러볼 정보가 정말 많다.

자녀를 지원 체계에 합류시켜라

가정에서 아이들을 보육한다면 교사 자신의 자녀가 일시적인 자매, 형제 관계에 의견을 피력하거나 반응을 보인 적이 있을 것이다. 어떤 교사는 자신의 자녀가 다른 아이들과 부모를 공유하게 한다는 사실에 죄책감을 느끼기도 한다. 다른 아이들에게 가르치는 규칙을 자기 자녀도 따라야 하니, 장난감이나 개인물품을 다른 아이들과 같이 쓰게 하면서 자녀에게 너무 엄하게 대하는 건 아닌지 우려하는 경우도 있다. 이 같은 문제는 자녀를 자신이 근무하는 영유아원에 보내는 직원도 겪을 수 있다. 이유야 어찌 됐든 죄책감을 느끼는 교사들은 다른 아이들이 집으로 돌아간 후에 자녀의 응석을 심하게 받아주는 실수를 저지른다.

> 자녀를 존중하며 자신을 도울 수 있게 한다면 자녀들도 보육환경에 더 협조하고 한결 편안해할 것이다

아이들은 남을 돕는 것을 좋아한다는 사실을 기억하자. 자녀를 존중하며 자신을 도울 수 있게 한다면 자녀들도 보육환경에 더 협조하고 한결 편안해할 것이다.(하지만 부모나 교사

마음대로 이래라 저래라 하는 것은 싫어할 것이다.)

자녀가 다음날 준비를 도울 수 있게 하라. 교구 세팅과 점심 준비 등은 아이들도 도울 수 있다. 다른 아이들과 같이 쓰지 않을 장난감은 무엇인지 스스로 결정하게 하라(더 많은 예시를 보려면 154 페이지의 '샌디 이야기'를 참고할 것). 영유아원 아이 중에 자신감이 모자라서 엇나가는 아이가 있으면 어떻게 독려해줄 수 있을지 자녀에게 물어보라(아이가 엇나가는 것은 자신감이 없기 때문이다. 더 자세히 알고 싶다면 3장을 참고할 것). 다른 사람을 도우면서 기뻐하고 타인의 입장을 이해할 수 있게 될 것이다.

시설의 종류를 막론하고, 아이들은 늘 교사를 지원하고 협조할 준비가 되어있다. 대형 영유아원에서도 얼마든지 아이들이 도움을 주고 프로그램에 이바지하도록 장려하고, 짐이 되는 존재가 아닌 환영받는 중요한 존재라는 느낌을 줄 수 있다. 아이들의 참여를 독려하는 자세한 방법은 이후 다룰 것이다.

미리 계획하라

자기 자신을 돌보려면 가족과 함께 하는 시간을 소중히 여기는 것이 매우 중요하다. 바쁘고 정신없는 삶 속에서 가족과 소중한 시간을 보내려면 계획을 짤 필요가 있다.

실제로 저녁을 준비할 때보다 뭘 먹어야 할지 고민하는 데 더 많은 에너지를 소모한다는 걸 알고 있는가? 피곤했던 하루를 마무리하는 저녁 시간, 가족의 저녁 식사 준비에 대한 부담을 줄일 방법은 많다. 자녀들이 아주 어리지 않다면 주말 가족회의 때 한 주간 먹을 식사를 함께 계획해보자. 아이들이 중요한 삶의 기술을 습득하고, 소속감과 자존감도 느낄 것이다. 주말에 만드는 요리의 양을 두 배로 늘리면 남은 음식을 피곤한 평일에 맛있게 먹을 수 있다.

가족과 함께하는 즐거운 시간을 계획하자. '나중에'란 말은 소용없다. 가족회의 때 가족이 모두 함께 돈 들이지 않고 할 수 있는 재미있는 일들을 전부 생각해보자. 최대한 많이 선택하고 달력에 적어놓자.

자녀 한명 한명과 특별한 시간을 계획하자. 이 시간은 평소 아이와 보내는 시간 외의 시간을 의미한다. 다섯 살 이하의 어린아이랑은 매일 10분만이라도 좋다. 정말 시간이 없을 때 아이가 뭔가를 요구한다면 "지금은 시간이 없지만 7시 특별시간이 너무 기다려진다"라고 말해줄 수 있다. 이렇게만 말해도 아이들은 수긍할 것이다. 적어도 영영 무시당하진 않을 거라는 느낌을 받기 때문이다.

취학아동과는 일주일에 한 번 30분의 특별시간을 보낼 수 있다면 좋을 것이다. 부모와 놀이를 하거나 특별한 프로젝트를 함께 할 수 있는 온전한 시간이면 된다. 10대 자녀들은 부모와 함께 시간을 보내는 데 관심 없을 수도 있지만 한 달에 한 번 함께 피자를 먹거나 영화를 보거나 쇼핑을 하는 등 데이트를 하는 것이 나에겐 아주 중요하다고 고집하자. 아이 친구들에게는 데이트를 비밀로 하겠다고 약속하면 대부분 순순히 응한다.

나만을 위한 시간을 갖자

나를 위한 시간을 갖는다는 건 가사와 보육을 함께 해내려는 사람에게 불가능한 일 같을 수도 있다. 하지만 캐럴린 이야기에서 언급했듯이, 본인의 컵이 채워져 있지 않으면 다른 사람에게 나눠줄 수 있

는 것도 없다. 아침형 인간이라면 원래 일어나
야 하는 시간보다 20~30분쯤 일찍 일어나서
오롯이 나를 위해 기분 전환을 하거나, 활력을
주거나, 기분이 좋아질 만한 일을 하자. 충분
히 수면을 취하려고 조금 일찍 잠자리에 들 수
도 있다. 올빼미형 인간이라면 아이들이 자러
간 뒤 나만의 특별시간을 마련하는 것이 좋을

> 매일 이삼십 분 정도 자신을
> 돌보는 시간을 갖기 시작한
> 사람들은 자신만을 위한 시
> 간을 갖기 시작하면서 다른
> 사람들에게 훨씬 더 많은 에
> 너지를 나눠줄 수 있게 되었
> 다고 말한다.

수도 있다. 가족에게 따뜻하지만 단호하게, 이 시간만큼은 나만의 시
간이라는 것을 알려주자.

나를 위한 특별한 시간을 매일 조금씩 갖길 바란다. 편한 자세에서 좋
아하는 책을 읽을 수도, 초를 켜놓고 거품 목욕을 즐길 수도, 피트니스
센터에서 운동을 할 수도 있고, 음악을 듣거나 요가를 하거나 친구와 차
를 마실 수도 있다. 결과는 매우 놀라울 것이다. 매일 20~30분 정도 자
신을 돌보는 시간을 갖기 시작한 사람들은 자신만을 위한 시간을 갖기
시작하면서 다른 사람들에게 훨씬 더 많은 에너지를 나눠줄 수 있게 되
었다고 말한다. 나와 시간을 보내는 또 하나의 방법은 공부를 계속하는
것이다.

공부를 계속하자

영유아 교사로 일하기 위해 꼭 특별한 정규 교육 과정이 필요한 건
아니지만, 공부는 자신을 돌보는 동시에 커리어 상에서 자신의 효용
성을 높일 수 있는 훌륭한 방법이다. 큰 부담이 되는 공부를 할 필요
는 없다. 대학에서 유아교육 관련 수업을 한 학기에 하나만 들을 수도

있다. 미국의 많은 주에서는 교사를 위한 교육을 장려하기 위해 금전적 지원과 같은 성과보수를 제공하고 있다.

영유아 교사로 일하기 위해 특별한 정규 교육 과정이 필요한 건 아니지만 공부는 자신을 돌보는 동시에 커리어상에서 자신의 효용성을 높일 수 있는 훌륭한 방법이다.

유아교육 수업의 좋은 점은 더 편하게 일하는 방법을 배울 수 있다는 것이다. 아동발달과 나이에 적합한 발달단계를 더욱 잘 파악하게 되기 때문이다. 커리큘럼에 대한 수업을 들으면 아이들과 함께 해볼 수 있는 수백 가지의 아이디어를 얻을 수 있고, 그 아이디어 덕분에 일이 더 수월해질 것이다. 공부를 계속하면 전문지식을 더 갖출 수 있고, 내가 하는 일에 보다 긍지를 느낄 수 있다.

나와 내 일을 소중하게 여기자

세상에서 가장 중요한 직업이 뭘까? 아이를 돌보는 직업이라는 것이 자명하다. 그러나 안타깝게도 이 직업은 저소득직종에 속한다. 하지만 소득의 고저로 내가 하는 일의 중요성을 깎아내리지 말자. 내가 하는 일을 자랑스럽게 여기고, 우리의 미래인 아이들의 인생을 바꿔놓을 수 있다는 사실에 자부심을 품자. 더 뛰어난 지식을 갖춘 교사가 되어 아이들에게 긍정적인 영향을 주는 데 필요한 모든 것을 배우고 싶지 않았다면 이 책을 읽고 있지도 않을 것이다. 그러니 당당하게 어깨를 펴고 아이들에게 양질의 돌봄을 제공하기 위해 최선을 다하자.

아이들을 위한 양질의 돌봄

이 책의 대부분이 긍정훈육법을 통한 양질의 돌봄과 보살핌을 다루고 있지만, 이 장에서는 특히 따뜻한 물리적 환경과 규칙적인 일과가 양질의 돌봄에 얼마나 중요한지를 논하고자 한다. 이 중에는 당연해 보이는 제안도 있고, 이미 실천하고 있는 일도 있을 것이다. 교사의 효용성을 높이고 도움이 될 만한 새로운 아이디어도 얻어가기를 바란다. 이번 예시의 주인공은 가정에서 아이들을 돌보는 줄리이지만, 다루는 내용은 규모가 큰 시설에서도 쓸 수 있는 아이디어들이다.

물리적 환경

돌봄 센터를 열기로 한 줄리는 재정 상황 때문에 가구를 들여놓지 못한 거실을 보면서 이렇게 생각했다.

'아이들 교육에 딱이야! 돈 걱정은 커녕 돈을 벌 수도 있겠는걸.'

줄리는 최대한 예쁘고 저렴하게 거실을 꾸미겠노라 다짐했다.

중고로 구매한 평평한 문에 남편이 짤막한 다리를 달고, 한쪽 면을 빨간색으로 칠했다. 그리고 천원샵에서 개당 1달러씩 하는 플라스틱 의자 10개를 구매했다. 그녀가 돌볼 수 있는 한계인 10명까지, 아이들이 둘러앉아서 미술프로젝트나 점토 놀이를 하고 간식과 점심을 먹을 수 있는 저렴한 테이블이 완성됐다.

줄리와 남편은 벽 한쪽에 콘크리트 블록과 판자로 만든 장난감 선반을 달고 다른 쪽 벽에는 외투를 걸어놓을 수 있는 고리를 좀 낮게 설치했다. 그리고 장난감 가방을 걸 고리를 그 위에 설치했다. 블록처럼 흩어지는 장난감을 정리하기 위해 보관 주머니를 만들겠다는 기발한 아이디어도 생각해냈다. 아이들이 다른 장난감을 갖고 놀기 전에 먼저 쓰던 장난감 세트를 주머니에 정리하게 하는 것이다. (아이들은 그냥 내버려두면 갖고 놀던 장난감을 바닥에 그대로 놔둔 채 선반 위에 있는 장난감을 전부 꺼낸다. 아이들이 다른 장난감을 꺼내기 전에 방금 가지고 놀던 장난감을 정리하도록 한다면 교사와 아이들 모두 정리에 대한 부담이 크게 준다.)

거실 한쪽에는 아이들이 집에서 가져왔다가 일주일에 한 번씩 다시 가져가서 빨아올 침낭을 쌓아둘 공간을 마련했다. '조용한 시간'에 필요한 준비물이다. (이 시간을 '낮잠 시간'이라고 부르지 않는 것이 좋은데, 좀더 알고 싶다면 2부의 〈낮잠과 아이〉를 살펴볼 것을 권한다.) 다른 한쪽에는 역할놀이 때 입을 수 있는 옷상자를 두었다. 장난감 선반에는 기부한 물건을 저렴하게 파는 굿윌샵에서 찾아내어 세정제로 구석구석 깨끗하게 닦은 우드블록 퍼즐, 책, 단단한 통카트럭과 피셔프라이스 장난감을 올려놓았다. 아이들의 미술작품을 걸어놓을 수 있도록 거실 양쪽 끝에 빨랫줄을 걸어놓고 집게도 준비해두었다.

울타리 쳐진 마당에도 창의성을 발휘했다. 오래된 기름통을 붉게 칠해 기차 엔진 앞머리처럼 보이게 해서 작은 플랫폼 위에 올려놓고, 양쪽에 중고타이어 네 개를 달았다. 남편이 중고 목재를 구해 와서 기름통 뒤에 레일을 갖춘 높은 플랫폼을 지었다. 한쪽에는 아이들이 오르내릴 수 있는 밧줄로 된 사다리도 설치했다. 기차플랫폼 밑에는 모래사장을 짓고, 모래사장에서 쓸 수 있는 장난감도 여러 개 두었다. 일반적인 그네와 미끄럼틀도 갖춰놓았지만 '칙칙폭폭 기차'에서 노는 쪽이 창의적인 놀이를 많이 할 수 있을 것이다. 줄리는 이제 아이들을 맞이할 준비를 마쳤다.

하루 일과

규칙적인 일과를 마련하면 아이들이 안정감을 느끼는 데 큰 도움이 된다. 다음의 일과는 어디까지나 하나의 제안일 뿐이다. 아이들 연령대에 맞게 몇 가지를 빼거나 조정할 수 있다.

> 규칙적인 일과를 마련하면 아이들이 안정감을 느끼는 데 큰 도움이 된다.

줄리는 아침 식사로 오렌지주스와 시리얼을 준비한다. 아침을 먹고 오는 아이들도 있고 그렇지 않은 아이들도 있지만 이미 먹고 온 아이들도 시리얼을 스스로 그릇에 붓고 작은 용기에 담겨 있는 우유를 따르는 것을 즐긴다.

아이들마다 등원 시간이 다르므로 아침 식사 후엔 자유놀이 시간을 가진다. 줄리는 항상 미술놀이 준비를 위해 두 명의 아이들에게 도와 달라고 부탁하며, 돕는 순서는 '도우미 표'에 따라 정한다. 이 책에도 다양한 미술놀이를 수록했는데, 그중에서도 줄리가 가장 좋아하는 미술놀이는 다음의 세 가지다.

- 정크 아트(부록 A 레시피 참조) – 아이들이 가장 좋아하는 놀이이 기 때문에 일주일에 두세 번씩 하고 있다. 학부모들에게 부탁 하거나 줄리가 따로 모은 각종 생활소품을 이용한다. 마카로 니, 나뭇잎, 조약돌, 작대기, 클립, 털실, 못 쓰는 장신구에서 나온 구슬, 각종 자재를 잘라놓은 조각, 색종이 등 가능성은 무궁무진하다. 생활소품을 테이블 위에 펼쳐놓고, 아이들에게 각각 빳빳한 종이 한 장과 쓰고 남은 버터통에 담은 집에서 만 든 풀을 한 통씩 준다. 아이들은 마음에 드는 생활소품을 골라 서 도화지에 풀로 붙인다.
- 점토 놀이(부록 A 레시피 참조) – 아이들은 집에서 만든 점토를 갖고 노는 것을 아주 좋아한다. 치대거나 굴려도 좋고, 무언 가를 만들어도 좋다. 점토는 만들기도 쉽고 저렴하기도 하다.
- 손가락 페인팅(부록 A 레시피 참조) – 줄리는 지역신문사에서 활 자가 출력되지 않은 깨끗한 신문용지를 주기적으로 받아온 다. 신문용지는 손가락 페인팅에 적합하다. 손가락 페인팅으 로 손을 더럽히는 걸 싫어하는 아이들도 있으니 크레용도 준 비해두자. 옷을 더럽히지 않게 덧입을 수 있는 낡은 셔츠도 준비해두면 좋다.

아이들이 미술 테이블 정리를 돕고 나면 날씨가 허락하는 한 야외 놀이시간을 가진다. 테이블을 닦기 전에 깨끗한 물이 담긴 양동이에 스펀지를 담갔다 빼고 물을 짜는 법과 깨끗한 물 양동이에 또 넣기 전에 이미 사용한 물 양동이에 넣고 다시 물을 짜는 법을 배우고 습득한 아이들은 물과 스펀지로 청소하는 걸 좋아한다(삶에 필요한 기술 지도법을 자세히 알고 싶다면 3장을 참고할 것).

줄리는 모두 둘러앉은 시간에 노래나 손가락 연극, 동화책 읽기를 한다. 색깔이나 모양 같은 주제를 정해서 놀기도 한다. 아이들의 연령 대가 다 다르다면 아이들 모두의 필요성을 충족시키긴 어려울 수도 있다. 아이들은 대부분 노래나 손가락 연극을 좋아하지만, 하고 싶지 않은 아이들에게는 강요하지 않는 것이 좋다. 적극적으로 참여하는 아이들도 있을 것이고, 돌아다니며 자유 놀이를 하는 아이들도 있을 것이다.

점심시간은 모두에게 중요한 시간이다. 집에서 도시락을 싸달라고 부탁하는 곳도 있고 모든 아이가 같은 음식을 먹을 수 있도록 점심을 준비하는 곳도 있다. 줄리의 경우 칠면조 슬라이스, 땅콩버터, 양상 추, 마요네즈, 머스타드, 잼 같은 샌드위치 재료를 준비해놓고 아이들 이 스스로 샌드위치를 만들어 먹도록 한다. 비교적 나이가 많은 아이 들과 함께 점심 준비와 상차림을 하며 어린 친구들을 돕는다.

많은 지역에서 영유아를 위한 '조용한 시간'을 의무화하고 있지만, 줄리의 경험에 비추어 볼 때 아이들에게 낮잠을 강요하는 것은 끝나 지 않는 전쟁의 연속과도 같다. 따라서 줄리는 아이들에게 꼭 잠을 잘 필요는 없지만 조용히 쉬는 시간이라고 분명히 말해준다. 매트나 침

낭 위에 엎드려서 책을 보는 것도 좋다. 잔잔한 음악을 트는 것도 도움이 된다. 어린아이들은 보통 낮잠을 자고, 낮잠 잘 시기가 지난 4~5세 아이들은 식탁에 앉아 조용히 프로젝트를 하거나 자고 있는 다른 아이들에게 방해가 되지 않을 만한 놀이를 조용히 할 수도 있다. 줄리는 이 시간에 나이가 있는 아이들과 반 회의를 열고 칭찬연습과 학급회의 게시판에 있는 문제 해결책을 연구하기도 한다(80페이지, '학급회의를 하라' 참조).

조용한 시간이 끝나면 학부모가 오기 전까지 실내외에서 자유시간을 갖는다. 데리러 오는 시간은 다 다른 편인데, 어느 부모든 그날 아이가 뭘 하고 놀았는지 잠깐씩 얘기해주면 기뻐한다.

규칙적인 일과가 아이에게 중요하다는 점은 이미 다뤘다. 부모들은 아이가 그날 뭘 하고 지낼지 알고 싶어 하기 때문에 줄리는 눈에 잘 띄는 곳에 일과표를 붙여놓는다. 폴라로이드나 디지털카메라로 아이들이 일과를 즐기는 모습을 사진으로 담기도 한다.

일과표를 붙여놓으면 두 가지 목적을 동시에 달성할 수 있다. 첫째, 부모와 아이 모두 일과표를 보고 그날 활동을 쉽게 파악할 수 있다. 둘째, 아이들에게 일과표를 보고 다음 시간이 어떤 시간인지 알려달라고 할 수 있다. 주의가 산만하거나 일과에서 벗어나려 할 때 이렇게 아이들에게 물어보는 것은 특히 도움이 된다. 아이들에게 일과표를 봐달라고 하면 협동심도 키울 수 있고, 일과가 '대장' 노릇을 할 수 있게 된다.

아이들은 대부분 노래나 손가락 연극을 좋아하지만, 하고 싶지 않은 아이들에게는 강요하지 않는 것이 좋다.

TV를 끄자

줄리의 돌봄 센터 일과에서 TV에 대한 언급이 없다는 걸 눈치챘을 것이다. 우리도 줄리의 방식에 동의하며, 아이들의 일과에 TV를 포함하지 않을 것을 강권한다. 건강한 두뇌발달에 화면을 보는 시간이 해가 된다는 연구결과도 자명하고(4장 참조), 아이들이 다양한 활동을 하기보다는 TV 앞에 앉아있는 환경이나, 삶의 기술 습득과 활발한 놀이 활동, 참된 학습의 기회를 TV로 대체해버리는 환경은 질 낮은 돌봄의 척도라 할 수 있다.

성공적인 교육을 위한 13가지 팁

때로는 가장 단순한 방법이 가장 큰 변화를 불러온다.
아이들을 돌볼 때 다음 팁을 기억해두자.

1. 아이들의 이름을 기억하고 불러라. 최대한 눈을 마주치자.
2. 늘 주의를 기울여라. 돌아다니면서 내가 필요한 곳은 없는지 살피자. 필요할 땐 도움을 주되, 아이가 위험에 처하거나 다른 아이를 위험에 처하게 할 때와 같이 꼭 필요한 상황이 아니라면 아이들의 활동에 끼어들지 말도록 하자.
3. 늘 행동하라. 가만히 서서 보기만 하는 것은 도움이 되지 않는다. 당신이 놀이터에서 쓰는 기구 준비 담당이더라도 페인트통이 엎어져 있다면 담당교사를 돕고 함께 치우자.
4. 모든 교사는 교실 전체를 늘 볼 수 있어야 한다. 교사는 절대 아이

들이 많은 곳을 등지고 있어선 안 된다.

5. 어린아이들도 스스로 할 수 있는 일이 많다. 또 스스로 해야 한다. 아이들이 독립적으로 해낼 수 있도록, 스스로 생각할 수 있도록 장려하자. 가능하다면 질문에 답하기보다는 '뭘까'나 '어떻게'와 같은 질문을 하며 아이들이 스스로 답을 생각해낼 수 있게 돕자. 가능하다면 아이 대신 뭔가를 해주기보다 아이가 스스로 할 수 있는 일을 제안하고, 꼭 도와야 할 때만 돕자.

6. 교실에서 다른 교사나 아이들에 대해 지나치게 많이 얘기하지 않도록 하자. 교사는 아이나, 학부모, 다른 교사에 관한 이야기가 아닌 교실에 집중해야 한다.

7. 일관성을 유지하자. 아이들은 어떤 행동을 했을 때 늘 같은 결과가 따른다는 것을 이해해야 한다. 따뜻하고 상냥하지만 필요할 땐 단호해지자. 단, 체벌이나 비꼬는 말투, 아이에게 수치심을 줄 수 있는 교정 방법은 절대 안 된다.

8. 교구와 도구 등이 어디에 있는지 알아두자. 정리는 하되, 아이들이 정리를 너무 자주 해야 하는 귀찮은 일로 생각할 정도로 하진 말자. 아이들에게 정리를 장려해야지 강요해서는 안 된다.

9. 아이가 옷을 입은 채로 대소변을 봐도 놀라지 말자. 아이를 부끄럽게 하면 안 된다.

10. 물건을 올바르게 다루는 한 아이들은 원하는 대로 자유롭게 쓸 수 있어야 한다. 아이들은 무언가를 할 때 교사가 옆에서 함께 해주면 좋아한다. 하지만 교사가 만든 작품을 아이들에게 보여줄 때는 지혜를 발휘해야 한다. 자신의 결과물이 선생님의 것과 다

르다고 상심할 수 있기 때문이다.

11. 모든 아이가 그룹 활동에 참여해야 하는 것은 아니지만 일단 참여했다면 집중해야 한다. 그룹 활동을 원하지 않는 아이들을 위해 다른 활동을 적어도 하나쯤은 동시에 진행해야 한다. 그룹에 끼지 않은 아이들은 그룹에 속한 아이들을 방해하지 않도록 한다.

12. 한 아이와 단 둘이서 시간을 보낼 기회를 찾자. 자유놀이시간에 함께 퍼즐게임을 하거나 아이에게 책을 읽어주는 등의 활동을 할 수 있다.

13. 아이들의 감정과 결정을 존중하자. 교사의 말을 듣지 않는 데는 다양한 이유가 있을 수 있다. 나에 대한 개인적 공격이라고 생각하지 말자. 아이들과 함께 웃되, 비웃진 말자. 표정과 목소리를 상냥하게 유지하도록 최선을 다하자. 아이들과 함께 하는 시간을 즐기자. 아이들은 실로 놀랍고 대단하다.

[미국 네바다대학교 캠퍼스 보육 커넥션의 레베카 카터-스틸Rebecca Carter-Steele 제공]

완벽이란 없다

나 자신을 잘 돌보고, 내가 돌보는 아이들에게 양질의 환경과 규칙적인 일상을 제공했다고 모든 것이 문제없이 잘 굴러갈까? 그렇다면 정말 좋겠지만 우리 모두가 알고 있듯 세상일이라는 게 그렇지 않다. 아이들이 의욕을 잃고 엇나갈 수도 있고, 내가 의욕을 잃고 아이를 돌보는 일이 정말로 세상에서 가장 중요한지 의구심이 들 수도 있다. 무슨 일을 하든 간에 살다 보면 힘에 부치는 순간도 있기 마련이다. 그런 힘든 시기에 이 책이 독자에게 많은 정보와 아이디어를 주고 도움이 될 수 있길 바란다. 그리하여 좋은 날이 더 많아지고 아이들을 계속해서 잘 돌볼 수 있기를 희망한다.

훈육에 대한
고정관념 타파하기

교사나 부모가 양육에 관한 책을 사는 이유 중 하나는 훈육 때문이다. 이 책도 훈육과 '학급 운영'에 대해서 더 알고 싶어서 읽고 있을지도 모른다. 그런데 효과적인 훈육이란 과연 뭘까? 아이들의 바른 행동을 유도하는 마법과도 같은 방법이 있는 걸까? 시끄럽고 활동적이고 독립적인 아이들로 가득 찬 곳에서 뭘 어떻게 할 수 있을까?

우리는 먼저 훈육에 관한 생각을 바꾸고자 한다(이미 훈육의 진정한 목적을 이해하고 있는 독자들도 다른 사람들의 고정관념을 없앨 수 있다면 기뻐할 것이라고 생각한다). 대부분의 사람은 훈육이 무엇인지, 어떤 양상을 띠는지, 또 아이들이 좋은 방향으로 변화할

> 대부분의 사람은 훈육이 무엇인지, 어떤 양상을 띠는지, 또 아이들이 좋은 방향으로 변화할 동기를 부여하는 훈육이란 무엇인지에 대해 잘못된 고정관념을 갖고 있다.

동기를 부여하는 훈육이란 무엇인지에 대해 잘못된 고정관념을 갖고 있다.

한번 생각해보자. 사람들이 생각하는 훈육이란 무엇일까? 오늘날 가정과 학교에서 가장 많이 쓰이는 훈육의 방법엔 어떤 것이 있을까? 얼마나 많은 어른이 여전히 '사랑의 매'가 필요하다고 생각할까? 사실 대부분의 '훈육' 방법은 벌의 범주에 속한다. 아래는 '안 해본 게 없다'는 부모와 교사들이 해봤다고 말하는 '훈육' 방법 목록이다.

- 타임아웃, 외출 금지, 정학, 격리
- 특권 박탈
- 설교
- 잔소리
- 위협('경고'라고도 한다), 셋까지 세기
- 엉덩이 때리기, 손으로 찰싹 때리기, 회초리질, 귀 잡아당기기
- 수치심이나 죄책감 들게 하기, 안 좋은 말로 부르기('너는 나쁜 애야')
- 공개적인 망신 주기(벽 보고 서있게 하기, 교실 칠판에서 카드나 색깔 등을 옮기라고 시키기, 규칙을 어길 때마다 교사에게 제출할 표가 담긴 허리주머니를 차고 다니게 하기, 친구들 앞에서 '훈육'하기)

그 외의 '훈육' 방법은 보상의 범주에 속한다.

- 돈

- 음식

- 별, 스티커, 표, 스마일 표시

- 약속

- 칭찬

- 특권('착한' 아이들이나 상을 많이 받은 아이들만 교사와 점심을 먹을 수 있게 하
  는 등)

　　이들 중에 장기적인 효과가 있는 방법은 단 하
나도 없다. 전부 일시적으로는 효과를 볼 수도 있
다. 벌을 주면 그 당시에는 문제행동을 멈추게 할
수 있고, 상을 주면 단기적으로 착한 행동을 하도
록 동기 부여를 할 수 있다. 그러나 너무 많은 어

> 장기적으로 보았을 때, 상벌
> 제도는 잘해야 아무 효과 없
> 이 끝나고, 최악의 경우 아이
> 들에게 해가 된다.

른이 장기적인 결과를 생각하지 않는다. 그리고 장기적으로 보았을
때, 상벌 제도는 잘해야 아무 효과 없이 끝나고, 최악의 경우 아이들
에게 해가 된다.

　　전통적으로 행해온 상벌 제도가 장기적인 결과를 고려할 때 아무
효과도 없고 해롭다는 사실을 증명하는 연구결과는 다양한 분야에서
나오고 있다.[3]

3.　중요한 주제이므로 더 많은 정보와 연구결과를 알고 싶다면 다음의 책들을 참고할 것을 추천한다
– 알피 콘Alfie Kohn의 명저 『상으로 벌 받기Punished by Rewards』(보스턴: 호프톤 미플린Houghton
Mifflin, 1999), 제인 넬슨과 셰릴 어윈의 『사랑이 지나친 부모들: 좋은 부모가 더 현명하게 사랑하고 아
이를 올곧게 자라나게 하는 법Parents Who Love Too Much: How Good Parents Can Learn to Love
More Wisely and Develop Children of Character』(캘리포니아 로즈빌: 프리마, 2000), 제인 넬슨, 셰
릴 어윈, 로잘린 더피의 『긍정의 훈육: 4~7세 편Positive Discipline for Preschoolers, rev. 2d ed.』
(Roseville, CA: Prima, 1998)(에듀니티, 2016).

그런데도 왜 수많은 부모와 교사가 이런 케케묵은 방법을 고집하는 걸까? 다음과 같은 이유를 들 수 있을 것이다.

- 연구결과가 학술지에만 실려 있어 알지 못한다.
- 상벌 제도는 세대에서 세대로 전해져 내려온 전통이다.
- 상벌 제도는 친숙해서 생각이나 계획이 필요 없고, 어려운 상황에서 쉽게 내릴 수 있다. 실제로 보상이나 처벌은 거의 자동반사적으로 이루어질 때가 많다.
- 장기적으로는 결과가 좋지 않지만, 단기적으로는 효과 있기 때문에 사람들이 속고 있다.
- 상벌 제도는 화가 난 어른들에게 권력을 주어 일시적으로 분노나 짜증을 가라앉히는 데 도움이 된다.

> 그러나 놀랍게도 칭찬이나 보상은 아이들이 의욕을 잃게 하고, 배우거나 협동하고자 하는 의지를 깎아내린다.

많은 교사와 부모가 벌이 좋지 않다는 것은 받아들이지만, 보상, 즉 약간의 '유인책'은 문제가 없다고 생각한다. 칭찬과 물질적 보상을 하는 것이 아이를 장려하고 기분을 좋게 만드는 법이라고 잘못 생각하는 것이다. 그러나 놀랍게도 칭찬이나 보상은 오히려 아이들이 의욕을 잃게 하고, 배우거나 협동하고자 하는 의지를 깎아내린다.

보상은 아이들을 '외적 통제 소재'에 반응하게 한다. 달리 말해 아이들이 보상을 받으려는 이유만으로 행동하게 된다는 뜻이다. 이 경우 책임은 아이들이 아니라 어른에게 있다. 따라서 아이들이 '착한' 일을 할 때마다 발견해서 상을 주고 아이들이 '나쁜' 짓을 할 때마다 발견해서 벌을 주어야 한다. 그렇다면 어른이 없을 때는 어떻게 될까?

긍정훈육의 주요원칙 중 하나는 아이들이 옳은 일을 할 때 느끼는 본질적인 행복을 위해 옳은 일을 하고 사회에 이바지하도록 지도하는 것이다. 일반적으로는 보상이 아이들의 행동 개선에 가장 큰 동기가 될 거라 생각한다. 물론 많은 아이가 일시적으로는 동기를 부여받기는 한다. 하지만 아이들이 점점 더 큰 보상을 받길 바라는 모습을 보게 될 것이다. 더 많은 것을 얻기 위해 협상을 할 수도 있고, 나중에 가서는 아예 옳은 일을 하지 않겠다고 협박할 수도 있다. 자신을 다스리는 법을 배운 아이들과 보내는 시간이 상벌 때문에 교사나 부모에게 의존하는 아이들과 보내는 시간보다 훨씬 더 즐거울 거라는 데에는 의심의 여지가 없다.

패러다임의 전환

우선 무엇이 진정한 훈육이 아닌지에 대해 살펴봤다. 그렇다면 진정한 훈육은 무엇일까? 훈육을 의미하는 영단어 discipline은 '사도, 리더'라는 뜻의 disciple과 마찬가지로 라틴어 discipulus를 어원으로 한다. 실제로 이 둘의 의미가 비슷한데, 가르침 또는 존경하는 스승을 따른다는 뜻이다. 매일 함께 있는 아이들이 나를 존경하는 스승이라고 생각하면 얼마나 좋을까?

훈육은 처벌과 전혀 별개의 개념이다. 처벌은 힘 있는 사람이 힘 없는 사람의 행동을 변화시키기 위해 고통을 가하거나 수치심을 주는

행동이다. 사실 처벌은 효과적이다. 어디까지
나 일시적인 행동의 변화만 중요시한다면 말
이다. 그러나 '효과적인' 방식을 경계해야 할
때도 있다. 장기적으로 볼 때, 처벌은 어른들
이 생각하는 효과를 낼 수 없다. 다음 장에서

> 상벌은 아이의 행동에서 장
> 기적으로 긍정적인 변화를
> 끌어낼 수 없다.

도 다루겠지만 아이들은 늘 주변 사람들과 사건에 대해 생각하고, 느
끼고, 결정을 내린다. 벌을 받은 아이들은 올바른 행동을 선택하기보
다는 처벌을 피하기 위한 행동, 어른에게 반항하는 행동 또는 '남의
비위를 맞추는' 행동을 보인다.

안타깝게도 요즘 대학이나 교육 프로그램에서 가르치는 많은 교실
관리 기술이 행동교정이나 상벌제도에 기대고 있다. 이래서는 아이의
행동에서 장기적으로 긍정적인 변화를 끌어낼 수 없다.

말을 바꾸면 태도도 바뀐다

매일 아이들을 돌보는 일을 할 때 '지도'를 '훈육'이라는 말로 바꿔
보면 어떨까? 죠니가 다른 아이를 밀거나 장난감을 던질 때(보통 이런
행동에는 벌이 따른다) 죠니를 '지도'할 방법을 찾기보다는 다르게 '훈육'
하는 방법을 찾을 수도 있다. 죠니를 좀더 존중하면서 문제를 해결하
는 방법을 발견할 수 있을 것이다.

행동이 뒷받침되지 않은 말만으로 바뀌는 건 거의 없지만, 아이들
을 존중하는 새로운 언어를 사용함으로써 효과적 행동과 긍정적 태도
를 유지하기 위한 첫걸음을 뗄 수 있다. 심리치료사들 또한 이 원칙을

잘 이해하고 있다. 그래서 클라이언트들이 스스로에 대해 자신에게 말하는 방법, 즉 '스스로 대화법'을 바꾸도록 하는데 시간을 많이 들인다. 예를 들어 자신에게 "내가 실수했구나. 실수로부터 배울 수 있는 정말 좋은 기회야!" 라고 말하는 것

아이들을 더욱 존중하는 새로운 언어를 사용함으로써 존중에 기반한 효과적 행동과 긍정적 태도를 유지하기 위한 첫걸음을 뗄 수 있다.

이 "멍청한 바보 같으니라구. 네가 제대로 하는 게 있기는 하냐?"라고 이를 악물고 말하는 것보다 훨씬 생산적이라는 것이다.

내가 돌보는 아이들과 부모들, 동료들 그리고 매일 겪는 좋은 일과 나쁜 일에 대한 나의 언어습관을 바꾸는 것이 엄청나게 효과적인 훈육방법 같아 보이지 않을진 몰라도, 말을 바꾸면 태도도 바뀐다. 그리고 태도의 변화는 모든 것을 바꿔놓는다.

말로써 태도와 행동을 바꿀 수 있는 예를 몇 가지 살펴보자.

변화 전	변화 후
"저 애는 나를 힘들게 해."	"저 아이는 상심했구나."
"제이슨은 아이들을 휘두르고 다녀!"	"제이슨은 정말 리더십 있어."
"캐시는 너무 고집이 세!"	"캐시는 정말 끈기 있어."
"저 애는 너무 징징대."	"저 아이에겐 긍정적인 관심이 필요하구나."

진정한 훈육은 아이가 남들과 협동하며 올바른 행동을 하고, 수업 및 친구, 가족을 위해 이바지할 기회를 기쁘게 받아들일 수 있는 동기를 부여한다. 이러한 훈육은 어른들에게 아이들의 덜 사랑스러운 부분도 변화와 성장 그리고 상호존중의 시선으로 바라볼 기회를 준다.

효과적인 훈육에 필요한 세 가지 요소는 다음과 같다.

1. 존중을 기반으로 하는가?
2. 장기적인 효과가 있는가?
3. 훌륭한 인격 형성에 필요한 중요한 삶의 기술을 가르치는가?

존중을 기반으로 하는가?

어른들은 아이들이 어른을 존중해야 한다고 생각하면서도, 어른이 아이를 존중하는 것이 중요하다고는 좀처럼 생각하지 않는다. 그러나 아이들이 존중을 배우려면 반드시 어른이 먼저 모범을 보이고 본보기가 되어 가르쳐야 한다.

부부나 친구 사이, 일터, 어른아이 사이를 막론하고 존중은 모든 건전한 관계의 필수요소다. 일상에서 존중을 받는 아이들이 남을 존중할 수 있다. 그래서 우리는 늘 따뜻하면서도 단호한 훈육을 주창한다. 따뜻함은 아이에게 존중을 보여주고, 단호함은 그 상황에서 필요한 행동과 어른에 대한 존중을 보여준다. 장기적으로 볼 때 아이들은 생활 속에서 학습한다.

> 따뜻함은 아이에게 존중을 보여주고, 단호함은 그 상황에서 필요한 행동과 어른에 대한 존중을 보여준다.

효과적인 훈육의 세 가지 기준

1. 존중을 기반으로 하는가?
2. 장기적 효과가 있는가?
3. 훌륭한 인격 형성에 필요한 중요한 삶의 기술을 가르치는가?

장기적 효과가 있는가?

어른들이 처벌을 효과적인 방법으로 착각하는 주된 이유는 처벌의 효과가 있기 때문이다. 단기적으로는 말이다. 아이들은 대체로 벌 받는 동안은 문제행동을 하지 않는다. 하지만 벌은 장기적 효과가 거의 없다. 3장에서 더 자세히 다루겠지만, 아이들은 무의식중에 많은 결정을 내린다. 벌을 받은 아이들은 자신감이나 협동심을 느끼거나 긍정적인 행동을 해야겠다는 결정을 내리지 않는다. 벌을 받은 아이들은 보통 다음 네 가지 중 한 가지 결단을 내린다.

처벌이 불러오는 네 가지 R

1. 원망(resentment): "불공평해."
2. 반항(rebellion): "강요할 순 없어. 내가 하고 싶은 대로 할 거야."
3. 복수(revenge): "날 아프게 했으니 나도 아프게 할 거야."
4. 후퇴(retreat)
   a. 면피: "다음엔 걸리지 말아야지."
   b. 자존감 하락: "난 나쁜 아이야."

반면 긍정훈육은 아이를 존중하고 삶의 기술을 가르치기 때문에 장기적인 효과가 있을 수밖에 없다.

훌륭한 인격 형성에 필요한 중요한 삶의 기술을 가르치는가?

교사와 부모는 모두 아이들이 건강한 자존감을 갖길 바란다. 아이들의 자존감을 높이기 위한 수많은 프로그램이 오랫동안 운영되어 왔지만 성공의 정도는 각기 달랐다. 우리는 자존감과 자기존중 그리고 자신감을 기르는 데에 있어서 삶의 기술을 가르치고 연마하는 것만큼 좋은 방법이 없다고 본다. 자신의 삶과 감정 다른 사람들과의 관계 등 수많은 일을 관리하는 데 필요한 진짜 기술과 능력 말이다.

너무 당연한 말이라서 어처구니없을지도 모르지만, 아이들은 스스로 삶을 관리할 수 있는 능력을 타고나지 않는다. 어른들에게는 쉬워 보이는 일들이 어린아이들에겐 이해가 불가능할 수 있고, 우리가 이해하는 것과 전혀 다르게 이해할 수도 있다. 우리는 "미술 테이블 치우자"라는 말이 어떤 의미인지 알고 있지만, 취학 전 아동에게는 너무나 헷갈리고 부담되는 일일 수 있다.

> 너무 당연한 말이라 어처구니없을지도 모르지만, 아이들은 스스로 삶을 관리할 수 있는 능력을 타고나지 않는다.

훈육이 삶의 기술과 어떤 관련이 있을까? 아이들이 해결책을 찾는 과정에 참여하게 하는 것은 훈육방법이자 중요한 삶의 기술이다. 아이들의 기분이 좋아져서 더 나은 행동을 할 수 있도록 긍정적 타임아웃을 가르쳐주면 훌륭한 삶의 기술을 습득할 수 있다. 아이들에게 일과표를 만드는 법을 가르쳐주면 평생 쓸 수 있는 시간 관리 기술을 습득하게 된다. 문제행동을 줄이고, 삶의 기술과 뛰어난 인성을 가르칠 수 있는 훈육을 몇 가지만 예로 들어보았다. 아이들이 자신감에 차 있고, 다른 사람과 협력하고 자신이 속한 공동체에 이바지할 수 있다는 지식과 자신감 그리고 기술이 있으면 반항이나 말을 듣지 않을 확률이 낮아진다. 아이에게 새로운 것을 가르칠 때 충분한 시간을 할애하자. 아이 옆에서 일을 하다가 시간이 지날수록 아이에게 점점 큰 책임을 부여해라.

아이들은 어른을 잘 따라 한다는 점을 기억하자. 청소기를 꺼내면 아이들은 서로 하겠다고 달려들 것이다. 한 현자는 이렇게 말한 바 있다. "광신도를 길들이는 게 시체에 생명을 불어넣는 것보다 쉽다."

아이들에게 너는 너무 어리니 가서 놀기나 하라고 말하기 전에 도움을 요청해보자. 어떻게 해야 하는지 간단히 알려주고, 기대치를 현실적인 수준으로 낮추자. 아이들이 시도해보고 그 결과에 뿌듯해할 수 있도록 하자! 어린아이들은 어른들이 생각하는 것보다 훨씬 더 많은 것을 할 수 있다.

돌봄 센터에서 삶의 기술을 가르칠 기회는 아주 많다. 인내심을 갖고 가르치고 감독하면 간식이나 식사 준비, 청소, 선반 정리, 운동장 잡초 뽑기 등 아이들이 해낼 수 있는 일이 무궁무진하다. 아이의 이름을 적어둔 담당 표를 코팅해 붙여두어도 좋다. 매일 혹은 매주 담당을 바꿔 순서대로 돌아가면서 할 수 있다. 아이들에게 할 일을 주고 도와달라고 하면 소속감을 느끼지 못하는 아이의 문제행동을 바꾸는 데 큰 도움이 될 수 있다. "너의 도움이 필요해"라고 말해주면서 삶의 기술을 가르치는 것만큼 소속감과 자존감을 길러주고 자신감을 길러주는 좋은 방법이 또 있을까?

훈육을 가르침이라고 생각하고, 아이들에게 올바른 행동을 가르치기 위해 유용하고 실용적인 방법을 강구하려면 사고의 패러다임 전환이 필요하다. 하지만 이내 노력할 만한 가치가 충분한 일이라는 사실

아이들이 자신감에 차 있고, 다른 사람과 협동하고 자신이 속한 공동체에 이바지할 수 있다는 지식과 자신감, 그리고 기술이 있으면 반항이나 말을 듣지 않을 확률이 낮아진다.

아이들에게 할 일을 주고 도와달라고 하면 유대감을 느끼지 못하는 아이의 문제행동을 바꾸는 데 큰 도움이 된다.

을 알게 될 것이다. 다음 장부터는 특정 상황에서 사용할 수 있는 아이디어에 관한 기본 긍정훈육 원칙을 다룰 것이다. 2부에서도 이런 원칙을 일상에 적용하는 방법을 다룰 것이다. 그러나 가장 중요한 것은 나 자신의 태도와 접근방식이라는 점을 기억하자. 아이들을 벌하거나 조정하려 하는 것이 아니라 진정으로 아이들을 가르치고 독려하길 원한다면 가장 좋은 '방법'을 찾기가 훨씬 수월해질 것이다.

영유아 교사를 위한 긍정훈육의 기본 기술

긍정훈육이란 개념을 한 번쯤은 들어본 적이 있을 것이다. 긍정훈육 워크샵에 참석했을 수도 있고, 긍정훈육 자녀교육에 관한 책을 읽어보았을 수도 있고, 교사들을 위한 긍정훈육 책을 보았을 수도 있다. 하지만 이 책은 특별하다. 매일 몇 시간씩 다른 사람의 아이들을 돌보는 당신을 위해 쓰인 책이기 때문이다. 아이들과 부모들, 직원들을 위해 건강하고 안전하고 고무적인 환경을 만들 방법을 제시하기 때문이다. 나아가 어린아이와 일하는 교사가 매일 직면하는 어려움에 대한 해답을 제시하기도 한다.

우리는 '양질의 돌봄'을 정의하면서 이야기를 시작했고, 훈육에 관한 고정관념과 오해를 살펴보기도 했다. 지금부터 교사를 위한 기본적인 긍정훈육 개념과 방법의 기반을 쌓으려 한다. 이런 개념을 기억한다면 2부에서 다룰 교사가 매일 마주하는 어려움을 해결할 뿐 아니라 예방할 방법까지 찾을 수 있을 것이다.

긍정훈육에 대한 말

긍정훈육은 인간관계 분야의 선구자인 알프레드 아들러와 루돌프 드라이커스의 연구에 기반하고 있다. 그들은 사람들이 상호존중과 존엄, 격려와 따뜻하고 단호한 가르침에 기반한 관계를 누릴 때와 서로 협력하면서 문제를 해결하고 중요한 삶의 기술을 배울 기회를 얻을 때, 즉 자신이 격려받는다고 느낄 때 최선을 다해 열심히 일하며, 가장 행복해한다고 주장한다. 이 말을 들은 사람들은 "잠깐만, 성인이나 청소년에게는 맞는 말일지 몰라도 영유아에게는 훈육이 필요한데. 규칙과 감독이 필요해. 세 살짜리가 협동하고 문제를 해결할 수 있다는 말은 아니겠지!"라고 반박할 수도 있다.

하지만 어린아이라고 늘 규칙과 감독이 필요한 건 아니다. 두세 살 아이들은 자신의 목표와 자립심을 탐색하는 발달단계에 있다(발달에 대해서는 4장에서 좀 더 다룰 예정이다). 취학 전 아동은 성인과 같은 시각으로 세상을 바라보지 않으며, 같은 것을 필요로 하지도 않는다(물론 타당한 이유가 있다). 하지만 인간으로서의 가치만큼은 성인과 동일하다. 아이들 또한 성인과 마찬가지로 인위적이고, 수치심을 주고, 의욕을 잃게 하는 상벌제도로 억압받을 때보다는 소속감이나 자존감을 느낄 때, 자신의 발달상의 요구와 능력이 이해를 받을 때 그리고 따뜻하면서도 엄격한 훈육을 받을 때 자신의 능력을 최대한 발휘할 수 있다.

긍정훈육의 개념을 이해하면 아이들이 다가와서 격려를 받으며 즐길 수 있는 따뜻한 장소, 아이들과 부모, 교사들이 존중받으면서 참여할 수 있는 안전한 공간을 만드는 데 도움이 될 것이다. 또 엇나간 행동에 대처하는 긍정적 전략을 학습할 수 있을 것이다. 이 전략들은 먼저 아이를 이해한 다음, 아이가 스스로 삶의 중요한 기술을 발달시키도록 격려하는 방식에 기반을 둔다. 그럼 지금부터 긍정훈육의 기본 도구들을 살펴보도록 하자.

인간의 기본적인 욕구

부모나 교사에게 아이의 건강과 안정, 행복을 위해 필요한 것이 무엇이냐고 물어보면 대부분 쉽게 답한다. 바로 사랑이라고. 부모와 아이 간의 사랑이 중요한 것은 당연하지만, 돌보는 아이들이 너무 많아서 한명 한명을 진정으로 사랑하기는 힘든 교사나 교사는 어떨까? 모든 아이를 진정으로 사랑해주지는 못하더라도, 적어도 자신이 아이들 한명 한명을 존중하고 돌보고 있다는 것은 분명히 보여주어야 한다(이에 대해서는 이 장의 마지막 부분에서 좀더 이야기하기로 하자). 사실 모든 아이에게(물론 청소년과 성인도 마찬가지겠지만) 꼭 필요한 것은 소속감과 자존감이며, 사랑은 소속감의 일부일 뿐이다. 할 수 있다는 자신감을 얻고 세상에 의미 있게 이바지할 수 있는 능력을 개발하는 것도 사랑만큼 중요하다. 아이들은 힘겨루기를 할 때가 아니라 자신의 능력을 자주적으로, 올바른 목적을

> 사실 모든 아이에게 (물론 청소년과 성인도 마찬가지겠지만) 꼭 필요한 것은 소속감과 자존감이다.

위해 발휘하는 법을 배울 때 소속감과 자존감을 느낀다. 소속감과 자존감은 존중받을 때 생긴다. 부모와 교사가 하는 가장 큰 실수 중 하나는 아이들에게 남을 돕고 헌신하는 법을 가르치는 대신 아이들을 통제하려고 한다는 것이다(여기에 대해서는 뒤에서 또 다루겠다). 또 다른 실수는(주로 처벌을 할 때) 따뜻함 없는 단호함을 보이거나(주로 자유 방임을 할 때) 단호함 없는 따뜻함을 보이곤 한다는 것이다. 긍정훈육은 이 둘 사이의 균형을 잡아준다.

모든 사람은 어딘가에 소속되고 싶어 하고, 있는 그대로 받아들여지고 싶다는 욕구를 가지고 있다. 그래서 사람들은 늘 주변 환경과 타인을 관찰하고, 그들에 대한 감정과 생각을 가진다. 여기서 가장 중요한 점은 이 모든 것이 무엇을 의미하는지를 스스로 결정한다는 것이다. 의식적으로 내리는 결정은 아니지만, 무엇보다 강력하다. 우리가 세상을 보는 눈을 결정짓기 때문이다. 모든 사람은 성장 과정에서 자신이 다른 사람에게 필요한 존재인지 아닌지, 살아남기 위해, 성공하기 위해서는 무엇을 해야 하는지, 사랑과 소속감을 얻으려면 어떻게 해야 하는지, 때로는 정말로 그럴 필요가 있을지 없을지에 이르기까지 다양한 결정을 내린다. 어떤 결정을 내리냐에 따라 우리의 태도, 선택, 행동도 바뀐다.

영유아들도 이런 면에서는 성인과 다를 바 없다. 소속감을 갈구하고, 어떻게 하면 소속감을 얻을 수 있을지 무의식적으로 결정한다. 아이들의 행동을 보면 아닐 것 같다는 생각이 들 수도 있지만, 아이들은 소속감을 확실히 인지한다. 그렇게 해서 자신감을 얻고 대개는 행동을 개선한다. 소속감을 느끼지 못하는 아이들은 풀이 죽고 바람직

하지 못한 행동을 더 많이 하게 된다. 현명한 교사들은 자신이 돌보는 모든 아이가 탄탄한 소속감과 자존감을 느낄 수 있도록 다양한 방안을 갈구한다. 그렇다면 이제부터 이 중대한 목표를 어떻게 달성할 수 있을지 얘기해보자.

아이들의 세계로 들어가기

잠시만 우리가 돌보는 아이들의 모습을 떠올려보기로 하자. 그 아이들 눈으로 바라본 나는 어떤 모습일까? 일단 아주 많이 올려다봐야 할 것이다. 아이들은 어른들보다 훨씬 작기 때문에 자신이 밑에 있다는 느낌을 받기 쉽다. 또 계속해서 새롭고 친숙하지 않은 일을 수행하고, 느끼고, 생각해야 할 것이다. 아이들에게는 친구들과 물건을 나눠 쓴다거나 줄을 서는 것, 순서를 정해서 하는 일이나 이름을 불리면 앞으로 나오는 일 등이 모두 새롭기 때문이다.

모든 행동은 신념에서 비롯된다. 행동하는 본인조차 그 신념이 어떤 것인지 모를 때에도 마찬가지다. 따라서 소속감을 주고, 행동을 이끌어주고, 서로 존중하는 관계를 구축하기 위한 가장 좋은 방법은 아이의 세계로 들어가서 아이의 모든 면면을 결정짓는 복잡한 요소들을 이해하는 것이다. 이 장에서는 아이의 세계를 탐험하며 아이의 발달과 성격 형성, 환경과 양육이 아이에게 미치는 영향에 대한 모든 미스터리에 대해 배워볼 것이다. 먼저 모든 아이는 다르다는 점과 그 아이가 어떤 사람이며 어떤 사람으로 성장하고 있는지에 대한 궁금증을 갖는 것 만큼 중요한 것은 없다는 점을 유념하자. 아이의 세계로 들어가게 되면 아이들을 돌볼 때 힘겨루기를 하는 상황을 피할 방법을 알 수 있을 것이다.

아끼는 마음 보여주기

최근 교육 연구에서 밝혀진 한 매우 흥미로운 결과가 교사들에게 전하는 강력한 메시지가 하나 있다. 학습이나 협력에 대한 아이의 의욕이 "선생님은 나를 좋아할까?"라는 질문에 대한 대답에 달렸다는 것이다. 이 질문에 대한 답은 전적으로 아이의 시각에 달려 있다. 교사가 아이를 아끼더라도 아이가 그 마음을 느끼지 못한다면 아이는 소속감을 느끼지 못하고 수업에서 최선을 다하지 않을 것이다.

아이를 아끼는 마음을 보여준다는 건 생각보다 훨씬 까다로운 일일지도 모른다. 부모는 아이를 사랑하고, 사랑이 있으므로 육아라는 난관을 헤쳐갈 수 있다. 어떤 사람들은 신이 아이들을 귀엽게 만든 이유는 아이가 아무리 부모를 지치고 힘들게 할지라도 버림받지 않게 하기 위해서라고 장난스럽게 말하기도 한다. 교사들도 당연히 아이들을 아낀다. 아이들을 진심으로 아끼기 때문에, 아이들을 돌보고 보살피기 위해 그 직업을 선택한 경우가 대부분이다. 다만 그렇게 아끼는 마음이 아이들에게 전달되고 있는가가 문제인 것이다.

제임스 터니James Tunney와 제임스 젠킨스James Jenkins는 아끼는 마음이 어떻게 받아들여지고 있는지에 관한 박사 논문을 썼다. 교사에게 학생들을 아끼는지 물어보자 교사들은 당연히 그렇다고 했다. 그런데 학생들에게 같은 질문을 했더니 "선생님은 공부 잘하는 애들만 좋아

해요"라고 답했다는 것이다.[4]

아이들에게 "선생님이 너를 아끼시니?"라고 물으면 뭐라고 대답할까? 어른들은 종종 조건 없는 보살핌이라는 말을 쓰는데, 그 마음이 아이들에게 전달되고 있을까? 교사라고 해서 모든 아이를 반드시 사랑해야 하는 건 아니지만, 돌보는 아이들을 존중하고 따뜻하게 대하고 이해해주는 길을 '선택'할 수는 있다. 그리고 가장 까다로운 아이들에게도 진심으로 아끼는 마음을 매일, 매 순간 보여줄 방법을 찾을 수도 있다. 아끼는 마음을 보여주고 소속감을 심어준다면 아무리 고집 센 아이의 마음이라도 눈 녹듯 풀릴 것이다.

선생님은 나를 좋아할까?

다른 교사들과 함께 조건 없이 아끼는 마음을 아이들에게 보여줄 방법에 대해 브레인스토밍 해보자. 웃어주기나 악수하기, 도움 요청하기, "선생님은 네가 참 좋아"라고 말로 표현하는 등의 간단한 방법도 포함될 수 있다. 리스트를 만들어서 걸어놓고 매일, 모든 아이에게 리스트에 있는 행동을 하나 이상 하도록 하자.

잘못된 행동을 유발하는 어긋난 목표들

아이들에게 소속감과 자존감을 심어주는 일이 중요하다는 것은 지금까지 배운 대로다. 소속감을 느끼지 못하는 아이들은 의욕을 잃고,

---

4.　제임스 조세프 터니James Joseph Tunney, 제임스 맨슬 젠킨스James Mancel Jenkins, 「학생중심학습에서의 상호평가(PASCL)에서 혁신 고교와 기타 고교의 특정 학생, 교사와 교무원들이 인지한 분위기의 비교」(서던캘리포니아대학교 박사 논문. 1975.)

의욕을 잃은 아이들은 엇나간 행동을 할 수 있다. 엇나간 행동을 하는 아이들이 그룹을 형성하면 교사는 큰 어려움을 겪게 된다. 아이들이 왜 엇나가는지를 이해하는 것이 행동을 이끌어주는 데 필요한 첫걸음이다.

예를 들어 다음과 같은 상황이 일어났다고 생각해보자.

4세 학급을 맡은 에이미 선생님은 타일러와 재커리가 레고 탑을 쌓는 것을 지켜보고 있다. 타일러가 탑 꼭대기에 자랑스럽게 깃발을 꽂으려고 할 때 원장님이 선생님에게 말을 걸려고 다가간다. 타일러는 네 살 치고는 참을성을 갖고 기다린다. 하지만 대화는 길어졌고, 대화 중이던 에이미 선생님과 원장님은 갑작스러운 비명에 화들짝 놀란다. 재커리는 카펫에 널브러져 있고 타일러는 한 손에 깃발을 움켜쥔 채 얼굴 가득 인상을 쓰고 있는 것이다.

에이미 선생님이 부드럽게 타이른다. "얘들아, 선생님이 원장선생님하고 얘기할 때에도 사이좋게 놀고 있어야지." 그러나 잠깐의 침묵 후 타일러가 이내 울음을 터트린다. 살짝 옆을 보니 이제 재커리가 깃발을 들고 있고 타일러는 카펫에 널브러져 있다. 선생님은 한숨을 쉰다. "자, 얘들아. 깃발은 선생님한테 줘. 둘 다 타임아웃 의자로 가자."

무슨 일이 있었던 걸까? 아마도 선생님의 관심이 원장선생님에게 쏠렸을 때 아이들의 연약한 소속감은 타격을 입었을 것이다. 그리고 일반적인 4세 아이들이 보일 만한 대응을 했다. 바로 선생님의 관심을 다시 차지할 방법을 찾는 것이다. 선생님이 야단을 치자 아이들은 잠깐 사이좋게 있었지만, 다시 관심을 주지 않자 또 관심을 얻기 위한 행동을 한 것이다.(모든 아이가 관심과 돌봄을 받기를 원한다는 점을 아는 것은 중요하다. 단, 그렇다고 한 아이가 모든 관심을 독점해야 한다는 뜻은 아니다.)

만약 에이미가 어긋난 목표로 인해 나타나는 행동에 대해 잘 알고 있었다면 소속감을 위해 부정적인 관심을 요구하는 아이들의 잘못된 믿음 때문에 자신이 짜증 났음을 인지했을 것이다. 그리고는 "얘들아, 선생님한테는 너희들의 도움이 필요해. 너희가 문제를 해결할 수 있으리라고 믿어. 원장선생님과 대화가 끝나자마자 해결책을 알려주지 않겠니?"라는 말로 아이들이 소속감을 느낄 방법을 제시했을 것이다. 또 아이들이 스스로 노는 법을 찾고 어른의 지속적인 관심이 없어도 행복을 찾을 방법을 가르쳐줄 수도 있다.

아이들은 소속감을 얻기 위해 주로 다음과 같은 엉뚱한 목표를 갖고 어긋난 행동을 한다.

- 지나친 관심 끌기
- 힘의 오용
- 보복
- 무기력 (포기)

아이들은 이런 엉뚱한 목표를 스스로 세우는 것이 아니고, 자신의 행동 뒤에 숨은 잘못된 믿음들을 인식조차 하지 못한다. 하지만 교사가 어긋난 목표를 인지하고 이해할 때 아이들의 행동과 그 행동을 유발하는 잘못된 믿음을 바꿔놓을 수는 있다(어긋난 목표행동차트 참고).

지나친 관심 끌기

만약 당신이 앞서 이야기한 에이미의 경우처럼 짜증이 나거나, 답답하거나, 걱정되거나, 죄책감이 든다면 아이가 지나친 관심 끌기라는 어긋난 목표에 따라 행동했다고 볼 수 있다. 이런 아이들은 특별 취급을 받거나 어른이 계속 분주하게 자신을 돌볼 때만 소속감을 느끼는 아이들이다. 과잉보호하에 오냐오냐하며 자란 아이들이 많은 요즘에는 흔히 볼 수 있는 사례다. 특히 관심을 애정과 돌봄이라고 착각하는 어린아이일수록 이 목표를 추구하는 경향이 강하다. 어긋난 목표행동차트의 마지막 열에서 부정적 관심에 대한 욕구에 어떻게 대처할지 알아볼 수 있다.(표를 이용하는 방법 또한 곧 설명할 것이다.)

힘의 오용

이 어긋난 목표는 발달 단계상 점점 커지는 자립심과 독립심을 발휘하길 원하는 취학 전 아동에게서 흔히 볼 수 있다. 이 중요한 발달단계를 이해하지 못하는 어른은 아이와 힘겨루기를 하게 된다. 교사는 아이가 자신에게 도전하거나, 위협하고 자극하거나, 싸워서 이기려 할 때 그 아이가 힘의 오용이라는 어긋난 목표에 따라 행동했다는 것을 알아채야 한다. 이때 교사는 아이에게 선택지를 줄 수도 있고, 도와달라고 부탁할 수도, 따뜻하면서도 단호하게 대할 수 있으며, 아이에게 도움이 될 것 같다고 판단되면 긍정적 타임아웃(만 3세 이상부터 유효하다. 자세한 사항은 어긋난 목표행동차트를 참고하자)을 선택하도록 할 수도 있다.

보복

　보복이라는 어긋난 목표를 갖고 행동은 특히 고약하고, 교사에게 상처를 줄 수도 있다. 유치원에서 이런 행동을 보일 때 문제가 되는 이유는 아이와 어른 모두에게 깊은 감정의 골을 유발할 수 있기 때문이다. 아이의 행동이 자신을 향한 것이 아니라 할지라도 자신에게 상처를 주거나, 실망이나 충격을 주거나, 끔찍하다고 느껴질 때, 교사는 아이가 보복이라는 어긋난 목표를 위해 행동했다는 것을 알 수 있다. 유치원에서 보복이 일어나는 이유는 아이가 억울하다고 느끼거나(행동교정을 위해 아이들을 몰아붙일 때 나타날 수 있는 폐해이다), 부모의 이혼이나 반려동물을 포함한 가족의 사망과 같이 가정에서 일어난 문제 때문일 수도 있다. 보복하려는 아이에게 처벌은 절대 도움이 되지 않는다. 적극적으로 이야기를 들어주고, 이해하며, 아이의 감정에 공감해주고 교사의 감정도 공유해보자. 이 모든 과정이 이루어져야만 아이가 마음을 추스를 방법을 찾도록 도와줄 수 있다.

> 아이의 행동이 자신을 향한 것이 아니라 할지라도 자신에게 상처를 주거나, 실망이나 충격을 주거나, 끔찍하다고 느껴질 때, 보육자는 아이가 복수라는 엉뚱한 목표를 위해 행동했다는 것을 알 수 있다.

무기력(포기)

　발달학적으로는 충분히 할 수 있음에도 불구하고 난 할 수 없다며 지레 포기하는 아이를 말한다. 세발자전거를 탈 수도, 스웨터 단추를 채울 수도, 퍼즐을 맞출 수도 없다. 눈을 마주치지 않고 고개를 숙인 채 너무 의욕이 없어 보여서 오히려 교사가 울고 싶을 정도다. 대부분의 어른들은 포기하는 아이들을 '도와주려고' 끼어들거나, 아이들을 포기해버린다. 만약 당신이 낙담이나 무력함, 좌절감을 느끼거나 스스로 부족하다고 느낀다면 아이가 이런 어긋난 목표를 가지고 행동한다는 것을 알 수 있다. 아이가 이렇게 행동한다면 교사가 아끼는 마음을 가지고 무한한 격려를 해줘야 상처를 치유할 수 있다. 힘들겠지만 차근차근 작은 일부터 시작하도록 격려하고, 아이를 위해서라도 끼어들지 말아야 한다.

어긋난 행동 하나가 네 가지 목표 전부에 의해 유발된 것일 수도 있다. 블록 놀이를 하고 정리를 하지 않는 이유는 선생님의 관심을 받고 싶어서일 수도(교사는 짜증나고 답답해할 것이다), 선생님이 나를 이길 수 없다는 것을 보여주고 싶어서일 수도(교사에게 도전하고 자극한다), 내가 상처받았으니 선생님에게도 상처를 주고 싶어서일 수도(교사도 상처받았다), 심각하게 의욕을 잃고 혼자 있고 싶어서일 수도 있다(교사도 좌절하고 무력감을 느낀다). 아이가 어떤 잘못된 믿음을 갖고 그런 행동을 하는지 이해하는 일은 아이를 격려하고 잠재력을 최대한 끌어낼 수 있도록 돕는 가장 효과적인 방법의 하나다.

특히 세 살 이하의 어린아이의 경우 이 모든 행동이 어긋난 행동이 아닌 발달상 나타날 수 있는 당연한 일이라는 사실도 유념해야 한다. 두 살짜리 아이들이 어른과 힘겨루기를 하는 이유는 딱히 의욕이 없거나, 어른이 자기 말을 따를 때만 소속감을 느껴서라기보다는 발달단계상 한창 자립심을 키우고, 한계를 탐험하고 실험하고 싶고, 그런 욕구를 발휘하지 못하게 하면 낙담하는 시기이기 때문이다.

따뜻하고 단호한 훈육

이전에 우리는 『사랑이 지나친 부모들*Parents Who Love Too Much*』[5] 이라는 책에서 극과 극의 양육방법, 즉 지나친 제재나 방임이 자녀교육에 미치는 위험성을 다룬 적이 있다. 지나친 제재나 방임은 가정에서 뿐만이 아니라 보육 시설에서도 매일 볼 수 있다.

많은 수의 교사들이 아이들의 행동을 규제하기 위해 상벌 제도에 의존한다. 규칙을 잔뜩 세워놓고, 어길 시엔 벌을 준다. 한 부모는 답답해하며 세 살짜리 아들 로비가 전에 다니던 어린이집에서는 아이들이 화장실을 갈 때나 탁자에 앉아 장난감을 가지고 놀때도 줄을 서야 했다고 하소연했다. 이 시설에서 로비를 비롯한 많은 아이가 '문제행동'을 한다는 지적을 받았다는 점은 놀랍지도 않다. 지나친 제재를 가하면 아이들에게 반항심이 생기고, 어른과 힘겨루기를 하거나 몰래 규칙을 어기는 법을 터득한다. 교사가 원하는 결과는 이런 게 아닐 것이다. 아이의 발달단계와 잘 맞는 규칙이 있는 다른 시설로 옮기자 로비의 어긋난 행동은 사라졌다.

혹자는 교사가 방임할 리 없다고 생각할 수도 있다. 이미 합의된 규칙을 어겼는데도 아무런 말이나 행동 없이 넘어가거나 응석을 받아주는 등 아이를 '구해주는' 행위는 부모에게나 해당되는 일이라고 생각

---

5.   제인 넬슨, 셰릴 어윈 지음(로즈빌, CA: 프리마출판사, 2000).

어긋난 목표행동차트

아이의 목표 (어긋난 행동)	부모와 선생님의 감정	부모와 선생님의 반응 (비효과적인 반응)	아이의 반응	행동 이면의 어긋난 신념
지나친 관심 끌기 (다른 사람의 지속적인 도움과 관심을 얻으려 함)	성가시다. 짜증난다. 걱정된다. 죄책감을 느낀다.	자주 상기시킨다. 아이를 타이른다. 아이가 할 수 있는 일을 대신해준다.	일시적으로는 멈추지만, 나중에 같은 행동이나 또 다른 신경 쓰이는 행동을 한다. 일대일로 관심을 주는 동안에만 멈춘다.	"내가 사람들의 관심을 받을 때 또는 특별한 대접을 받을 때 나는 소속감을 느껴." "당신이 나로 인해 분주할 때 내가 중요한 사람이 된 것 같아."
힘의 오용 (보스처럼 행동함)	화난다. 도전받는 느낌이다. 위협을 느낀다. 패배감을 느낀다.	싸운다. 포기한다. '넌 벌을 받아야 해' 또는 '본때를 보여주겠어'라고 생각한다. 바로잡아주려 애쓴다.	더 심한 행동을 한다. 명령에 반항한다. 부모나 선생님이 화내는 모습을 보고 만족감을 느낀다. '예'라고 말하고 따르지 않는다.	"내가 대장일 때 또는 내가 통제할 때 나는 소속감을 느껴." "누구도 나를 어쩔 수 없어."
보복 (똑같이 되돌려 줌)	상처받는다. 실망스럽다. 불신한다. 혐오스럽다.	보복한다. 복수한다. '네가 나한테 어떻게 이럴 수 있지?'라고 생각한다. 아이의 행동을 자기 개인에 대한 공격으로 받아들인다.	보복한다. 다른 사람에게 상처를 준다. 물건을 부순다. 더 심하게 행동하거나 다른 방법을 찾는다	"난 어디에도 속해있지 않아. 그래서 내가 상처받은 만큼 다른 사람들한테도 상처를 줄거야." "사람들이 나를 좋아하지 않아."
무기력 (포기하고 혼자가됨)	체념한다. 절망적이다. 어쩔 수 없다고 느낀다. 적절하지 않다고 느낀다.	포기한다. 아이를 위해 행동한다. 지나칠 정도로 도와준다. 불신감을 보인다.	더욱 움츠러든다. 수동적이 된다. 더 나아지려는 생각이 없다. 아무런 반응을 보이지 않는다. 시도도 하지 않는다.	"난 잘하는 게 없어. 그래서 어디에도 속할 수가 없어. 사람들이 나한테 아무런 기대도 할 수 없게 만들거야." "난 도움이 안 되는 무능한 인간이야."

부모와 선생님이 아이에게 보내는 메시지	숨겨진 메시지 (아이가 진정 원하는 것)	긍정 훈육법(아이들을 격려하며 이끌어주는 효과적인 방법)
"네 실망을 어떻게 다루어야 할지 잘 모르겠다." "네가 행복하지 않으면 내가 죄의식을 느껴."	"나를 봐주세요." "나도 함께하고 싶어요."	아이의 주의를 끌 수 있는 다른 유용한 일을 하게 한다. 부모가 할 것을 말해준다. "너 사랑해 그리고 _____" (예: 너에게 관심이 있지만 나중에 시간을 보내자.) 특별한 서비스를 피한다. 한 번만 말하고 행동한다. 아이가 감정을 다룰 수 있다고 믿는다.(고쳐주거나 도와주지 않는다.) 특별한 시간을 계획한다. 루틴을 정한다. 문제 해결에 아이를 참여시킨다. 가족회의를 활용한다. 무시한다. (말없이 어루만진다.) 말이 아닌 간단한 신호를 정한다.
"난 통제하고 있고, 넌 내가 시키는 대로 해야 해." "네가 무엇을 해야 할지 하나하나 말해주고, 무엇을 하지 말아야 할지 잔소리하거나 벌을 줘야 네가 잘할 거라고 생각해"	"도와줄게요." "선택권을 주세요."	아이가 무언가를 하도록 억지로 시킬 수 없다는 것을 알아야 한다. 아이가 긍정적으로 힘을 사용할 수 있도록 도움을 요청한다. 제한된 선택지를 제안한다. 다투지도 포기하지도 않는다. 갈등에서 물러나 진정할 시간을 갖는다. 단호하면서 친절하게 행동한다. 말하지 않고 행동으로 보여준다. 여러분이 할 일을 정한다. 루틴을 따른다. 상호 존중을 개발한다. 합당한 몇 개의 선택을 정하도록 아이 의 도움을 받는다. 끝까지 지속하는 연습을 한다. 가족회의를 활용한다.
"네 얘기는 안 들었지만 도움이 될테니 조언을 줄게." "네가 필요한 것 보다 이웃이 뭐라고 생각할 지가 더 걱정돼."	"난 상처받고 있어요." "내 마음을 알아줘요"	아이의 감정을 확인한다. (감정이 어떨지 추측해야 하는 경우도 있다.) 행동을 개인에 대한 공격으로 받아들이지 않는다. 처벌과 보복, 복수의 연쇄에서 빠져나온다. 서로 긍정적인 타임아웃을 가질 것을 제한다. 그러고 나서 해결책에 집중한다. 적극적 경청을 한다. '나'로 시작하는 메시지를 사용하여 감정을 공유한다. 사과하고 개선한다. 장점을 칭찬한다. 한쪽 편을 들지 않는다. 가족회의를 활용한다.
"너는 내 높은 기대치에 맞추어 살 거라고 기대하고 있어." "너를 위해 뭐든지 해주는 게 내 일이라고 생각해."	"날 포기하지 말아주세요." "나에게 과제를 조금씩만 주세요"	할 일을 작은 단계로 나누어준다. 아이가 성공을 경험할 때까지 쉬운 일을 만들어준다. 성공의 기회를 제공한다. 대신해주지 말고 기술을 가르쳐주거 나 보여준다. 아무리 작은 시도일지라도 긍정적인 발언으로 격려해준다. 아이의 능력에 대한 믿음을 보여준다. 가지고 있는 것에 집중한다. 동정하지 않는다. 포기하지 않는다. 아이와 즐겁게 지낸다. 아이가 좋아하는 것을 찾도록 도와준다. 가족회의를 활용합니다.

할 수도 있지만, 사실 시끄럽고 정신없는 보육 시설에서 집중상태를 유지한 채 자신이 한 말을 모두 기억하고 행동에 옮기거나 일관성 있고 효과적인 훈육을 실천할 시간이 없을 수도 있다. 그러나 안타깝게도 지나친 제재나 방임을 통해서는 타인을 존중하고 책임감을 가지며 많은 일을 해낼 수 있는 아이들을 길러낼 수 없다.

우리는 '따뜻하면서도 단호'해지는 것이 가장 좋은 해결책이라고 믿는다. 모든 아이의 고유한 가치와 존엄성을 존중하기 때문에 따뜻해야 하고, 동시에 교사 자신을 존중하고 그 상황에서 필요한 일을 하는 것이 중요하다는 점을 인지하고 있으므로 단호해야 한다. 아이들에게는 일정한 행동의 경계와 정해진 틀이 필요하다. 일관성 있고 아이를 존중하는 훈육은 아이들이 신뢰하는 법을 배우고 안정감을 느끼게 하는 데 꼭 필요하다. 따뜻하면서도 단호하다는 것은 소리를 지를 필요가 없다는 뜻이다. 교사가 하는 말이 진심이며, 그 말을 끝까지 지키리라는 것을 아이들이 믿을 수 있다는 뜻이다. 예를 들어 아이가 무엇을 할 수 없는지를 소리 높여 지적하기보다는 따뜻하게 아이의 손을 잡고 단호하게 아이가 할 수 있는 일이 무엇인지 보여주는 것이다. 즉 훈육이 밖에서 보나 안에서 보나 아름다운 것이 된다는 것을 의미하며, 아이가 (교사도 마찬가지지만) 수치심을 겪거나, 의욕이 꺾기거나, 망신을 당하지 않아도 되는 공간을 만들어간다는 뜻이다.

긍정훈육에 쓸 수 있는 도구들

2장에서는 훈육에 관한 잘못된 고정관념과 오해에 대해 다뤘는데,

이번에는 아이를 존중하는 훈육을 실천하는 데 필요한 구체적인 긍정 훈육 도구들을 면밀히 살펴보고자 한다. 따뜻하고 단호한 훈육이란 구체적으로 어떤 걸까?

어떻게 행동할지 결정하라

누구나 자신의 자녀나 직장 동료, 배우자, 친구 등 주변 인물들의 행동을 바꾸고자 하는 마음이 있을 것이다. 그래서 실제로 많은 사람이 타인을 타이르거나, 조종하거나, 훈계하거나, 꾀어내거나, 때론 벌을 준다. 그런데 사실 한 사람이 진정으로 변화시킬 수 있는 사람은 그 사람 자신뿐이다. 심지어 그것마저도 힘들 때가 많다. 우리가 더 큰 어른이기 때문에 어린아이의 행동을 잠시 변화시킬 수 있을지는 몰라도, 나중에 그로 인한 문제행동이라는 큰 대가를 치러야 할 것이다. 따뜻하고 단호한 훈육이란 자신의 행동을 스스로 결정한 뒤, 그 결정을 충실히 따르고 이행하는 것이다. 다음 사례를 보자.

> 따뜻하고 단호한 훈육이란 자신의 행동을 스스로 결정한 뒤, 그 결정을 충실히 따르고 이행하는 것이다.

케이티는 조용한 시간 후 아이들에게 책을 읽어주기 전에 3세 아이들에게 매트를 정리하라고 계속 잔소리하고 달래는 일에 지쳤다. 그래서 언성을 높였지만, 아이들은 더 시끄럽게 떠들며 책은 언제 읽어주실 거냐고 계속해서 물어온다. 어느 날 케이티는 다시는 잔소리를 하지 않겠다고 결심했다. 조용한 시간이 시작하기 전 아이들이 조용히 매트에 누웠을 때, 따뜻하지만 단호하게 "조용한 시간 후에 매트를 정리하고 둥글게 원을 그려서 조용히 앉아 있으면 책을 읽어줄 거예요"라고 말했다. 조용한 시간이 끝나자 아이들은 평소대로 시끄럽게 돌아다녔다. 하지만 이번에는 확실한 변화가 있었다. 아이들을 살살 달래면서 매트 정리를 하라고 다시 말하는 대신 케이티는 좋아하는 책을 무릎 위에 놓고 의자에 조용히 앉아 있었다. 아이들이 읽어달라고 모여들자 케이티는 그저 미소 지으며 마루 위에 있는 매트를 손가락으로 가리켰다. 아이들이 사태를 파악하는 데는 얼마 걸리지 않았다. 선생님의 뜻을 알아차린 아이들은 다른 아이들에게 "빨리해, 매트를 정리해야 케이티 선생님이 책을 읽어주시잖아"하고 재촉했다.

케이티가 깨달았듯이, 우리 스스로 행동을 바꾸는 것이 다른 사람의 행동을 바꾸려는 것보다 효율적이다.

말이 아닌 행동을 하라

어른들은 말하는 걸 좋아한다. 우리는 말을 잘하기 때문에 말을 많이 한다. 하지만 아이들에게는 말이 늘 잘 통하는 것은 아니다. 특히 그 말이 잔소리거나 훈계라면 더욱더 그렇다. 옛날 「찰리 브라운」만화에서 어른들의 대사가 늘 어떻게 들렸는지 기억하는가? 어쩌고저쩌고로 처리되곤 했다. 머리가 무릎에 닿을락 말락 한 사람과 격렬한 논쟁을 해서 져본 적이 있을까?

대부분의 아이는 행동 없이 말만 하면 듣지 않는다. 또한 말은 아이와의 힘겨루기에 오히려 불을 붙일 수도 있다. 어른이 "장난감 치워!"하고 잔소리하면 아이들은 대부분 "싫어!" 하고 반발한다. 아이가 협력해주길 바란다면 말보다는 따뜻하고 단호한 행동을 해보자. 블록 쌓기 공간에 계속 있으려는 아이의 손을 잡고 둥글게 둘러앉은 곳으로 부드럽게 인도하자. 장난감을 가지고 다투는 아이들이 있으면 따뜻하게 웃어주면서 장난감을 손이 닿지 않는 곳으로 치우자. 말을 하지 않아도 싸움을 멈추면 장난감을 돌려받을 수 있다는 것을 이해하게 될 것이다.

대부분의 아이는 행동 없이 말만 하면 듣지 않는다.

그리고 말을 반드시 해야 한다면 교실 저 끝에서 명령하거나 방법을 설명하지 않도록 주의하자. 아이들은 손이 닿지 않는 곳에서 말하는 어른은 무시해도 무방하다는 사실을 잘 알고 있다. 일어서서, 아이에게 다가가 따뜻하고 단호한 어조로 말하자. 말에 진심이 담겨 있다는 것은 행동으로 확실히 드러난다.

말을 줄여라

마치 아이들이 말 하나하나를 주의 깊게 들을거라고 생각하는 듯 말을 하고 또 하는 어른들을 본 적이 있는가? 그 어른이 아이를 주의 깊게 관찰했다면 아이가 듣지도 않는 상태였다는 것을 알아차렸을 것이다.

물론 말이 필요한 때도 있다. 말없이 행동만 하는 것이 불충분할 때는 말을 최대한 줄이고 "하지 마"보다는 "해"라고 하자.

18개월이 된 세이지는 어린이집에서 다른 아이들을 때리기 시작했다. 어린이집 교사인 마리아는 세이지를 자세히 관찰했다. 세이지가 아이를 때리는 것 같으면 마리아는 신속하게, 그러나 어디까지나 따뜻하게 세이지의 팔을 잡고 "부드럽게 만져요"라고 말해주었다. 그리고서 세이지의 손을 잡고 다른 아이의 팔을 부드럽게 쓰다듬었다. 세이지는 한동안은 '부드럽게 만지는 것'을 즐기는 것 같았지만 나중에 또 다른 아이를 때리기 시작했다. 일주일 정도 부드럽게 만지는 것을 지도한 후 마리아는 세이지가 다른 아이를 때리는 것 같으면 손을 잡고 인도하는 행동을 생략하고 "부드럽게 만져요"라고만 했다. 그러면 세이지는 활짝 웃으면서 친구를 부드럽게 만졌다.

다른 아이를 때리는 행동이 한 달 만에 완전히 사라진 건 아니었지만 마리아는 이런 긍정훈육이 전에 사용하던 소리를 질러 혼내거나 왜 남을 때리면 안 되는지 일장 연설을 늘어놓는 등의 방법보다 훨씬 더 좋다고 했다. 마리아는 미소 지으며 "또, 소리 지르거나 훈계한다고 해서 아이들이 더 빨리 바뀌는 것도 아니에요"라고 했다.

뱉은 말은 지켜라

어른들이 효과적인 훈육을 위해 극복해야 할 가장 큰 난관은 자신이 한 말을 실제로 지키는 것이다. 화가 나거나 짜증이 난 상태에서 위협을 하거나 으름장을 놓은 후 성급하게 뱉은 말을 지키는 것이 오히려 상황을 더 악화시킬 수 있기 때문일 수도 있고, 아이의 울음이나 투정을 견딜 자신이 없어서, 혹은 아이가 '불행'하길 원치 않기 때문에 뱉은 말을 지키지 않을 때도 있다.

그러나 서로 협력하고, 정서가 안정된 아이들을 길러내기 위한 효과적인 훈육을 하려면 어른들은 반드시 자신이 했던 말을 지켜야 한다. 교사들은 말하기 전에 신중하게 생각하고 잔소리나 훈계 또는 수치심을 주는 말을 하지 않으면서 행동할 수 있어야 한다. 드라이커스 교수가 말했듯이 "입은 닫고 행동으로 보여줘라".

5살 아이 니키는 어느 화창한 가을날 아침, 새로운 단어를 학습한 채로 등원했다. 그 단어는 욕이었다. 니키가 바버라 선생님에게 새로 배운 단어를 써먹자 선생님은 과민하게 반응했다.

"니키! 다시는 그런 말 하지 않도록 해!"라고 단호하게 말했다.

예상할 수 있듯 니키는 자신의 실험 결과에 만족했다. 선생님이 이렇게 흥분하다니 너무 신나! 다음날 니키는 또 다른 단어를 시도해보았다. 하지만 이번에는 선생님이 준비된 상태였다.

"선생님은 이제 다른 친구들이 뭐 하는지 보러 역할놀이 코너로 갈 거야. 예의 바른 말을 할 준비가 되면 알려주렴."

들어줄 사람이 없어지자 새로 배운 말을 사용하는 재미가 반감했다. 그날 오후 바버라는 니키와 조용히 대화하기 위해 시간을 냈다. "다들 니키가 아까 했던 말을 듣는 걸 좋아하지 않는단다. 앞으로 그 말을 써야겠으면 기분이 나아질 때까지 다른 사람들이 듣지 못하는 장소로 가면 돼. 아니면 선생님이 자리를 피해줄게. 니키가 정해." 바버라가 친절하게 안내해주었다.

이제 바버라는 자기가 한 말을 지키기만 하면 된다. 바버라가 한 말의 효과는 아주 좋았다. 며칠 후 니키의 친구가 욕을 하자 니키가 이렇게 말하는 것을 들을 수 있었다. "예의 없는 말이야. 네가 그런 말을 안 할 준비가 될 때까지 난 다른 친구랑 놀고 있을게."

자신이 뱉은 말을 지키는 것이 정말로 효과를 거둘 수 있을지 확인하는 방법은 다음과 같다.

- 아이와 교사를 존중하는 대응인가? 상황에 맞는 대응인가?
- 아이들의 기질적 차이를 고려했는가?
- 아이들의 자신감과 독립성을 고취할 수 있는가?
- 현재와 미래에 필요한 삶의 기술을 가르쳐주는가?

아이들을 대하는 방식을 바꾸는 일이 아이들에게 상호존중, 존엄, 책임을 가르쳐줄 기회라는 것을 기억하자. 아이들을 평생 도와줄 선물이 될 것이다.

지혜를 발휘해서 선택지를 제공해라

조금 전 예시에서 바버라가 니키의 비속어 사용에 대응해 선택지를 주었던 것을 기억할 것이다. 선택지를 주는 것은 훌륭한 교육 도구이지만, 아이에게 선택지를 줄 때는 교사 자신이 받아들일 수 있는 선택지를 줄 수 있도록 신중하게 따져봐야 한다. 다음 일화를 살펴보자.

네 살 아이 로드니는 보육원 마당에서 정글짐 위로 올라가는 것을 좋아했다. 그러다 하루는 오후 놀이 시간에 린다 선생님이 안으로 들어오라고 손뼉을 쳤는데도 내려오지 않았다. 린다는 조금도 짜증을 내지 않은 채 로드니를 올려다보며 "혼자 내려올래? 아니면 선생님이 올라갈 테니 같이 내려올래?"라고 물었다. 거절하기에는 너무 매력적인 제안이었다. 로드니는 장난스러운 웃음을 띠고 정글짐 위에 앉아서 기다렸다. 씩씩하게 올라가서 로드니를 데리고 내려오긴 했지만, 린다는 아이들에게 선택지를 주기 전에 신중하게 고려해야 한다는 사실을 깨달았다!

서로 다른 선택지를 놓고 비교할 때, 특히 어른의 도움을 필요로 하는 어린아이에게 선택지를 주려면 학급회의 때 '선택 돌림판'을 준비하는 방법도 있다. 일반적으로 교실에서 겪을 수 있는 문제를 위한 해결책을 그룹이 브레인스토밍하게 한 다음(학급회의에 대해서는 곧 자세히 다룰 것이다), 한 칸에 하나씩 해결책을 쓰고 가운데에 돌릴 수 있는 장치를 놓는다. '말로 하기', '긍정적 타임아웃', '도움 요청', '친구 도와주기', '다른 장난감 갖고 놀기'와 같은 해결책을 적을 수 있을 것이다. 문제가 발생하면 당사자가 그중에서 하나를 고를 수도 있고 돌림판을 돌려서 나오는 해결책을 시도해볼 수도 있다.

상식적이고, 교사 자신도 받아들일 수 있고, 아이를 존중하면서도 상황에 맞는 선택지를 제안하라. 그리고 아이가 내린 선택을 존중하고 받아들이고 이행하라. 선택지를 주고 "네가 정해"라고 말해주면 아이는 큰 자신감을 얻게 된다.

해결책에 집중하라

교사라면 대부분 '행동에는 책임이 따른다'는 말을 한 번쯤은 들어봤을 것이다. 그런데 우리는 그 책임이라는 말이 사실 '벌'을 의미한다는 것을 깨달았다. 아이에게 벌 없이 책임을 지게 하는 것은 자연스럽고 논리적일 뿐만 아니라 효과적인 훈육방법이며, 소중한 교육 도구이다. 문제해결을 위해 아이에게 지게 할 완벽한 책임이 뭐가 있을지 고민하는 것보다 문제의 해결책을 찾는데 집중하는 것이 훨씬 도움이 될 때가 많다.

다양한 긍정훈육 도구가 해결책이 될 수 있다. 단, 아무리 유용한 도구라 할지라도 하나의 도구가 모든 상황, 모든 아이에게 적용될 수 있다고 생각해선 안 된다. 아이의 행동을 유발한 신념을 이해하고, 아이의 세계로 들어가 해결책에 집중하면 대부분의 어려운 상황을 개선할 수 있다. 하지만 많은 교사는 여전히 책임에 대한 의문을 품고 있다. 아이들이 질 수 있는 책임에는 어떤 것이 있고, 언제 적용하는 것이 좋을까?

> 단, 아무리 유용한 도구라 할지라도 하나의 도구가 모든 상황, 모든 아이에게 적용될 수 있다고 생각해선 안 된다.

자연적인 결과를 이용하라

자연적 결과란 우리가 내린 결정으로 인해 자연스럽게 나타나는 일을 말한다. 비가 오는데 우비를 입지 않고 밖에 나가면 몸이 젖는다든지, 밥을 먹지 않으면 배고파진다든지, 알맞은 시간에 잠자리에 들지 않으면 다음 날 아침에 피곤하다는 것 같은 일들 말이다. 어른이 개입하지 않고 잔소리나 훈계를 자제하면 아이들은 자연적인 결과를 통해 스스로 배울 수 있다. 예를 들어 "어머, 옷이 다 젖었네! 보송보송해지고 기분이 좋아지려면 어떻게 하는 게 좋을까?"라고 말해보는 식이다.

논리적인 결과를 이용하라

행동에 자연적인 결과가 따르지 않을 때나 도로 한복판에서 노는 것과 같이 행동의 자연적인 결과를 수용할 수 없을 때는 논리적인 결과로 대체할 수 있다. 예를 들어 역할 놀이하다가 옷을 찢었으면 수선하는 걸 도와야 한다든지, 간식을 놀이 공간으로 가져왔으면 놀지 못하고 부스러기를 치워야 한다는 식이다.

논리적인 결과를 이용할 때 가장 중요한 것은 교사의 태도이다. 아이에게 수치심을 주거나 망신을 주기 위해 결과를 기획한다면 아이에게는 벌로 느껴질 것이고(사실 벌이 맞긴 하지만), 아이는 그에 맞게 반응할 것이다. 논리적 결과를 효과적으로 이용하려면 문제행동과 결과 사이에 직접적인 연관성이 있어야 하며, 상식적이고 아이를 존중하는 방식이어야 한다. 훈육이 응당 그렇듯, 따뜻하면서도 단호한 태도는 필수적이다.

아이에게 책임 있는 행동을 요구하는 이유는 아이가 미래를 위한 학습을 할 수 있어야 하기 때문이다. 처벌은 아이가 실수로부터 배우는 것이 아니라 잘못한 일에 대한 '대가'를 치르게 하는 일이다. 아이들이 벌을 통해 배운다고 생각하는 사람들도 있는데, 사실 실제로 벌을 통해 배우는 것이 하나 있긴 하다. 다른 사람을 벌주는 법은 배울 테니 말이다.

논리적 결과를 효과적으로 사용하려면 '뭘까?'나 '어떻게'와 같은 질문을 통해(이 장의 끝에서 다룰 예정이다) 아이가 자신의 선택으로 인한 결과에 대해 생각해보도록 장려해야 한다. 이는 아이에게 책임을 지도록 강요하는 것과는 전혀 다르다. 예를 들어 아이가 역할놀이를 하다가 옷을 찢었을 때, '무슨 일이 일어난 거지? 왜 이렇게 된 것 같니?

이 문제를 해결하려면 어떻게 하는 것이 좋을까?' 등을 물어볼 수 있다. 네 살 이상의 아이들은 창의적인 해결책을 곧잘 생각해낸다. 이러한 과정을 통해 아이들은 사고능력과 문제해결 능력을 키울 수 있고, 자신의 선택으로 인한 결과를 학습하며, 다른 사람을 배려하는 법을 배운다. 그리고 소속감과 자존감을 느낀다.

행동을 바꾸기 위해서는 언어를 바꾸어야 한다던 이야기를 기억하는가? '이 문제를 해결하려면 어떤 좋은 해결책이 있을까? 같은 문제가 또 생기지 않게 하려면 어떻게 하는 것이 좋을까?'와 같은 질문을 스스로에게 던져보는 것도 좋다. 이러한 질문을 찬찬히 고려하면 '이 문제에 대한 책임은 어떻게 지게 해야 하지?'라는 질문을 할 때보다 훨씬 더 긍정적인 결과를 보게 될 것이다.

긍정적 타임아웃을 이용하라

미국 유아교육협회는 타임아웃을 강력하게 반대하지만, 그럼에도 많은 유치원과 어린이집에서는 여전히 타임아웃을 사용한다. 타임아웃은 보통 아이가 혼자 서있거나 앉아있게 한 다음 '네가 한 일에 대해 반성해봐'라고 하는 방식을 말한다. 그러나 타임아웃을 하는 동안 아이의 생각까지 통제할 수는 없다. 그때 아이는 보통 자신이 잘못한 행동보다는 자기가 얼마나 화가 났는지를 생각하게 된다는 점에서 훈육으로서의 장기적인 효과는 거의 없다.

아이가 기분이 좋을 때 행동도 좋아진다는 것은 단순하지만 중요한 진리이다. 성인과 마찬가지로 아이들 또한 감정이 북받칠 때는 해결책을 찾기 위해 진정할 수도, 행동을 바꿀 수도, 올바른 행동을 할 수

도 없다. 타임아웃을 긍정적으로 활용할 경우
아이들에게 진정할 시간을 줄 수 있다. 기분이
나아진 아이들은 문제해결이나 행동 변화에
적극적으로 참여할 수 있을 것이다.

아이가 기분이 좋을 때 행동
도 좋아진다는 것은 단순하
지만 진리이다.

   교실에 타임아웃 장소를 만들어보는 것도 좋다. 이때 아이들에게
둡게 한다면 금상첨화다. 한 교사는 안 쓰는 욕조에 베개와 인형을 채
워 넣기도 했고, 어떤 교사는 아늑한 '동굴'을 만들고 담요와 실리콘
으로 된 공, 책과 같이 안정감을 주는 물건으로 채웠다. 또 다른 교사
는 우주처럼 꾸민 공간을 마련하기도 했다. 타임아웃이란 단어는 처
벌을 의미하는 뜻으로 쓰일 때가 많으므로 '행복한 곳', '기분 좋아지
는 곳', '나만의 장소'와 같은 색다른 이름을 아이들 스스로 붙이게 할
수도 있다. 그런 다음 아이들이 문제행동을 하거나 화가 났을 때, 친
구들과 사이좋게 지내지 못할 때 '타임아웃 공간으로 가면 기분이 나
아질까?' 하고 물어보면 된다(단, 돌보는 아이들이 너무 어려서 타임아웃 공간
을 꾸미는 데 도움을 받을 수 없거나 아이 스스로 타임아웃 공간으로 가겠다는 선택을
하지 못하는 경우에는 효과가 없으니 주의해야 한다).

   진정할 수 있는 장소로 갈 때 아이가 원한다면 교사가 함께 가도 좋
고, 친구와 함께 가도록 선택할 수 있게 해주는 것도 좋다. 아이가 마
음을 가라앉히고 행동을 변화시킬 준비가 되면 다시 다른 친구들과
놀아도 좋다고 말해준다. 아이들은 다른 사람들과의 유대감을 필요로
하기 때문에 아무리 기분 좋은 타임아웃이라고 해도 오랫동안 있고
싶어 하진 않을 것이다.

   긍정적 타임아웃을 스스로 택하는 아이들을 보면서 놀랄 수도 있

다. 아이들이 기분이 나아지고 그래도 괜찮을 상황이면 아이들이 문제를 스스로 해결하도록 도와줄 수도 있다. 화가 난 상태에서는 문제해결을 위해 고민하는 것이 내키지 않을 것이다. 생각해보면 이 점은 어른들도 마찬가지다.

어떤 교사들은 아이들이 문제행동을 한 후 타임아웃에서 '즐거운' 시간을 보낸다면 오히려 상을 주는 것이 아닌지 걱정된다고 말한다. 그러나 긍정적 타임아웃은 아이들에게 기분을 가라앉힌 뒤 행동을 바꿀 수 있는 시간을 갖도록 도와주는 중요한 삶의 기술을 가르쳐 주는 방식이다. 이 기술은 평생 동안 아이들에게 도움이 될 것이다.[6] (어린이를 위한 긍정의 훈육 그림책 『제라드의 우주쉼터Jared's Cool-Out Space』(제인 넬슨 지음, 빌 쇼어 그림, 김성환 옮김, 2018)는 아이에게 '긍정의 타임아웃'의 의미와 활용법을 알려주는 그림책이다. -감수자)

긍정적인 타임아웃이 유일한 훈육방법은 아니라는 것도 알아둘 필요가 있다. 아이에게 "지금 뭐가 제일 도움이 될까? 선택 돌림판이 좋을까? 기분 좋아지는 장소가 좋을까?" 하는 식으로 선택권을 주는 것도 좋다. 이 경우 아이들은 자기 훈육과 자제력을 동시에 배울 수 있게 될 것이다.

일과를 짜라

어린아이들은 예측 가능한 상황, 지속되는 상황을 아주 좋아한다. 또한 정해진 일과를 통해 자신이 속한 세상에서 더욱 편안함을 느끼

---

6. 긍정적 타임아웃에 대한 더 많은 정보가 필요하다면 제인 넬슨의 『긍정적 타임아웃과 힘겨루기를 피할 수 있는 50가지 방법』을 참조할 것(로즈빌, CA; 프리마출판사, 2000).

고, 많은 것을 배울 수 있다. 현명한 교사는 이 점을 이해하고, 일상에 규칙적인 일과를 적용한다. 해야 할 일을 분명히 알려주어 아이가 예상할 수 있는 활동을 하면 아이의 일상이 한결 수월해진다. 부모와 교사의 일상이 편해지는 것은 물론이다.

단, 일과를 너무 많이 짜는 것은 지양해야 한다. 등원해서 뭘 하면 좋을지, 간식시간이나 조용한 시간, 원으로 둘러앉는 시간에 어떤 일을 하게 될지, 하원을 할 때 어떻게 해야 할지 아이들이 알 수 있어야 하기 때문이다. 이 놀이 시간이 끝나면 다음엔 뭘 하는 시간인지도 알아야 한다. 정해진 일과가 지겨워져서 활동에 변화를 주는 것이 더 즐거울 것처럼 보일 수도 있겠지만 매일매일 같은 시간에 똑같은 일을 일정한 방식으로 할 때 아이들의 행동은 훨씬 나아진다. 따라서 교사도 더 편해진다.

> 어린아이들은 아주 좋아한다. 정해진 일과를 통해 자신이 속한 세상에서 편안함을 느끼고 많은 것을 배울 수 있다.

아이들을 위한 일과를 짤 때는 일과표를 만드는 것이 좋다. 큰 보드에 종이를 붙이고, 밝은 색의 매직 마커와 반짝이 또는 잡지에서 아이들이 뭔가를 하는 사진을 오려서 준비하거나, 실제로 돌보는 아이들이 무언가를 하고 있을 때 디지털사진이나 폴라로이드 사진을 찍어서 준비하는 것도 좋은 방법이다. 그날의 일과를 순서대로 정리하고, 각각의 일과를 그림이나 사진으로 표현해보자. 둥글게 둘러앉는 시간이나 식사시간과 같은 좀더 복잡한 활동에 관해서는 따로 도표를 만드는 것도 좋다. 완성한 일과표를 아이들 눈높이에 맞춰서 붙여놓는다. 일과에 익숙해지면 일과 자체가 규칙이 될 수

> 일과에 익숙해지면 일과 자체가 규칙이 될 수 있다.

있다. 아이들이 딴짓하거나 한눈팔 때 가볍게 물어보자. "우리 지금 뭐 할 시간이지?" 대여섯 살 된 아이들은 선생님이 일과 짜는 것을 도와주거나, 일과표를 직접 만들 수도 있을 것이다. 아이들은 함께 정한 규칙을 더욱 잘 지킨다는 점을 기억하자!

학급회의를 하라

ABC 유치원의 학급회의 시간이다. 아이들이 원을 그려 빙 둘러앉자 스콧 선생님이 안건을 읽는다.

"놀이터에서 서로 나뭇조각을 던지는 문제가 발생했던 것 같네. 이 문제에 대해서 할 말 있는 사람이나 어떻게 해결할 수 있을지에 대한 아이디어가 있는 사람 있을까?"

다섯 살 지라드가 손을 들고 말한다. "나뭇조각을 던지는 사람은 타임아웃을 해야 해요!" 그러자 네 살인 나탈리가 손을 흔든다. 발언권을 주자 나탈리가 말한다. "나뭇조각은 이제 없애고 잔디만 있어야 해요."

선생님은 참을성 있게 손을 계속 들고 있던 세 살 아이 크리스티나를 쳐다보고 이름을 부른다. 크리스티나는 환히 웃으며 이렇게 말한다. "맞춰봐요."

"뭘 맞춰볼까, 크리스티나?"

"아침에 시리얼을 바나나랑 같이 먹었어요."

스콧 선생님은 미소 지으며 크리스티나에게 "아, 정말 맛있었겠네"라고 말하고, 발표해줘서 고맙다고 한다. 그리고 나뭇조각 문제에 대해 또 좋은 생각이 있는지 묻는다. 크리스티나는 나뭇조각에 대해 아무 생각이 없었던 게 분명하지만, 그룹의 소중한 일원이다. 아이들이 그룹 활동이나 원을 그리고 앉아서 하는 활동에 적극적으로 참여할 수 있는 나이(일반적으로 3세)가 되면 학급회의를 할 준비가 되었다고 할 수 있다.

학급회의는 아이들이 존중과 문제해결 능력, 사회성을 배우고, 언어 능력을 발달시키는 동시에 격려를 받을 소중한 기회를 제공한다. 교사와 아이 모두의 문제를 해결하는 데 학급회의가 얼마나 효과적인지, 실제로 체험해보면 놀랄 수도 있다.

> 학급회의는 아이들이 존중과 문제해결 능력, 사회성을 배우고, 언어 능력을 발달시키는 동시에 격려를 받을 소중한 기회를 제공한다.

다양한 나이대의 아이들을 보육한다면 나이가 좀더 많은 아이가 더 어린 아이에게 역할모델과 멘토가 되어주도록 할 수도 있다. 서너 살 아이들만 있는 그룹이라면 서로 협동하는 방법을 가르쳐주고, 그런 방법을 보여줄 수 있다.

아래 내용은 원생을 위한 학급회의의 4대 요소를 담고 있다. 이제 각각의 요소를 자세히 다뤄보자.

취학 전 아동을 위한 학급회의의 4대 요소

- 마음과 감사 나누기
- 아이들에게 서로 돕는 힘 주기
- 그룹에 영향을 미치는 문제해결
- 활동 계획

마음 나눔과 감사 나눔

아이들에게 칭찬과 감사를 주고받는 법을 가르치는 것이 왜 중요할까? 어른들처럼 아이들도 서로의 긍정적인 면을 발견하고, 감사하는 법을 배우고, 감사하는 태도를 익힐 기회가 필요하기 때문이다. 서로 칭찬하면서 학급회의를 시작하면 긍정적이고 기분 좋게 출발을 할 수 있고, 그룹의 모든 사람이 이바지할 마음이 들며, 자신이 소중한 사람이라는 느낌을 받을 것이다.

> 어른들처럼 아이들도 서로의 긍정적인 면을 발견하고 감사하는 법을 배우고, 감사하는 태도를 익힐 기회가 필요하기 때문이다.

아이들은 남의 좋은 점을 발견해본 경험이 부족하다. 부모나 교사들과 마찬가지로 문제점을 더 잘 발견할 때가 많다. 이런 점을 도와줄 수 있는 질문으로 먼저 시작해보자. "우리 유치원의 어떤 점이 좋아?" "오늘 다른 친구의 기분을 좋게 만든 사람이 있니?" 아이들이 서로에게 의미 있는 칭찬을 하는 법을 배울 수 있는 질문들이다. 칭찬을 가장 많이 받은 아이를 '금주의 학생'으로 정하면서 학급회의를 시작하는 것도 좋은 방법이다. 단, 이런 활동이 착한 행동에 대한 보상으로 변질되어서는 안 된다.

아이들에게 서로 돕는 힘 주기

모든 사람이 도움이 필요할 때 도움을 요청하고, 도움이 필요한 사람을 도와주는 세상을 상상해보자. 행복할 것이다. 이처럼 서로 돕는 중요한 능력을 가르칠 기회가 바로 학급회의시간이다. 학급회의 때 서로 도움을 요청할 시간을 주자. 『긍정의 훈육: 4~7세 편』에서 다룬 이야기를 예시로 들어보겠다.

힐 하버 유아원의 화요일 아침. 3~4세 반이 실크 선생님과 학급회의를
시작했다. 선생님은 오늘 그룹에서 도움을 받고 싶은 사람이 있는지 물
었다.

마티아스가 손을 들고 말한다. "아침에 못 일어나겠어요." 다른 아이들
이 자기도 그렇다며 동의한다. 실크 선생님은 마티아스를 도울 수 있는
해결책이 있을지 질문한다. 아이들은 다양한 아이디어를 내놓는다. "좀
더 일찍 자." "그냥 일어나." "잠옷 입고 유치원에 와."

선생님은 마티아스에게 "이 중에 도움이 되는 의견이 있니? 더 많이 생
각해볼까?"라고 묻는다. 마티아스는 잠시 생각해보더니 "그냥 일어나
보겠다"고 한다.

다음으로 줄리언이 손을 들고 도움이 필요하다고 한다. "엄마가 돈이
없어요." 줄리언과 공감한 다른 아이들이 자기도 그런 문제가 있다고
말한다. 줄리언의 친구들은 돕고 싶어 한다. 어떤 친구들은 돈을 가져
오겠다고 한다. 바비는 줄리언이 일해서 돈을 벌면 어떠냐고 한다. 케
이티는 "우리 엄마가 도와줄 수 있어"라고 말한다. 데본은 "너희 엄마
가 돈을 더 주는 일을 하면 돼"라고 말한다.

이러한 논의를 통해 줄리언의 어머니가 돈을 더 버실 수 있을지는
모르겠지만, 적어도 줄리언은 친구들이 자기의 말을 존중해주고, 가
능한 한 도와주고 싶어 한다는 것을 알게 되었다. 또 줄리언은 친구들
이 자신을 아낀다는 점, 자기와 비슷한 문제가 있는 친구들이 있다는

점도 알게 되었다. 이처럼 '서로 돕기'는 학급회의의 또 다른 강력한 힘이다.

문제해결

어린아이들은 이따금 놀라울 정도로 창의적인 방식으로 문제를 해결한다. 그리고 도와달라는 요청을 매우 좋아한다. 토론할 주제를 보드에 붙여놓으면 어떨까? 아이들에게 문제나 걱정거리가 생기면 보드에 쓰고, 다음 학급회의에서 의논하자고 하자. 너무 어려서 글을 못 쓰는 아이들은 선생님에게 도움을 받거나 그림으로 그려놓을 수도 있다. 그리고 학급회의의 문제해결 시간에 각 차례대로 의논하자.

아이들과 브레인스토밍 하는 시간은 즐겁고 생산적이다. 주어진 문제에 대한 해결책이 있는지 묻고, 나온 의견들을 받아 적자. 나이가 많은 아이들은 의견을 받아 적게 하거나 회의를 진행하게 할 수도 있을 것이다. 단, 어떤 의견도 무시하거나 놀림당하지 않도록 하자. 이상하거나 말이 안 될 것 같은 생각이라도 좋은 생각으로 이어질 수 있으므로 브레인스토밍을 하는 것 아닌가. 브레인스토밍을 마친 후, 문제를 발표한 아이가 해결책을 고르게 하자. '뭘까'나 '어떻게'와 같은 질문을 통해 아이가 선택한 해결책이 모두를 존중하는 해결책인지 확인하는 것이 좋다. 발표 막대기나 인형을 손에 쥔 사람에게 발언권을 주면 회의가 너무 시끄러워지거나 분위기가 과열되는 것을 막을 수 있다.

장난감을 망가트린 아이를 야단치고 그날 하루 동안 놀이 공간을 못 쓰게 하는 대신 '망가진 장난감'을 학급회의 주제에 올리고 아이들에게 스스로 해결책을 찾도록 하면 어떤 일이 일어날지 상상해보자. 아이들은 이를 통해 훌륭한 판단력, 창의력, 사회성을 기를 수 있고 상호 존중도 배울 수 있다. 결과가 너무 좋아서 장난감이 망가진 게 오히려 전화위복이라고 생각될 수도 있다!

> 어떤 의견도 무시거나 놀림당하지 않도록 하자. 이상하거나 말이 안 될 것 같은 생각이라도 좋은 생각으로 이어질 수 있으므로 브레인스토밍을 하는 것 아닌가.

활동 계획

활동 계획을 짜는 일에 아이들을 참여시키면 그 활동은 더 성공적일 것이다. 아이들에게 앞으로 있을 소풍이나 학급 활동, 간식, 모금 운동의 계획을 도와달라고 하자. 아이들의 의

> 활동 계획을 짜는 일에 아이들을 참여시키면 그 활동은 더 성공적일 것이다.

견을 존중하고, 아이들이 상식적인 제안을 할 수 있도록("다 같이 디즈니랜드에 가요!"와 같은 제안을 따르기는 곤란할 테니) 현명하게 진행하면서 학급회의를 통해 계획을 짜는 일은 즐겁고도 유용한 일이 될 수 있다.

아이들에게 효과적인 회의방법을 가르치면 '교실 관리'가 거의 필요가 없어진다는 사실에 놀랄 수도 있다.

특별시간을 제공하라

마샤 선생님은 인기 만점의 교사다. 이웃 아이들은 모두 마샤 선생님 집에 오는 것을 좋아하고, 부모들은 서로에게 "아이가 마샤 선생님 집에 다니다니 정말 운이 좋으시네요!"라고 말한다. 마샤의 성공 비결은

매일 아이들의 노력과 승리를 알아채고 아이들을 격려하는 것이다. 마샤는 잠깐씩이라도 모든 아이와 '특별시간'을 갖는 것이 큰 도움이 된다는 것을 깨달았다. 특별시간이란 아이 한 명에게 온전히 관심을 쏟으며 1:1로 시간을 보내는 시간이다.

세 살 아이 리처드가 가장 좋아하는 텔레비전프로그램이 무엇인지 물어보면서 인사를 건넨다. 여섯 살 아이 케이틀린에게 엄마가 어젯밤에 해리포터 책의 다음 장을 읽어줬는지 물어보기도 한다. 마샤는 돌보는 아이들 모두의 특별한 점을 알고 있고, 늘 아이들을 생각하고 있다는 것을 알려주기 위해 시간을 낸다. 완벽할 순 없지만, 마샤가 돌보는 아이들은 문제행동을 일으키는 경우가 거의 없다. 마샤가 도움을 부탁하면 늘 기꺼이 응한다. 아이들은 마샤의 관심을 받고 자신이 특별한 존재라고 느끼며 선생님이 자기를 좋아한다는 것을 잘 알고 있다.

'특별시간'은 아이들 한명 한명과 교감하고, 아이를 아끼는 마음을 느끼게 해줄 훌륭한 기회이다. 많은 시간을 할애할 필요는 없다. 매일 잠깐씩만 투자해도 충분한 관심을 보여줄 수 있다. 아침에 등원한 아이와 인사를 나눌 수도 있고, 조용한 시간 직전에 조용히 대화를 나눌 수도 있으며, 집에 가는 아이에게 칭찬을 해주면서 보낼 수도 있다. 어떤 식으로든지 아이와 특별시간을 가지면 보육원의 분위기가 놀랄 만큼 변하는 모습을 볼 수 있을 것이다.

아이들과 소통하기

아이와의 소통을 가벼이 여기는 교사가 많다. 이들 생각엔 어른은 말하고 아이는 듣는 게 당연하겠지만 어린아이, 특히 막 언어 능력이 발달하기 시작한 아이들과 소통하는 일에는 특별한 기술이 필요하다. 더 효과적으로 소통할수록 교사와 아이들 모두 더 행복한 하루를 보낼 수 있을 것이다.

아이는 어른과 같은 눈으로 세상을 보지 않는다. 또 아무리 말을 잘하는 아이라 해도 감지하고, 느끼고, 원하는 모든 것을 말로 표현해내지는 못한다. 아이가 답답해하거나 화가 났을 때 어떻게 행동하는지 지켜보자. 방 한가운데로 장난감을 던지거나, 발을 구르거나, 바닥에 누워서 떼를 쓰거나, 털썩 주저앉아서 펑펑 울기도 할 것이다. 이 모든 행동을 동시에 할 수도 있다. 아무리 훈계하거나 야단치거나 명령을 내려도 이런 것들은 아이가 자신에게 일어난 일을 이해하고, 자기 감정을 이해하고, 앞으로 어떻게 해야 할지 이해하는 데 도움이 되지 않는다. 다음의 몇 가지 사항들을 기억해두면 아이들을 이해하고 돕는 데 큰 도움이 될 것이다.

비언어적 소통의 중요성

아이들은 비언어적 소통을 관찰하는 능력이 뛰어나다. 사람은 처음부터 언어 능력을 갖고 태어나지 않으므로 아이들은 관찰을 통해 세상을 배운다. 표정을 보고, 어조를 듣고, 몸의 방향을 인지하고, 감정에 실린 에너지를 느낀다. 점점 성장하면서 아이들은 어른들의 말이 비언어적인 메시지와 일치하지 않을 때가 있다는 것을 알게 된다. 커뮤니케이션 이론에 의하면, 우리가 다른 사람들에게 보내는 메시지의 최대 80%는 말이 아닌 비언어적 신호를 통해 전달된다고 한다. 따라서 어린아이들은 본능적으로 교사의 말보다는 표정, 몸짓, 감정의 에너지를 더 신뢰한다.

엠 스트리트 유치원의 음악 시간에 있었던 일이다. 이 곳 아이들은 모두 함께 악기를 연주하고 음악을 만드는 과정을 좋아했다. 하지만 제니스 선생님은 두통이 있었고, 심벌즈 소리나 쿵쾅대는 드럼 소리, 플루

트의 째지는 소리를 떠올리기만 해도 머리가 지끈거리는 상태였다.

제니스는 "자, 음악 테이블로 가자"라고 가능한 한 신난 척을 하며 말했다. 아이들이 악기를 고르고 연습 삼아 연주를 시작할 때 네 살 아이 앤드루가 제니스의 치마를 잡아당겼다.

"선생님, 우리 노래가 싫어요?"

"그럴 리가. 얼마나 좋아하는데."

그러자 앤드루는 이렇게 물었다.

"근데 선생님 이마가 왜 이렇게 구겨졌어요?"

아이들은 어른들이 무슨 생각을 하고, 어떤 감정을 느끼는지 때로는 어른들보다도 먼저 눈치챈다. 어린아이들과 함께 있을 때는 자신의 말과 비언어적 신호가 일치하도록 주의하자. 아이와 얘기할 때는 눈높이를 맞추고, 눈을 마주 보고 미소 지으며 따뜻한 어조로 얘기하자. 아이들은 비언어적 소통에 신경 쓰는 어른과 함께 있을 때 훨씬 더 편안함을 느낀다.

적극적 경청을 실천하라

아이들은 감정이 풍부하다. 단 몇 분 만에 온갖 감정 변화를 겪을 때도 있다. 아이들이 느끼는 모든 감정을 말로 표현할 수 없다는 사실에 놀라는 어른들도 가끔 있다. 무슨 일인지 이해를 못하거나 이해받지 못했다고 느끼면 아이는 조언을 들을 수도 효과적으로 행동을 변화시킬 수도 없을 것이다.

아이들이 소통할 수 있도록 도와주는 가장 좋은 방법의 하나는 적극적(또는 반영적) 경청을 실천하는 것이다. 아이가 어떤 감정을 느끼고 있는지 알아채고(아이의 비언어적 메시지에 의존해서 짐작해도 좋다), 알아차린 것을 말로 표현해라. 아이의 감정에 무조건 동의하라는 뜻이 아니다. 아이의 감정을 알아채고 그것에 관해 얘기함으로써 아이에게 아이를 아낀다는 걸 알려주면 나중에 문제를 해결할 수 있는 기반을 닦을 수 있을 것이다.

> 아이들이 느끼는 모든 감정을 말로 표현할 수 없다는 사실에 놀라는 어른들도 가끔 있다.

음악 시간에 다른 아이들이 즐거워하고 있을 때, 제니스는 악기 없이 혼자 앉아있는 여자아이를 발견했다.

제니스는 따뜻하게 말했다. "캐런, 슬퍼 보이네."

캐런은 선생님의 얼굴을 올려다보았다. 아랫입술이 떨리기 시작했다. "사라가 내 호른을 가져갔어요. 이제 불 수 있는 게 없어요."

제니스는 캐런에게 손을 내밀었다. 그 손을 잡고 일어나는 캐런에게 "캐런이 연주할 수 있는 악기가 뭐가 있을까 보러 가자"라고 제안했다. "사라가 나중에 호른을 양보해줄지도 몰라."

여기서 제니스가 캐런을 구해주려 하거나 해결책을 제시하기에 앞서 캐런의 감정을 확인했다는 점에 주목하자. 캐런이 "슬픈 게 아니라 사라한테 화난 거예요"라고 교사의 말을 바로잡아주었을 수도 있다. 어쨌든 적극적 경청은 아이들이 자신의 감정에 이름을 붙이게 하고, 이해받는 느낌을 주어 문제를 해결할 힘을 얻게 해준다.

'뭘까'와 '어떻게'로 묻자

아이들이 뭘 할지, 언제 할지, 어떻게 할지를 어른이 시키는 게 더 빠를 때가 많을 것이다. 하지만 아이들이 훌륭한 판단력을 기를 수 있도록 장려하고, 서로 존중하고 아끼는 관계를 구축하게 하기 위한 더 좋은 방법은 아이에게 '뭘까'와 '어떻게'를 질문하는 것이다. 문제를 해결할 힌트는 주되, 직접적으로 시키는 대신 질문함으로써 아이들이 스스로 생각해낼 힘을 길러주자.

놀이 공간을 둘러보던 마크는 세 살 아이 마커스가 복잡한 문제를 해결하는 모습을 보았다. 마커스는 블록을 집어 올리려고 했지만, 블록을 주우려고 허리를 굽힐 때마다 이미 팔에 안고 있던 블록 서너 개가 바닥으로 떨어졌다. 마커스는 점점 더 답답해했고 들고 있던 블록 모두를 바닥이나 친구들에게 집어 던질 기세였다.

마크는 아무렇지 않은 척 마커스에게 다가가 말했다. "우리 친구, 블록 때문에 조금 답답한 것 같네. 한 번에 두 개나 세 개씩 들고 선반으로 옮기면 어떻게 될까?"

마커스는 잠시 인상을 찌푸린 채 생각에 잠기더니 이렇게 답했다. "시간이 더 오래 걸릴 거예요." 그러더니 이내 표정이 밝아졌다. "그런데 떨어트리진 않을 거예요."

마크는 미소를 지으며 물었다. "마커스가 옮기고 싶니, 아니면 선생님이 도와줬으면 좋겠니?"

마커스는 똑바로 서서 파란 블록 세 개를 팔에 조심스럽게 올리고 자랑스럽게 말했다. "제가 할 수 있어요. 보세요!"

적극적 경청과 '어떻게' 질문, 선택지의 제공을 통해 마크는 마커스가 문제를 스스로 직시하고 해결책을 찾을 수 있도록 도와주었다. 조언이나 원치 않는 도움을 주었다면 이미 짜증이 나 있던 세 살짜리 아이는 폭발했을지도 모른다. 마크가 훌륭히 소통해낸 덕분에 아이의 감정이 폭발하는 것을 막았을 뿐 아니라, 마커스가 하고 싶은 일을 성공적으로 할 수 있도록 도울 수도 있었다. 거기다 마커스의 성취와 성공을 축하할 수도 있었다.

이처럼 '뭘까'와 '어떻게' 질문으로 아이들의 독립적인 사고와 문제해결 능력, 훌륭한 판단력을 길러주고 상호 존중적인 관계를 구축할 수 있다.

아이에게 다음과 같은 질문을 해보자.

- 왜 이런 일이 일어났을까? 어떻게 되었으면 좋겠어? 다음에는 어떻게 할 수 있을까?
- ○○의 어떤 점이 좋아?
- (같이 놀고 싶지 않은 친구 이름)랑 같이 놀 때 어떤 기분이 들어?
- 선생님이 어떻게 도와주면 좋을까?
- 이 문제를 해결하려면 어떻게 할 수 있을까?

실수는 멋진 배움의 기회

교사의 실수든 아이의 실수든 실수는 모두에게 뭔가 배울 기회를 준다. 부끄러워해야 할 실패나 오점으로 보기보다는 실수를 새로운 아이디어와 방법, 능력을 배울 수 있는 기회이자 선물로 생각하자.

이 책에서 배운 것을 교실에서 활용하면서 실수할 때도 분명 있을 것이다. 새로운 기술과 태도는 늘 습득하는 데 시간이 걸리기 마련이다. 아이들도 실수할 것이다. 실수가 낳은 결과를 함께 처리하고 필요할 땐 사과하고 다음번에는 실수하지 않기 위해서 협력하겠다고 같이 결심하자. 실수할 때마다 아이와 교사가 서로를 용서하고, 격려하고, 열린 마음으로 새로운 것을 배우려 한다면 실수를 통해 오히려 더 발전할 것이다.

> 실수를 새로운 아이디어와 방법, 능력을 배울 수 있는 기회이자 선물로 생각하자.

긍정훈육의 원칙과 도구들은 아이들뿐만 아니라 어른들에게도 효과적이다. 다른 장을 읽을 때도 이 장을 참조하면 좋다. 이제 본격적으로 어떻게 긍정훈육을 할지에 대한 상세한 내용과 매일 만나는 아이들의 세계에 들어갈 방법을 깊이 있게 다루고, 아이들이 제시하는 흥미로운 새로운 난관을 어떻게 헤쳐나갈 수 있는지 알아보자.

교사를 위한 긍정 훈육 도구

- 어떻게 행동할지 결정해라
- 말보단 행동이 중요하다
- 말을 줄여라
- 언행일치
- 선택지를 현명하게 줘라
- 해결책에 집중하라
- 자연적이고 논리적인 결과를 이용하라
- 긍정적 타임아웃을 이용하라
- 일과를 짜라
- 학급회의를 해라
- 특별시간을 제공하라
- 적극적 경청을 실천하라
- '뭘까'와 '어떻게'로 묻자

04

아이들의 발달과
두뇌 성장, 기질 이해하기

마시는 아이들을 좋아한다. 그래서 3년 전, 돈도 벌고 자녀와의 시간도 보내기 위해 집에서 어린이집을 운영하기 시작했다. 마시는 자신의 일에 진지하게 임하고 있다. 절차를 거쳐 공식 허가도 받았으며, 주기적으로 추가 교육도 받고 있다. 훈육과 의사소통에 관한 책을 읽고, 지역 교사 연합 모임에도 빠지지 않고 나간다. 하지만 가끔, 도대체 왜 자신이 돌봄 센터를 운영하기로 했는지 의문이 들 때가 있다. 마지막 아이의 부모가 아이를 데려가고 나면, 마시는 완전히 지친 채 가장 가까운 의자에서 기절하다시피 뻗곤 한다.

마시는 매일 오전 8시부터 오후 6시까지 자기 아이 두 명과 다른 아이들 여섯 명을 돌보고 있다. 여덟 명의 아이들이 모두 6세 미만이기 때문인지 일은 끊이지 않는다. 별문제 없이 잘 풀리는 날에는 아이들과 함께 있는 시간을 즐길 수 있다. 하지만 그렇지 않은 날도 있다. 마시가 어느 날 저녁 속상해하며 남편에게 털어놓았다. "아이들이 양보하거나 잘 지내지 않는 날이 있어. 내 말을 따르지도 않아. 밖으로 나가라고 하면 안에 있으려고 하고, 안에 있으라고 하면 밖으로 뛰어나가. 낮잠도 자지 않아. 서로 싸우고 장난감도 던져. 청소도 하지 않으려고 해. 그리고 어디든지 들어간다니까. 도무지 이해할 수가 없어!"

자녀가 있는 어른이라면 어린아이의 가장 큰 문제점은 사용설명서가 없다는 것이라는 농담을 해본 경험이 있을 것이다. 아이들을 가장 사랑하고 아끼는 교사나 부모라 해도 취학 전 아동의 행동, 자기만의 세상을 인식하고 이에 반응하는 방법, 또 생각과 감정에 당황스러움을 느낄 수 있다. 이런 아이를 한 명 돌보기도 힘든데, 15명, 20명과 함께 한 공간에서 하루를 보내야 한다고 상상해보자. 이 책의 독자라면 이미 어떤 느낌인지 잘 알 수도 있다. 아이를 돌보는 어른들 대부분이 이따금 평화롭고 멀리 떨어진 곳, 무엇보다 조용한 곳으로 혼자 도망치고 싶다고 말하는 것도 충분히 이해가 된다.

교사 연합에 속한 마시의 친구들은 근처 전문대학에서 아동발달에 관한 수업을 들어보라고 권해주었고, 마시는 왜 자신의 기대치와 논리가 돌봄 센터의 아이들에게 '통하지' 않을 때가 많았는지 이해하기 시작했다. 아이들을 이해한다는 건 마시가 생각했던 것보다 훨씬 더 복잡한 일이었다. 사실 어린아이들은 교사나 부모와는 매우 다른 세상을 살고 있다. 대

> 사실 어린아이들은 교사나 부모와는 매우 다른 세상을 살고 있다.

형 탁아시설이든 집에서 운영하는 작은 어린이집이든, 어린아이를 돌보기 위해서는 교사가 아이들의 세상으로 들어가 그들이 뭘 필요로 하고 각각 인생의 어느 단계에 있는지 배울 필요가 있다.

아동발달에 관한 포괄적인 연구는 이 책에서 다루기엔 너무 광범위하긴 하지만, 여기서는 취학 전 아동이 왜 그토록 흥미로운 존재인 동시에 우리를 그토록 힘들게 하는 존재인지 알아볼 것이다. '발달 적합성'에 대해 이해하면 보살피는 아이와 존중, 이해, 따뜻함에 기반을 둔 관계를 형성할 수 있고, 어디서부터 그들의 행동을 관리하기 시작해야 할지 알 수 있을 것이다.

기적의 두뇌: 아이들의 학습 방법 이해하기

아이들의 두뇌 성장과 발달, 즉 학습 방법에 대한 이해는 지난 몇 년 동안 혁명적으로 발전했다. 얼마 전까지만 해도 우리는 인간의 두뇌가 이미 거의 '완성된' 상태로 태어난다고 믿었다. 거의 다 짜여진 두뇌에 필수 정보, 언어, 능력을 채워 넣기만 하면 된다고 말이다. 그러나 기술 발전에 힘입어 연구자들은 어린아이의 살아 숨 쉬며 성장해가는 두뇌를 들여다볼 수 있게 되었고, 이를 통해 새롭게 발견한 사실은 매우 놀라웠다. 그 사실이란, 교사와 부모들이 아이의 생애 첫 3년이라는 결정적인 시기를 이해하는 것이 그 무엇보다 중요하다는 것이다.

인간의 두뇌는 태아 속 작은 세포의 결합체로부터 만들어진다. 임신 4주가 되면 이 세포들은 나중에 담당할 기능에 따라 뇌의 정해진 각

영역으로 움직이게 된다. 이때 자연은 태아에게 필요한 것보다 더 많은 세포를 제공한다. 일부 세포는 살아남지 못하고, 나머지 세포들이 모여 시냅스라고 불리는 네트워크를 형성한다.

이 네트워크는 태아가 세상에 나온 뒤에도 계속 발달한다. 2세 아이의 두뇌에는 성인과 비슷한 수의 시냅스가 존재하고, 3세가 되면 무려 1천조 개가 넘는다. 이는 성인의 약 두 배 정도 되는 수치다. 출생 후 3년 동안 인간의 두뇌는 계속 '공사 중'인 셈이며, 이때 아이가 자신과 세계에 대해 배우고 결정하는 것이 장기적으로 영향을 미친다. 두뇌 '장치'의 일부가 되는 것이다. 아이가 열 살쯤 되면 두뇌는 사용하지 않은 시냅스를 제거하기 시작해서 청소년기까지 반 정도가 없어진다. 흥미로운 것은 이때에도 두뇌가 완성상태는 아니라는 점이다. 청소년기 두뇌에서는 바른 판단, 우선순위 설정, 논리적 판단 등의 '주기능'을 담당하는 부분인 전두엽 피질이 계속 성장하며, 아이가 15~16세가 되기 전까지도 그 기능이 완전히 성장하지 않을 수도 있다. 이 사실을 보면 왜 청소년기 죽음의 가장 큰 원인이 사고사인지 알 수 있다.

인간의 두뇌는 놀라울 정도로 유연하며, 변화나 부상에 적응할 수 있지만, 언어발달 등 중요한 학습이 이루어지는 시기는 영유아기에 주로 일어난다. 이 시기를 놓치면 아이가 이러한 능력을 습득하기는 더 어려워진다. 두뇌발달 과정은 '사용하지 않으면 사라져버리는' 제안과도 같다. 무엇이 발달하고, 무엇이 유지될지는 아이의 세계관을 만들어주는 어른들의 손에 달려 있다.

유전과 환경의 댄스

성격은 어떻게 형성되는가? 아이가 특정 방향으로 자라나도록 틀을 잡아줄 방법이 과연 존재할까? 인간 유전자의 영향에 대한 이론과 연구는 다양하게 이루어져 왔다. 이유와 범위에 대한 의견은 다양하지만, 전문가들은 일반적으로 유전자가 기질과 성격에 있어 중요한 요소임에 동의한다. 예를 들면 유전자는 부끄러움, 공격성, 낙관주의, 심지어는 위험 감수와 같은 성향을 정할 수 있다. 정글짐, 벽, 나무 꼭대기에 늘 올라가 있는 특정 아이들을 떼어놓느라 고생하는 교사들은 이미 알고 있는 사실일 것이다.

유전자만큼 중요한 것이 자라나는 환경이다. 아이는 부모에게 특정 성향과 형질을 물려받을 수는 있지만, 이런 성향이 어떻게 발달할지는 정해져 있지 않다. 교사들이 아이를 어떻게 대하느냐에 따라 미래의 모습이 달라질 수 있는 것이다. 아이들은 늘 어떻게 하면 소속감을 느끼고, 성공하고, 생존할 수 있을지 결정을 내린다. 이러한 결정은 아이들이 자라면서 만나는 환경에 달려있고, 성격 형성에 강력한 영향력을 발휘한다. 교육심리학자 제인 M. 힐리Jane M. Healy가 말했듯이 "두뇌는 행동을 결정짓고, 행동은 두뇌를 결정짓는다".

사실 인간의 두뇌에 대한 절대적인 사실은 별로 알려지지 않았다. 따라서 모든 아이에게 어떤 교육방식이 좋고 나쁜지 일반화할 수는 없지

만, 제인 힐리와 같은 학자들은 급변하는 현대문화, 예를 들어 '교육적'
이라고 하면서도 사실은 그렇지 못한 TV 프로그램 등이 나중에 아이
들이 집중하고, 듣고, 배우는 능력을 익힐 때 영향을 줄 수 있다고 주
장한다.

우리는 아이들이 관계의 맥락에서 최상의
학습을 할 수 있다고 믿는다. 아이들이 어린
시절에 꼭 배워야 할 것은 낱말 카드나 TV에
서 찾을 수 없다. 교사들이 아이들과 소통하는
방법, 즉 어떻게 대화하고, 놀고, 한계를 설정
하고, 돌보는지가 어린아이의 인생에서 무엇
보다 중요하다.[7]

> 우리는 아이들이 관계의 맥
> 락에서 최상의 학습을 할 수
> 있다고 믿는다. 아이들이 어
> 린 시절에 꼭 배워야 할 것은
> 낱말 카드나 TV에서 찾을 수
> 없다.

아동발달과 '발달 적합성'

정보가 넘쳐나는 요즘, 어린아이를 양육하는 어른이라면 대부분 아
동발달의 원칙을 조금이나마 알고 있을 것이다. 그런데도 반항적인 2
세 아이나 독립적인 4세 아이를 마주하면 발달단계의 중요성을 잊어
버리기 십상이다. 정서발달을 다룬 이론은 다양하지만, 우리는 어린
아이들의 세계를 이해하는 가장 중요한 방법중 하나가 인간발달에 관

---

7.   초기 두뇌발달에 대한 더 많은 정보를 알고 싶다면 다음을 참고하자 – 리마 쇼어Rima Shore의
『두뇌 다시 알아보기: 어린아이의 두뇌발달에 관한 연구와 시사점Rethinking the Brain: Research and
Im plication of Brain Development in Young Children』(뉴욕: 가정과 노동 연구소, 1997), 제인 힐리의 『
위험에 처한 사고능력: 아이들이 사고하지 않는 이유와 해결책Endangered Minds: Why Children Don't
Think and What We Can Do About It』(뉴욕: 사이먼 & 슈스터 출판사, 1990)

한 연구의 선구자인 에릭 에릭슨Erik Erikson[8] 의 연구를 참고하는 것이
라고 생각한다.

신뢰 vs 불신: 생후 1년

에릭슨은 출생 후 1년간 가장 중요한 일이 신뢰감을 쌓는 것이라고
믿었다. 특히 부모나 다른 양육자들을 신뢰할 수 있게 되면, 자기 자
신도 신뢰할 수 있게 된다고 했다. 신뢰감(애착과도 관련이 있다)이란, 아
기가 타인의 보살핌과 도움에 의지할 수 있다고 느끼거나 자각한다는
의미이다. 아기와 신뢰감을 쌓으려면 기본적인 욕구를 지속적으로 그
리고 따뜻하게 충족시켜주어야 한다. 영양을 공급하고, 적정 온도를
유지해주며, 기저귀를 갈아주고, 충분히 잠을 재우고, 또 아주 많이
만져주고 안아주고 품어주어야 한다. 기댈 수 있는 일상이 지속적으
로 반복되는 것도 신뢰감 형성에 도움이 된다.

음식, 편안함, 사랑을 담은 스킨십 등 기본적
인 욕구가 충족되지 않은 채 방치된 아기는 불
신감을 품으며, 앞으로 인생에서 겪을 일을 스
스로 결정할 수 있는 능력이 있다는 사실을 확
신하지 못한 채 살아가게 된다. 놀랍게도, 아이

> 아기와 신뢰감을 쌓으려면 기
> 본적인 욕구를 지속적으로 그
> 리고 따뜻하게 충족시켜주어
> 야 한다.

를 지나치게 애지중지하는 것 또한 방치만큼이나 해로울 수 있다. 투
정을 부릴 때마다 안아주며 오냐오냐 키운 아이는 끈기나 자기 의존성
을 배울 기회가 없어 문제가 생길 수 있기 때문이다. 이렇게 되면 아이

---

8.   참고하려면 에릭 에릭슨의 『유년기와 사회Childhood and Society』(뉴욕: 노튼출판사, 1963)을
추천한다.

가 자기의 몸과 감정을 제어해 자신을 다독일 수 있는 자기 위로 능력을 잃을 수도 있고, 자신감보다 남을 마음대로 조종하는 능력이 더 발달할 수도 있다. 아기들에게는 관심만큼이나 자극 없는 조용한 시간도 필요하다.

아이와 관련된 대부분 문제가 보통 그렇듯, 가장 현명한 해결책은 균형을 유지하는 것이다. 아기를 막혀 있는 놀이 공간이나 유아용 의자에 너무 오래 방치해서도 안 되고, 양육자가 아기의 노예가 되어서도 안 된다. 영유아에겐 관심과 보살핌이 필요하지만, 스스로를 믿고 자신감을 기르게 하려면 때로는 불편함을 통해 얻는 학습도 필요하다. 아이들은 자신감 있고 남을 신뢰하는 양육자가 자신을 돌볼 때 가장 원만하게 신뢰감을 습득한다.

자율성 vs 의심과 수치심: 생후 2년

어린아이들은 쉴 새 없이 움직이는 기계와도 같다. 바쁜 일과를 끝낸 한 교사는 이렇게 말하기도 했다. "도대체 신은 왜 아이들에게만 저런 에너지를 준 거죠?" 그만큼 영유아는 모든 것에 관심을 가지고, 모든 것을 궁금해한다. 변기에서 놀고, 휴지를 풀어헤치고, 싱크대에서 물놀이를 하고 싶어 한다. 장난감 상자에서 장난감을 죄다 꺼내고, 역할놀이 공간에 있는 옷이란 옷은 다 꺼내서 입어보고, 레고는 온 바닥에 헤집어놓는다. 당신의 도움과 관심을 원하는 동시에, 스스로 무언가를 하고 싶어 한다. 그리고 손이 닿는 모든 것을 만지고 탐구하고 싶어 한다.

에릭슨은 생후 2년째가 된 아이들은 자율성의 감각을 기른다고 했다(이 나이의 아이들이 자율성을 가질 수는 없고 또 그 래선 안 되기 때문에 자율성의 '감각'이라고 표현한다). 자율성의 감각이란 아이가 자신의 운명을 제 어할 힘이 있고, 자신의 선택이 미래의 일에 영향을 미치며, 자신이 환경에 영향을 미칠 수 있다고 인지하는 감각이다. 생후 1년간 발전

하는 신뢰감과 생후 2년 차에 발달하는 자율성은 건강한 자신감과 자 존감의 기반을 이루게 된다. 자율성을 경험할 기회가 없었던 아이들 은 의심과 수치심이 발달하게 된다. 탐구하고자 하는 아이들의 자연 스러운 욕구를 억제하거나 뿌리 뽑기 위해 처벌이나 징벌적 타임아 웃, 손바닥 때리기 등의 방식에 의지하면 안 되는 가장 큰 이유 중 하 나이기도 하다.

효율적인 훈육은 아이를 존중하고, 장기적인 효과가 있으며, 인생에 필요한 능력과 건강한 태도의 발전을 불러오는 훈육임을 기억하자. 아 래 두 아이의 사례가 지금 돌보는 아이들과 비슷한지 생각해보자.

제러미는 세 살이다. 부모님은 가끔 제러미가 '다루기 힘든 아이'라며 웃곤 하지만, 아들의 호기심과 주변 세계를 탐구하고 실험하고자 하는 의지를 기쁘게 받아들인다. 어느 날 제러미의 엄마는 부엌에서 케이크 를 만드는 아들을 발견했다. 제러미는 자기가 찾을 수 있는 가장 큰 그 릇에 우유, 건포도, 달걀 두 개(껍질과 함께), 시리얼 그리고 엄청난 양의 밀가루를 넣고 섞고 있었다. 며칠 후 제러미의 아빠는 아들이 드라이버 와 펜치를 들고 진공청소기의 내부를 탐구하고 있는 모습을 발견했다.

제러미의 부모는 아이를 위해 (철저한 감독하에) 부엌일을 함께 할 것과, 전기로 작동하지 않는 안전한 물건으로 구성된 제러미만의 공구 세트를 마련해줄 것을 결심했다. 가끔 집이 엉망이 되기는 하지만, 제러미의 세상이 매혹적이고 따뜻한 곳이 되었다는 점에서 위안을 얻는다.

매튜 또한 세 살이지만 제러미와는 다른 세계에 살고 있다. 매튜는 TV 앞에 앉아 비디오를 볼 때 가장 편하다. 새로운 사람과 장소는 두려움의 대상이며, 부모가 "부끄러워하지 말라"고 해도 거의 말을 하지 않는다. 매튜는 컴퓨터를 좋아해서 아빠 일을 도우려고 했지만, 파일에 문제가 생겨 아빠가 화를 냈다. 매튜는 엄마와 함께 정원 일도 하고 싶어 하지만, 엄마가 식물을 심을 수 있도록 작은 구멍 여러 개를 일렬로 파놓았더니 엄마는 매튜가 싫어하는 깊은 한숨을 쉬고는 집에 들어가서 놀라고 했다. 매튜는 이제 생각을 많이 하지 않는 편이 더 안전하다고 느낀다. 사람들이 목소리를 높이면 몸을 웅크려 작게 만든다. 매튜가 다시 호기심을 보이려면 많은 시간과 노력이 필요할 것 같다.[9]

제러미와 매튜가 어린이집에서 만나면 어떻게 지낼까? 규칙과 틀이 마련되어 있으면서 따뜻하기도 한 환경을 조성하기 위해 교사들이 기억해야 할 점이 무엇일까? 어떻게 하면 이토록 다른 두 아이가 서로 사이좋게 지내고, 자신감과 자기 훈육을 배우고, 잠재력을 최대한 발휘하도록 도울 수 있을까?

---

9. 『긍정의 훈육: 0~3세 편』(에듀니티, 2017) 중에서

자율성의 감각을 기르고자 하는 아이들의 타고난 욕구는 어른들이 돌봄을 어려워하는 주된 이유 중 하나다. 아이들이 고의로 어른들을 괴롭히거나 싸워서 이기려는 것이 아니라는 사실을 기억하면 도움이 될 것이다. 사실 어른들이 아이들 때문에 좌절하는 것만큼 아이들 또한 어른들 때문에 좌절한다. 어쨌든 어른들은 항상 아이의 계획과 생각을 방해하니까 말이다. 어린아이에게 건강한 자율성의 감각을 길러주려면 안전하고 따스한 물리적 환경, 탐험에 대한 욕구와 호기심을 충족할 다양한 기회, 중요한 삶의 기술을 배울 시간, 아이들이 할 수 있는 많은 활동에 대한 격려, 무엇보다도 따뜻하지만 엄한 훈육을 제공해야 한다.(아동발달을 고려한 적합한 방법으로 아이를 돌볼 때 생길 수 있는 다양한 문제해결을 위해 구체적인 조언이 필요하다면 2부 '아이 돌봄의 모든 것'을 참고하자.)

자율성 발달을 위한 긍정훈육 지침

1. 행동을 제어할 때는 말로만 하지 않고, 따뜻하지만 단호한 행동을 함께 사용한다.
2. 영유아가 적합한 활동에 집중하게 하려면 주의를 돌리거나, 주의를 환기한다.
3. 늘 감독한다.
4. 아이들이 '함께 쓰기'나 '사과하기'의 개념을 이해할 것이라고 기대하지 않는다.
5. 매일 하는 활동을 가르치고 또 다른 활동으로 수월하게 전환할 수 있도록 일과를 만든다.
6. 제한된 선택권을 제공한다.
7. 언어능력 발달, 활발한 참여와 훌륭한 판단력을 위해 '뭘까'와 '어떻게'로 시작하는 질문을 던진다.(91쪽 참고)

주도성 vs 죄책감: 2~6세

파커는 늘 다양한 아이디어를 생각해낸다. 놀이터의 철조망을 들어 올려 다른 아이 세 명과 함께 근처 들판으로 탐험을 떠나자는 것도 파커의 생각이었다. 배관공이 싱크대 하부에서 일하고 있을 때 수도꼭지를 잠갔다가 틀어서 배관공을 '도와주려고' 했던 것도 파커의 아이디어였다. 사물함에 몰래 숨어 있다가 지나가는 크리스티 선생님을 놀라게 한 것도 파커가 생각해낸 장난이었다. 파커는 활력 넘치고, 모든 것이 궁금하고, 창의적이다. 4세 반 교실에서는 악몽과도 같은 존재다. 크리스티는 "파커를 어떻게 해야 할지 모르겠어요"라고 종종 말하면서도 파커의 창의성과 에너지에 감탄을 금치 못한다. 그러나 파커가 하루빨리 다섯 번째 생일을 맞아 존 선생님의 5세 반으로 갈 날을 손꼽아 기다리게 될 때도 있다.

에릭슨은 2~6세 사이에 주도성의 개념이 생겨난다고 믿었다. 그렇다고 해서 아이들의 머릿속에 떠오르는 모든 생각을 실천하도록 내버려두라는 말은 아니다. 아이가 안전한 규칙과 경계가 마련된 환경에서 마음껏 탐구하고, 실험하고, 본인의 능력과 재능을 믿을 수 있도록 도와야 한다는 의미다. 안전과 적절한 행동, 창의성과 용기 사이의 균형을 유지하는 것은 이 나이대의 아이를 돌볼 때 필수적이다.

신체, 지능, 사회적 능력이 한창 발달 중인 취학 전 아동에게 세상은 멋지고 신나는 곳이다. 때로 어른들은 정말 많은 규칙을 만들거나, 불안한 마음에 과잉보호함으로써 아이들의 주도성 발달에 대응하기도 한다. 어느 쪽이든 스스로 내린 선택의 결과를 경험하고 싶어 하는 아이의 욕구를 꺾어, 아이가 좌절과 수동성을 보이게 되거나 노골적으로 반항하고 저항하게 될 수 있다. 기억하고 있겠지만, 좌절을 겪은 아이들은 어긋난 행동을 하기 쉽다.

현명한 교사는 적절한 한계와 경계를 만드는 동시에 건설적인 자주성을 길러줄 줄 안다. 예를 들어, 모든 아이가 가장 즐겨쓰는 단어인 '싫어!'를 보면 잘 알 수 있다. 많은 교사와 부모들은 아이가 싫다는 말을 덜 하기를, 안 된다는 어른 말에 더 빨리 수긍하기를 바랄 것이다. 싫다는 말을 덜 들으면서 아이와 협동하는 방법은 다음과 같다.

> 현명한 교사는 적절한 한계와 경계를 만드는 동시에 건설적인 자주성을 길러줄 줄 안다.

- 할 수 없는 것 대신 할 수 있는 것을 알려준다. 예를 들면, '블록을 던지면 안 돼!' 대신, '뭔가 던지고 싶은가 보구나. 밖에 나가서 같이 공 던질까?'라고 말하는 식이다.
- '안 돼' 대신 '그래'라고 말한다. 아이가 간식을 달라고 하면, '안 돼, 아직 장난감 정리 안 했잖아'보다는 '그래, 장난감 정리하고 나서 바로 줄게'라고 말하는 편이 좋다. 아니면 위험하지 않은 범위 내에서 다양한 아이디어를 실험하게 해도 된다. 케빈이 과일 화채에 케첩을 넣고 싶어 해도, 굳이 안 된다고 할 필요는 없다. 아이는 실험을 통해 무언가를 배울 수 있고, 그 후 음식을 치우면서 삶의 기술을 배울 수 있다.
- 아이들도 가끔은 싫다고 말할 수 있어야 한다는 사실을 기억하자. 거절이 적절한 상황이라면 누구나 편하게 싫다고 말할 수 있

어야 한다. 어른도 마찬가지다. 용기가 부족해서, 죄책감 때문에, 차마 싫다고 하지 못해서 하기 싫은 일을 억지로 했던 적이 얼마나 많았던가? 아이들에게 선택지를 제공해주면 아이들도 안전하고 존중받는 환경에서 거절을 연습할 수 있다. '주스 좀더 줄까?' 아니면 '멜리사가 널 안아줘도 괜찮겠니?'와 같은 질문이라면 '싫어요'는 적절한 대답이 될 수 있다.

주도성의 발달을 장려하는 것은 굉장히 중요한 일이며, 동시에 교사들이 어렵고 불편하다고 느끼는 난관이기도 하다. 아래의 긍정 훈육 지침을 참고하면 효과적으로 어려움을 해결할 수 있다.

주도성 발달을 위한 긍정훈육 지침

- '뭘까'와 '어떻게'로 시작되는 질문을 하고, 훈계나 잔소리를 하지 않는다.
- 미리 아이의 나이에 맞는 명확한 기대치를 설정한다.
- 협동과 참여를 장려하고 삶의 기술을 가르친다.
- 주기적으로 학급회의를 하고 해결책에 집중한다.
- 제한된 선택지를 제공한다.
- 시간에 따른 활동의 전환을 자연스럽게 받아들일 수 있도록 규칙적인 일과를 세운다.
- 아이들의 감정 조절을 돕는 긍정적 타임아웃을 실시한다.
- 무엇을 할지 미리 정하고, 아이들을 존중하며 이를 신의 있게 실천한다.

발달 적합성의 다른 측면

아이와 어른이 다른 부분은 수백 가지가 있겠지만, 그중에서도 특히 중요한 차이점을 기억한다면 더 자신 있고 긍정적인 태도로 아이들을 돌볼 수 있다.

신체발달에는 시간이 걸린다

신체 성장과 정신적 성숙은 안에서 밖으로, 위에서 아래로 진행된다는 아동발달에 대한 오랜 격언이 있다. 건강한 아이의 신체에서 가장 먼저 효율적으로 기능하는 부분은 심장과 폐다. 그곳에서부터 힘과 제어능력이 뻗어 나와, 마지막에는 손끝으로 퍼진다. 아이들은 머리를 움직이고 제어하는 법을 가장 빨리 배우고, 걷기와 뛰기는 훨씬 나중에 습득한다. 작은 물체를 움직이고 손으로 복잡한 일을 처리하는 능력인 소근육 운동능력은 맨 마지막으로 배운다. 그래서 신발 끈 묶기 같은 일을 어린아이들이 특히 어려워할 수 있다.

교사들은 보통 협동과 복종을 중요시하기 때문에, 아이들을 물리적으로 작은 공간에 가두어서 보살핀다는 생각이 솔깃하게 들릴 수 있다. 하지만 아이들이 신체적 성숙도에 도달하려면 타고 오르고, 자유롭게 뛰고, 탐험할 수 있는 안전한 공간이 필요하다.

과정 vs 결과

어른은 결과를 중요시한다. 뭔가를 달성했다는 증거를 확인하고 싶어 하고, 마음속에 정해진 목표를 품고 바쁜 나날을 보낸다. 하지만 아이들, 특히 어린아이는 세상을 전혀 다른 눈으로 바라본다.

어느 날 오후, 유치원에 도착한 팻시는 로라가 자기 아들과 함께 커다란 형형색색의 그림을 차로 가져가는 모습을 보았다. 팻시는 아들 폴의 그림을 열심히 찾았지만, 폴의 이름이 적힌 그림은 없었다.

혼란스러워진 팻시는 교사를 찾아가 왜 폴이 그림을 그리지 않았냐고 물었다.

교사가 답했다. "폴이 물감에 큰 관심을 보인 것은 맞지만, 물감을 종이에 칠하고 싶어 하진 않았어요. 물감을 섞고 손끝에서 느껴지는 물감의 감촉으로 실험하다가, 결국 블록을 가지고 놀기로 했죠." 대답을 들은 팻시는 미소를 지었다. 폴에게는 결과물을 만들어내는 것보다 과정(질감과 균형과 느낌)이 더 중요했음을 이해했기 때문이다.

아이들은 느린 속도를 선호한다. 그 속도에 맞춰주는 것이 항상 가능하진 않겠지만, 그렇게 해주면 아이들이 목적을 달성하거나 결과물을 만들어낼 때만큼, 때로는 더욱 많은 것을 낙서하고, 찌르고, 떨어트리고, 쳐다보는 과정을 통해 배운다는 사실을 깨달을 수 있도록 인내심과 이해심을 발휘할 수 있을 것이다. 다만 반드시 서둘러야 할 상황이라면 아이들에게 왜 특정 목표를 달성하는 것이 중요한지 시간을 들여 설명해주자. 미리 적절한 기대치를 세우고, 아이들에게 앞으로의 일을 알려주면 된다. 그리고 '순간을 즐길 수 있는' 다른 기회들을 꼭 찾자.

환상 vs 현실

보니가 다른 교사와 대화를 나누고 있을 때, 세 살 아이 메건이 놀이터에서 헐레벌떡 안으로 뛰어 들어왔다. "보니 선생님! 보니 선생님!" 아이가 보니의 옷자락을 당기며 급하게 소리쳤다. "정글짐 뒤에서 호랑이를 봤어요!"

보니가 고개를 저으며 대답했다. "메건, 우리 유치원에는 호랑이가 없어. 없는 일을 지어내면 안 된다는 걸 알지 않니?"

메건이 전날 가족들과 함께 월트 디즈니의 영화 〈정글북〉을 봤다는 걸 보니가 미리 알았거나, 메건의 엄마가 매일 『위니 더 푸와 티거』 동화책을 읽어준다는 사실을 알았다면, 다르게 반응했을 수도 있다. 아니면 유치원 근처에 사는 고양이들이 철조망을 넘어 운동장으로 들어왔다는 걸 알았어도 말이다. 머릿속이 호랑이로 가득한 메건이 호랑이 한 마리를 '봤다'라는 것은 그리 놀랍지 않다.

아이들은 어른처럼 문자 그대로의 세상에서 살지 않는다. 태어날 때부터 진실과 거짓의 차이를 이해할 수는 없고, 누가 가르쳐주지 않아도 정직을 최고의 가치로 여기지도 않는다. TV와 영화 화면에서 보는 것이 '진짜'가 아님을 본능적으로 이해할 수도 없다. 눈에 보이면 진짜라고 믿는다. 환상과 흉내 놀이는 감정이나 윤리적 문제 등, 아이들이 아직 단어에 대응해서 이해하지 못하는 개념들을 가지고

> 환상과 흉내 놀이는 감정이나 윤리적 문제 등, 아이들이 아직 단어에 대응해서 이해하지는 못하는 개념들을 가지고 실험하고 소통할 수 있는 창구를 제공한다.

실험하고 소통할 수 있는 창구를 제공한다.

'아이들의 오해를 아무 생각 없이 바로잡아주거나 거짓말을 했다는 이유로 혼내기보다는, 아이들의 세상에 들어가 이야기가 아이들에게 갖는 의미를 이해해야 한다. '뭘까'와 '어떻게'로 시작하는 질문을 통해 아이들이 자기 생각을 공유할 수 있게 하자. 사실 아이들이 그들의 세계를 받아들이는 방법은 옳고 그름으로 판단할 문제가 아니다. 이 모든 것은 발달과정의 일부이며, 아이들의 독특한 시각을 통해 그들의 세상을 바라보면 아이들의 협동을 끌어내는 데 큰 차이를 느낄 수 있을 것이다.

시간

아이들이 입에 달고 사는 질문인 "다 왔어요?"나 "내 생일까지 얼마나 남았어요?"를 들어본 어른이라면, 아이들의 시간 개념이 어른의 그것과는 매우 다르다는 것을 이해할 것이다. 아이들에게는 5분이 영원처럼 느껴질 수도 있고, 하루, 일주일, 한 달, 몇 분과 같은 시간 개념이 별 차이 없이 희미한 한 덩어리로 느껴질 수도 있다.

아이들이 지난달에 갔던 디즈니랜드에 '어제' 갔다고 말하거나, 일곱 달 뒤에 태어날 아기를 두고 '내일' 동생이 생긴다고 말하는 건 의도적인 거짓말이 아니다.

현명한 교사는 아이들이 시간을 이해하도록 도와주면 태도에 큰 변화를 불러일으킬 수 있다는 것을 잘 알고 있다. 예를 들자면 시각적 신호를 사용해 시간을 나타내는 방법이 있

> 현명한 교사는 아이들이 시간을 이해하도록 도와주면 태도에 큰 변화를 불러일으킬 수 있다는 것을 잘 알고 있다.

다. 손가락을 동그랗게 한데로 모으면 '잠시 후'라는 뜻이고, 두 팔을 길게 양쪽으로 뻗으면 '한참 후'라는 뜻이라고 정해두는 것이다. 아니면 아이에게 주방 타이머를 주고 언제 소리가 나는지 알려달라고 부탁하는 것도 좋다. 좌절이나 반항을 불러오는 벌보다는 교훈을 주는 훈육에 집중하는 것이다. 아이에게 허용되던 특별한 권리를 '일주일간' 박탈거나, 정해진 시간 동안 고립된 곳에 홀로 두는 타임아웃 등 벌에 기반을 둔 접근법보다는 훨씬 더 유용하다. 과연 타임아웃 의자에 앉은 아이가 그 시간 내내 진심으로 자기 잘못을 뉘우칠까? 아이들이 시간을 받아들이는 독특한 방식을 하나의 학습 기회로 본다면 교사들의 마음도 한결 편해질 것이다.

기질 적합도 찾기

아이를 다른 아이들과 비교하는 건 현명하지 못하다는 말은 들어봤을 테지만, 그래도 한 번쯤은(적어도 머릿속으로나마) 해보았을 것이다. '브라이언은 아주 착한 아이인데 미란다는 꼬마 악동에 버릇없는 철부지네'라는 식으로 말이다. 일반적으로 우리가 생각하는 '착한 아이'는 교사와 부모 말을 즐겁게 잘 듣고, 친구들과 싸우지 않고, 자기 것을 기쁘게 나누고, 불평 없이 남을 돕는, 즉 인형같이 매력적이고, 밝고, 귀엽고, 늘 미소 짓는 아이이다.

하지만 우리는 이미 정상적인 발달과정상 아이들이 '착하지' 않은 행동도 할 수 있다는 사실을 경험적으로 알고 있다. 아이들 각각의 독특하고 개인적인 기질은 교사를 힘들게 할 수도 있다. 어떻게 하면 장

단점을 포함한 아이들의 차이를 파악하고, 받아들이고, 아이가 최고의 모습을 찾도록 도울 수 있을까?

성격에 영향을 주는 자질과 특성을 뜻하는 '기질'은 다양한 방법으로 정의할 수 있지만, 우리는 그중에서도 스텔라 체스Stella Chess 박사와 알렉산더 토마스Alexander Thomas 박사의 연구에 특히 도움을 받았다.[10]

체스 박사와 토마스 박사는 기질의 아홉가지 측면을 활동 수준, 규칙성, 초기 반응, 적응성, 감각 역치, 기분, 반응 강도, 주의 산만성, 끈기와 주의 지속 시간이라고 정의했다. 이러한 기질에 따라 아이들을 '순한'아이, '까다로운' 아이, 그리고 '느린' 아이의 세 가지 유형으로 나눌 수 있다. 나쁜 유형은 없다. 단지 다른 경우보다 조금 다루기 힘든 유형이 있을 뿐이다. 모든 아이는 각각의 특징을 각기 다른 정도로 보인다. 부모와 교사는 이해와 수용을 통해 기질의 차이점을 받아들여 아이의 발달과 성장을 도모할 수 있다. 또 모든 아이를 똑같은 틀에 넣어 '착한' 아이로 만들기보다는 각각의 진정한 잠재력을 발휘할 수 있도록 도와줄 수 있다. 다음 아홉 가지 기질을 살펴보면서 보육 중인 아이들을 떠올려 보자.

> 부모와 교사는 이해와 수용을 통해 기질의 차이점을 받아들여 아이의 발달과 성장을 도모할 수 있다.

활동 수준

활동 수준이란 아이의 운동 수준과 더불어 활동 시간과 비활동 시

---

10.   스텔라 체스 박사와 알렉산더 토마스 박사의 책 『당신의 아이 이해하기Know Your Child』(뉴욕: 베이직 북스, 1987) 및 기타 연구를 참고할 것.

간의 비율을 일컫는 말이다. 오랜 시간 동안 책, 퍼즐, 크레용 등을 가지고 노는 편을 선호하는 아이들도 있는가 하면, 가만히 있는 것보다는 뛰고, 점프하고, 높은 곳에 올라가는 활동을 좋아하는 아이들도 있다. 그렇다고 이런 아이들이 '활동 과잉'이라서 문제라는 건 아니다.

아이의 활동 수준을 이해하면 미리 계획할 수 있다. 활동적인 아이들은 에너지 넘치는 활동을 위한 충분한 시간이 주어졌을 때 최고의 모습을 보여주지만, 억지로 조용히 앉아 있으라고 하면 그러지 못할 것이다. 활동적인 아이들을 주로 돌봐야 하는 교사는 에너지 소모가 크기 때문에, 휴식을 취하고 쉴 방법을 마련하는 것이 중요하다. 운명을 탓하며 더 조용한 아이들을 원하는 건 그리 도움이 되지 않는다. 교사와 아이들 양쪽의 활동 수준에 맞춰 미리 활동을 계획할 때 가장 도움이 될 것이다.

규칙성

규칙성은 수면, 식사, 배변 등 생리적 기능의 예측성을 의미한다. 예측 가능한 활동을 하는 아이들이 그렇지 못한 아이들보다 다루기 쉬운 것은 당연하다. 물론 누가 보아도 규칙적인 아이들이 가끔 있지만, 실제로는 아무도 모르는 자기만의 규칙에 따라 살아가는 아이들이 대부분이다. 모든 아이에게 정해진 낮잠, 간식, 식사, 배변 일정을 강요할 수 없다는 사실을 받아들이면 불필요한 좌절감을 줄일 수 있다. 아이들이 일부러 그러는 것은 아니다. 단지 규칙성의 문제일 뿐이다.

> 모든 아이에게 정해진 낮잠, 간식, 식사, 배변 일정을 강요할 수 없다는 사실을 받아들이면 불필요한 좌절감을 줄일 수 있다.

초기 반응(접근 혹은 후퇴)

어떤 아이들은 호기심과 적극성을 가지고 새로운 상황이나 사람을 대하고, 어떤 아이들은 가까운 어른 뒤에 숨어서 일단 지켜본다. 아이의 초기 반응은 단순히 아이를 관찰하는 것만으로도 파악할 수 있다. 아이가 미소를 짓는지, 새 장난감을 향해 손을 뻗는지, 새로운 친구들에게 가는지, 우는지, 숨는지, 새로운 음식을 뱉어내는지 등을 보는 것이다. 최근 연구에 따르면 이 기질은 특히 유전적인 영향을 크게 받는다고 한다. 수줍음을 타는 사람은 살면서 크게 불편하지 않도록 수줍음을 관리하는 법은 배우겠지만, 수줍어하는 경향 자체는 커서도 바뀌지 않는다. 새로운 상황을 본능적으로 피하는 아이에게 '극복하라'고 보채는 것은 도움이 되지 않는다. 기질의 차이를 이해하면 두려움을 모르는 아이에게 한계를 가르치고, 지나치게 두려움이 많은 아이를 격려해줄 수 있다.

적응성

적응성이란 아이들이 새로운 상황에 어떻게 적응하는지의 여부, 즉 적응과 변화의 능력을 의미한다. 예를 들어, 어떤 아이는 처음 혹은 두 번째로 엄마와 떨어져 유아원에 왔을 때 울더라도 곧 새로운 상황에 익숙해지고 등원을 기대하게 될지도 모른다. 그러나 어떤 아이는 기질에 따라 이런 변화를 유난히 힘들어할 수도 있다. 아이를 돌보는 일이 으레 그렇듯, 아이들이 고의로 교사를 괴롭히는 것이 아니라는 사실을 이해하면 크게 도움이 된다. 끈기와 의지를 갖고 아이들이 새로운 대상에 적응할 수 있도록 기다려주면 결과적으로 교사와 아이들 모두에게 도움이 될 것이다.

아이를 돌보는 일이 으레 그렇듯, 아이들이 고의로 교사를 괴롭히는 건 아니라는 사실을 이해하면 크게 도움이 된다.

감각 역치

신발에 모래가 들어가거나, 옷이 까끌까끌하거나, 도로가 뜨거워도 별 반응을 보이지 않는 아이들이 있는가 하면 모든 자극에 짜증을 내고 불안해하는 아이들도 있다. 외부 자극에 대한 민감성은 아이마다 천차만별이며, 이는 아이들이 세상을 바라보는 시각과 행동에 영향을 미친다. 이 감각 역치는 어른들이 아무리 노력해도 도저히 바꿀 수 없는 기질이기도 하다. 다만 다른 기질과 마찬가지로 감각 역치를 이해하면 아이들이 더 편안함을 느끼게 도울 수 있고, 외부 자극이 아이의 행동에 미치는 영향을 이해하는 데도 큰 도움이 된다.(외부 자극 처리를 어렵게 만드는 선천적인 장애인 '감각통합장애'에 관해서는 7장, 〈특별한 도움이 필요한 아이 돌보기〉를 참고하자.)

기분

기분 또한 유전자의 영향을 크게 받는다. 타고난 낙관주의로 모든 대상의 좋은 면만 보는 아이가 있는가 하면, 반대로 어두운 면만 보이는 아이들도 있다. 아이들의 낙관주의나 비관주의, 혹은 기쁨과 슬픔 등이 아이 돌봄의 질에 따라 정해지는 것이 아니라는 사실을 기억하는 것이 중요하다.

교사는 아이들에게 '뭘까' 그리고 '어떻게'로 시작되는 질문을 던지고 선입견 없이 답변을 경청하면서 아이들이 세상을 보는 시각을 탐구하는 데 도움을 줄 수 있다. 아이에게 하루 중 가장 기뻤던 순간과 슬펐던 순간을 물어보는 것도 도움이 된다. 이런 대화를 통해 먹구름만 가득한 것처럼 보였던 곳에서 무지개를 발견할지도 모르는 일이다.

> 아이들의 낙관주의나 비관주의, 혹은 기쁨과 슬픔 등이 아이 돌봄의 질에 따라 정해지는 것이 아니라는 사실을 기억하는 것이 중요하다.

반응 강도

무릎에 상처가 조금만 나도 한 시간 넘게 울고, 전화벨 소리에 놀라 소리를 지르는 아이들이 있는가 하면, 잠깐 훌쩍거리다 금세 잊어버리고 다른 것을 하러 뛰어가는 아이들도 있다. 아이들이 같은 자극에 서로 다른 강도로 반응한다는 점을 이해하면, 교사들은 더 차분하게 아이들의 행동에 대처할 수 있다.

주의 산만성

한 유아원의 '조용한 시간', 크리스토퍼는 가장 좋아하는 동물 인형을 집에 두고 왔다는 사실을 깨달았다. 선생님은 크리스토퍼와 대화를 나누고, 안아주고, 크리스토퍼를 달래려고 토끼 인형도 건네주었지만 크리스토퍼는 오로지 집에 있는 인형 생각뿐이다. 온종일 인형 때문에 칭얼거린다.

반대로 애니는 가장 좋아하는 파란색 담요를 친구가 가져갔다는 사실에 처음에는 화가 났지만, 선생님이 대신 예쁜 보라색 담요를 건네주자 만족스럽게 휴식을 취했다.

애니와 크리스토퍼의 서로 다른 기질은 모두 미래의 중요한 자산이 될 수 있다. 다른 것에 흔들리지 않고 오직 하나에만 집중할 수 있는 크리스토퍼는 외과 의사나 연구자가 되어도 좋을 것이고, 융통성 있는 애니는 언젠가 훌륭한 교사가 될 수도 있을 것이다. 아이들이 가진 기질의 가치를 파악하면 아이의 가장 좋은 면을 끌어내는 데 도움이 될 것이다.

끈기와 주의 지속 시간

끈기는 장애물이나 어려움을 뚫고 한 활동을 지속하려 하는 아이의 의지를 말하고, 주의 지속 시간은 아이가 방해받지 않고 활동을 지속할 수 있는 시간을 의미한다. 이 두 특성은 서로 연관성이 크다.

키미는 매튜가 아무리 계속 쓰러뜨려도 한 시간 내내 블록으로 성을 만들려 한다. 애슐리는 처음 성이 무너지자 눈물을 터뜨리고 바로 포기한다. 사라는 아침 내내 인형 하나만 가지고 놀고, 로라는 간식 시간 전까지 장난감 상자 안에 있는 모든 장난감을 섭렵한다. 이 아이들은 주의 지속 시간의 차이를 보여주고 있다. 주의 지속 시간이 짧다고 해서 주의력 결핍 행동 장애(ADD)가 있다고 할 수는 없다. 자연적인 발달과정의 일부이거나, 타고난 기질의 정상적인 부분일 수도 있다.

일부 기질이 다른 기질보다 '다루기 쉽다'는 것은 분명하다. 교사 또한 고유의 기질을 가지고 있고, 교사의 기질과 아이의 기질이 잘 맞지 않는 경우도 생길 수 있다. 그렇다고 해서 교사나 아이 중 어느 한쪽이 잘못됐거나 '나쁘다'는 의미는 아니다. 체스와 토마스 박사는 이를 '조화 적합성', 즉 부모나 교사가 특정 아이와 잘 지낼 수 있는 정도라고 말했다. 만나자마자 마음이 맞는 아이가 있는가 하면, 계속해서 힘들게 하는 아이도 있다. 그렇지만 발달과 기질을 이해하고, 따뜻하면서도 단호하게 대하려는 의지를 갖고, 긍정훈육 지침을 활용하여 해결책을 찾는다면 매일 함께 시간을 보내는 교사와 아이가 서로 잘 지내면서 가장 좋은 면을 끌어낼 수 있을 것이다.

발달과 기질 그리고 두뇌 성장은 복잡한 개념이지만, 잘 이해하면 어린아이들과 잘 지내는 데 큰 도움이 되니 최대한 많이 공부하길 권한다. 어린아이들의 멋진 세상을 파악하고, 받아들이고, 감사하게 되면 모든 사람을 위한 긍정과 격려의 환경을 조성할 수 있을 것이다.

교사도 고유의 기질을 가지고 있고, 교사의 기질과 아이의 기질이 잘 맞지 않는 경우도 생길 수 있다.

아이들은 함께 자란다
젠더와 사회성, 놀이의 중요성

05

여자아이는 뭐로 만들어졌을까요?

설탕과 향신료 그리고 모든 좋은 것

여자아이는 이런 걸로 만들어졌답니다.

남자아이는 뭐로 만들어졌을까요?

개구리와 달팽이 그리고 강아지 꼬리

남자아이는 이런 걸로 만들어졌답니다.

- 구전 동요 -

놀이 시간에 돌봄센터를 한번 돌아보자. 무엇이 보이는가? 한쪽 구석에는 여자아이 두 명이 책 읽어주는 선생님을 얌전히 기다리고 있다. 조용히 얘기 중인 여자아이들 뒤로는 시끄럽게 술래잡기를 하며 미친 듯이 뛰어다니고 있는 남자아이 세 명이 보인다. 부엌에서는 어린 샘이 차분하게 찰흙을 떼어 머핀 틀에 넣고 있고, 보조인 캐미는 머핀을 오븐에 넣을 때를 기다리고 있다. 키스와 케빈은 '여자애들은 출입 금지!'라는 신조로 운영하는 비밀 클럽 모임 중이다. 제니퍼는 또 정글짐에 나가 놀려고 문고리를 흔들고 있고, 마틴은 바로 뒤에서 제니퍼를 부추기고 있다. 한편, 메리는 계속해서 선생님의 바지춤을 당기며 친구를 이른다. "선생님, 제니퍼가 또 나가려고 해요. 제니퍼가 밖.에. 나가려고 한다니까요."

남자아이와 여자아이 중 누가 더 말을 잘 들을까? 교사와 부모들은 남자아이와 여자아이 중 누가 더 '다루기 쉬운지'에 대해 토론하길 좋아한다. 지난 수백 년간 사회는 남자아이와 여자아이에 대한 고정관념을 만들어냈으며, 이러한 고정관념과 선입견은 우리가 아이들을 돌보는 방식, 아이들에 대한 기대치, 아이들이 현재 어떤 사람이고 앞으로 어떤 사람이 될지에 대한 생각에 모두 반영된다. 현실은 위에 나온 여자아이를 설탕에 비유하는 동요 가사보다 좀더 복잡하다는 걸 알고 있는 어른은 많지만, 정확히 어떤 점이 다른지 구체적으로 설명할 수 있는 어른은 드물다. 성차별의 문제는 차치하고, 남자아이와 여자아이는 정말 다를까? 다르다면 어떤 차이점이 있을까? 그리고 젠더, 또 남자아이와 여자아이가 서로 소통하는 방법에 대해 교사들이 알아야 할 것은 무엇일까?

남자아이와 여자아이: 다르면서도 같은 존재

지난 40여 년간 젠더를 바라보는 시각은 눈에 띄게 변화했다. 오랜 시간 동안 많은 사람이 남자아이들이란 자고로 스포츠, 총, 싸움, 트럭 놀이 같은 격렬한 놀이를 좋아하고, 여자아이들은 응당 인형, 다과회, 책을 선호한다고 생각했다. 남자아이는 커서 군인, 경찰, 의사가 되고 싶어 하고, 여자아이는 평생 아이를 기르고 가족을 챙기는 등 남을 돌보는 일에 인생을 바칠 준비를 해야 하며, 그나마 좀 야망이 있다면 간호사나 교사를 하면 된다는 생각이 오랫동안 팽배했다. 남자아이란 시끄럽고, 경쟁심 강하고, 에너지 넘치는 존재이며, 여자아이는 더 크고 강한 남성의 보호가 필요한 조용하고, 평화롭고, 소심하고, 부끄럼 타는 존재라고 생각되어왔다.

그러다 페미니즘의 시대가 왔다. 대부분이 이전까지 당연한 것으로 받아들여지던 젠더의 일반화가 갑자기 금기시됐다. 이제는 여성에게도 의사나 조종사, 변호사가 될 자격이 생겼고, 남성과 동일한 권리와 임금을 받을 권리도 생겼다. 남성은 전보다 더 '감성적'으로 타인을 따뜻하게 대하며 아이의 양육에도 더 많이 참여하고, 남성우월주의라는 위험을 피해갈 것을 요구받았다. 쉽게 말해, 이제 여자아이와 남자아이가 정확히 '어떻게' 행동해야 할지, 또 그들의 비교우위와 단점이 무엇인지가 불명확해진 것이다.

한 가지 엄청난 뉴스를 알려주자면, 남자아이와 여자아이는 같으면서도 다르다. 성별과

> 성별과 관계없이 모든 아이에게는 유대감과 자존감이 필요하고, 일련의 발달과정을 거쳐야 하며, 존중받고, 따뜻하면서도 엄한 돌봄을 받을 때 가장 눈부시게 성장한다.

관계없이 모든 아이에게는 소속감과 자존감이 필요하고, 일련의 발달 과정을 거쳐야 하며, 존중받고, 따뜻하면서도 엄한 돌봄을 받을 때 가장 눈부시게 성장한다. 교육과 대인관계, 커리어, 잠재력에 있어서도 동등한 기회를 누려야 한다. 하지만 남자아이와 여자아이, 남성과 여성은 서로 완벽하게 똑같지 않고, 그 차이가 단순히 겉모습이나 생식기에서만 나타나는 것이 아니라는 점은 부인할 수 없다. 영유아기의 두뇌 성장과 발달에 대해 우리에게 많은 것을 밝혀준 최신 기술은 남자아이와 여자아이의 두뇌 구조와 그 기능이 약간씩 다르다는 사실도 알려주었다. 이제 과학자들은 이러한 차이점이 아이들의 정서적, 사회적 발달 속도, 학습 방식, 놀이 방법과 놀이도구 그리고 성격의 특정 부분 등 다양한 종류의 행동에 영향을 준다고 믿는다.

이러한 차이점은 보통 미세한 차이이고 인간을, 특히 성별에 의해 일반화하는 것은 위험하다는 점을 기억하는 것이 중요하다. 하지만 여러 명의 아이를 돌보는 영유아 교사가 아이들의 세상으로 들어가 그들을 이해하고, 남자아이와 여자아이가 똑같이 환영받고, 격려를 받고, 존중받는 환경을 만드는 데는 성별의 차이를 이해하는 것이 큰 도움이 될 수 있다.

설탕과 향신료? 개구리와 달팽이?

1970년대 중반, 캐나다의 한 가정에서 쌍둥이 남자아이가 태어났다. 그런데 포경수술이 잘못되어 쌍둥이 중 한 명의 성기가 크게 손상돼 제거해야 하는 상황이 됐다. "문제없습니다." 충격에 빠진 부모에게 의사가 말했다. "여자로 키우면 됩니다. 여자 옷을 입히고, 여자 이름을 지어주고, 여자아이들이 가지고 노는 장난감을 주세요. 아이가 크면 여성호르몬 주사를 맞히고 성형수술을 시키면 됩니다. 비록 아이를 갖진 못하겠지만 여성으로 행복한 삶을 살 수 있을 거예요."

부모는 의사의 권고를 따라 아무에게도 진실을 말하지 않고 아이를 여자로 키웠다. 하지만 이내 뭔가 잘못됐다는 것을 알 수 있었다. 어린 '여자아이'는 자라는 과정에서, 여자의 신체가 자기에게 맞지 않는다고 느꼈다. 아이는 쌍둥이 형제의 장난감을 가지고 놀고 싶어 했고, 다른 남자아이들이 하는 행동을 하고 싶어 했다. 아이는 자라면서 여자아이들에게 매력을 느꼈다. 그때부터 말 못할 혼란이 시작됐다. 겉모습도 맞지 않았다. 다른 여자아이들보다 키도 크고 덩치도 크다고 계속 놀림받았다. 호르몬 주사와 성형수술을 마친 후 부모는 그제야 의사의 권고를 거스르고 진실을 아이에게 말해 주었다. 사실은 남자라고 말이다.[11]

여자아이가 남자아이와 다르게 '느끼고' 행동하게 만드는 요인은 무엇일까? 두 번째나 세 번째 생일을 맞이할 때쯤이면 아이들은 본인의 성별을 식별한다. 자랑스럽게 "나는 여자예요" 혹은 "나는 남자예요"라고 말한다. 다른 아이들의 성별의 차이도 파악하고, 머리 모양이나 옷, 장난감 등을 통해 남녀가 어떻게 다른지도 알 수 있게 된다. 수

---

11.   이 놀라운 사건에 관한 추가적인 정보는 존 콜라핀토John Colapinto의 『자연이 정해준 대로: 여자로 자라야 했던 남자As Nature Made Him: The Boy Who Was Raised as a Girl』(뉴욕: 하퍼콜린스, 2000)에서 참고할 것.

잔 길버트Susan Gilbert[12] 에 따르면, 대다수의 2~3세 아이들은 분홍색과 연보라색을 '여자' 색으로, 갈색과 파란색을 '남자' 색으로 인식한다고 한다. 문화 또한 중요한 역할을 한다. 젠더에 의한 역할 구분이 가장 유연한 나라 중 하나인 네덜란드의 아이들은 남성과 여성에 대한 고정관념이 약한 반면, 아직 여성이 남성을 섬겨야 한다고 생각하는 이탈리아에서는 그 반대다. 교사라면 젠더를 바라보는 자신의 태도가 아이들의 자기 잠재력에 대한 생각에 영향을 술 수 있다는 짐을 기억해야 한다.

보육 환경에서 젠더는 어떤 영향을 미칠까? 남자아이와 여자아이가 가장 다른 점부터 살펴보자. 다시 말하지만, 남자아이와 여자아이의 집단적인 특성의 차이를 말하는 것이지, 개인의 차이를 말하는 것이 아니다. 개인의 특성은 생물학적인 요인뿐 아니라 부모와 교사에 의해 강화되고, 수용되고, 또 장려될 수 있다. 다만 다음의 특징을 어린이집이나 유치원 교실에서 찾아볼 수 있을 것이다.

에너지 수준

일반적으로 남자아이들이 더 활동적이다. 나무에 오르거나 몇 시간 동안 달리는 걸 좋아하는 여자아이도 있지만, 보통은 남자아이들이 에너지가 더 넘치고, 어딘가에 오르고, 점프하고, 소리 지르고, 돌아다니고 싶어 하는 욕구가 더 크다. 남자아이는 자아 탐구 과정의 일환으로 신체활동을 자주 한다. 또 연구에 따르면, 남자아이들은 여자아

---

12.   『남자아이와 여자아이 이해 지침서A Field Guide to Boys and Girls』(뉴욕: 하퍼콜린스, 2000)

이와 놀 때보다 다른 남자아이와 놀 때 더 활동적이라고 한다.

교사들이 참고해야 할 부분은 명확하다. 남자아이가 많다면 종일 조용히 앉아 있으라고 시키는 건 서로에게 피곤한 처사이다. 신체활동을 계획하고, 움직일 기회를 많이 제공하자. 그러면 잠시 가만히 있어야 할 때 좀더 순순히 협력할 것이다.

언어 능력

아이들에게 '말로 하자'고 해본 적이 있는가? 또, 몇몇 남자아이들은 단지 남자라는 이유로 말로 하는 것을 힘들어한다는 사실을 알고 있는가? 일반적으로 남자아이는 여자아이보다 언어와 말하기 능력을 더 늦게 습득하는 편이다. 여자아이는 남자아이보다 두뇌에서 언어를 관장하는 부분인 좌뇌의 활용방법을 더 빠르게 습득한다. 게다가, 정확한 이유는 아무도 모르지만 남자아이의 부모들은 여자아이를 둔 부모에 비해 아이와의 대화를 적게 하고, 그로 인해 여자아이가 남자아이에 비해 말을 더 빨리, 더 잘하게 된다.

> 일반적으로 남자아이는 여자아이보다 언어와 말하기 능력을 더 늦게 습득하는 편이다.

나아가 남자아이는 여자아이와는 다른 소통 방식을 보인다. 데보라 태넌Deborah Tannen[13]에 따르면, 여자아이는 대화할 때 질문하고, 초대하고 선택지를 주는 경향이 있는 반면, 남자아이들은 지시하고 명령하는 경향이 있다고 한다. 언어 능력은 행동에 막대한 영향을 미치

---

13. 『남성과 여성의 의사소통 이해하기 You Just Don't Understand: Men and Women in Communication』 (뉴욕: 발렌타인, 1990)

기 때문에, 언어발달이 지연되거나 요구사항과 감정을 정확히 표현하지 못하면 던지거나 발로 차고 때리는 등의 문제행동이 나타나기 쉽다. 교사는 적극적 경청(90쪽 참고) 및 '뭘까', '어떻게'로 시작하는 질문을 활용할 수 있다. 여자아이와 대화할 때처럼 남자아이와도 명료하고 참을성 있게 대화하기 위해 시간을 들이는 것도 도움이 된다.

공격성과 충동 제어

우리는 오랫동안 남성이 여성보다 공격적이라고 생각해왔다. 이 같은 특징은 부모가 대개 여자아이보다는 남자아이와 놀 때 간지럽히거나 몸싸움을 하는 등 거친 놀이를 하는 문화와 환경 때문에, 또 언어능력 발달이 빠른 여자아이 쪽이 주먹이나 발이 아닌 말로 싸움을 할 가능성이 크다는 부분 때문에 더욱 도드라진 것일 수도 있다. 연구 결과에 따르면 공격성은 유전자와 성별에도 큰 영향을 받는다고 한다. 즉 남자아이가 여자아이보다 더 공격성을 보이고, 더 경쟁적이고, 더 충동적으로 행동하는 경향이 있는 것은 사실이다.

이러한 사실로 볼 때, 우리는 교실 속에서 행동 관리를 하면서 아이들에게 벌이나 수치심을 주는 행위를 멀리해야 한다. 벌은 종종 반항, 저항이나 거역, 속임수 등의 반응을 일으킨다. 공격적인 남자아이들은 따뜻하면서도 엄한 가르침, 격려, 합리적인 규칙과 틀을 제공해줄 때 훨씬 더 협조적이다. 공격적인 행동이 교사 개인에 대한 공격이 아니며, 어린아이의 성격 발달과정의 일부일 수도 있다는 점을 기억하면 도움이 될 것이다. 교사가 끈기와 존중을 보이면 아이는 균형과 협동을 배울 수 있다.

감정 역량과 사회성

놀랍게도, 남자아이가 더 '강하고', '터프하다'는 일반적인 생각과는 달리, 영유아의 경우 남자가 여자보다 감정적으로 취약하다고 한다. 여자아이들은 거의 태어난 직후부터 남자아이보다 상대와 눈을 더 오래 맞추는 등, 본능적으로 더 사회적이다. 우는 빈도도 적고 강도도 낮은데, 자기 자신을 다독이는 능력이 상대적으로 뛰어난 경향을 보이기 때문이다. 거친 목소리, 일상의 변화, 애정이나 스킨십의 부족 등 아기들을 힘들게 하는 요소에는 남자아이가 더 민감하게 반응한다. 수잔 길버트에 따르면, 생후 약 6개월부터 6세에 이르기까지의 아이들 중 무섭거나 속상하거나 화가 났을 때 쉽게 울고, 더 오랫동안 우는 아이들은 대부분 남자아이라고 한다. 유치원이나 학교에 가기 위해 부모와 헤어져야 할 때, 부모에게서 원하는 만큼의 관심을 받지 못할 때, 아무리 시도해도 계속 실패할 때 등 모든 아이가 힘들어할 법한 상황에서도 남자아이가 특히 더 큰 타격을 받는 것으로 보인다고 한다.[14] 게다가 부모나 좋아하는 교사에게 달려가 안고 뽀뽀하는 등의 애정표현을 남자아이가 여자아이보다 더 잘할 수도 있다.

무서워하거나 외로워하는 남자아이에게 울지 말라고 하는 건 도움이 안 된다. 사실 어른들이 남자아이의 감정표현을 억제한 까닭에 청소년기 남자아이들이 우울증, 알코올과 약

> 어른들이 남자아이의 감정표현을 억제한 까닭에 청소년기 남자아이들이 우울증, 알코올과 약물 남용, 심지어 자살 등의 문제에 취약한 것이라고 믿는 전문가도 많다.

---

14. 수잔 길버트의 『남자아이와 여자아이 이해 지침서』, p. 73에서 발췌

물 남용, 심지어 자살 등의 문제에 취약한 것이라고 믿는 전문가도 많다. 남자아이나 여자아이나 감정 인지와 구분(적극적 경청으로 도울 수 있다), 갈등 해결과 문제해결 능력을 배양하기 위해선 똑같이 도움이 필요하다. 정기적인 학급회의를 통해 남자아이와 여자아이 모두 문제해결 능력, 공감 능력 그리고 자신감을 기를 수 있다.

지능과 학습

"남자아이가 여자아이보다 똑똑해. 수학과 과학에도 더 뛰어나고, 지능도 더 높아. 그렇지?" 물론 그렇지 않다. 20세기 초반까지만 해도 널리 퍼졌던 생각이지만, 오늘날 이런 믿음을 당연시하는 사람은 드물다. 하지만 남자아이와 여자아이는 학교에서(특히 유치원과 초등학교에서) 서로 다른 경험을 한다. 아이들의 학업적 성공을 위해 교사는 어떤 도움을 줄 수 있을까?

남자아이들은 여자아이보다 언어와 사회성이 늦게 발달한다는 점을 기억하자. 남자아이는 더 활동적이고, 오랜 시간 조용히 앉아 있는 걸 힘들어한다. 연필을 잡고 글씨를 쓰는 등의 활동에 필요한 소근육 운동 능력도 느리게 발달한다. 따라서 압도적으로 여성의 비율이 높은 유치원이나 초등학교 교사들은 대개 여자아이를 가르치고 싶어 하고, 남자아이는 이 사실을 본능적으로 알아차린다.

사실 남자아이와 여자아이의 지능지수는 비슷하게 높다. 남자아이는 공간 지각 능력 중에서도 지도를 읽거나 무언가를 만들고 탐험하는 일 등 물리적 공간에서 대상을 지각하는 능력

> 사실 남자아이와 여자아이의 지능지수는 비슷하게 높다.

인 '심적 회전' 능력이 상대적으로 높고, 여자아이는 보통 독해, 문법, 철자, 쓰기 등의 시험에서 더 두각을 드러낸다.

다수의 심리학자와 연구자가 학교나 교사가 남자아이에게 부정적 선입견을 품고 있다고 여긴다. 이유는 납득이 된다. 여자아이들은 교사가 중요하게 생각하는 능력과 행동을 더 빠르게 습득하는 반면, 남자아이들은 교무실에 불려가 있을 가능성이 더 크기 때문이다. 일부 심리학자들은 몇몇 유치원과 초등학교에 만연한 '남자아이 비난'을 우려한다. 남자아이 입장에서는 자연스러운 행동을 했을 뿐인데 처벌을 받는 것이고, 이런 경험을 한 아이들은 학교를 싫어하게 되고 자신이 성공할 수 없는 인간이라는 믿음을 가지게 된다. 어린 나이에 이런 생각이 들면 크게 좌절할 수 있고 추후 아이가 교육을 어떻게 받아들이느냐의 문제까지 영향을 미칠 수 있다.

그렇다면 교사가 어떻게 도울 수 있을까? 남자아이들과 여자아이들 모두의 잠재력을 최대로 발현시킬 수 있도록 돕는 방법을 지금부터 살펴보자.[15]

"나랑 같이 놀래?" 사회성 연습하기

모든 보육 시설은 일종의 연구소와 같다. 자라나는 아이들이 친구

---

15.   성별의 영향에 관한 추가적인 정보가 궁금하다면, 다음을 참고할 것. 매리 파이퍼Mary Pipher의 『오필리아 다시 살리기: 청소년기 여자아이의 자아 찾기Reviving Ophilia: Saving the Selves of Adolescent Girls』(뉴욕: 발렌타인, 1994), 마이클 톰슨Michael Thompson과 댄 킨들런Dan Kindlon의 『카인 키우기: 남자아이의 감정 보호하기Raising ain: Protecting the Emotional Life of Boys』(뉴욕: 발렌타인, 1994), 그리고 윌리엄 폴락William Pollack의 『진짜 남자아이들: 남자라는 선입견에 갇힌 우리 아이들 구하기Real Boys: Rescuing Our Sons from the Myths of Boyhood』(뉴욕: 발렌타인, 1998)

를 사귀고, 예절을 배우고, 대인관계를 배우고 실험하는 바쁜 장소이니 말이다. 아이들이 일상에서 겪는 힘든 일이나 갈등은 대부분 다른 아이들과의 관계, 즉 남들과 얼마나 잘 지내고 못 지내는지에 따라 벌어진다.

> 자신의 것을 나누고 함께 노는 등의 사회성은 훈련, 연습, 무엇보다도 실수를 통해서 발달한다.

자신의 것을 나누고 함께 노는 등의 사회성은 훈련, 연습, 무엇보다도 실수를 통해서 발달한다. 보통 동시에 한두 명 정도만 챙기면 되는 부모는 아이들의 사회성이 발달하도록 여유롭게 시간을 줄 수 있다. 하지만 시끄럽고 활동적인 아이들 여러 명을 한꺼번에 돌봐야 하는 교사들에게 있어 아이들의 사회성 계발은 필수적이다. 돌보는 아이들이 모두 서로 잘 지내고, 본인 것을 나누고, 차례를 기다리고, 서로를 예의와 따뜻함으로 대한다면 일이 얼마나 쉬워지겠는가?

자, 이제 꿈에서 깨어나자. 현실에서는 다른 능력들과 똑같이 사회성도 시간이 지나야 생기고, 어른들이 가르치고, 격려하고, 모범을 보이고, 약간의 인내심을 가져야 가장 잘 발달한다.

과정 이해하기

아이들은 '자기중심적'이다. 자기가 세상의 중심이기 때문에 모든 것이 본인을 중심으로 돌아간다고, 그래야 한다고 믿는다. 아기들은 모든 것을 '내 것'으로 본다. 이기적이어서가 아니라, 아직 실질적인 방법으로 타인을 받아들일 만큼 자기의 세계가 발달하지 못했기 때문이다. 따라서 어린아이가 보는 모든 장난감은 '내 것'이다. 교사의 점

남자아이와 여자아이 성공적으로 돕기

- 보육 시설에서 교사 스스로가 남자아이와 여자아이에 대해 가진 선입견과 그에 따른 행동이 어떻게 나타나는지 인지한다. '남자는 울면 안 돼'나 '여자는 여자다워야지' 같은 발언은 피한다.
- 어떤 아이도 사회적 규범, 언어 능력, '착한' 행동을 이해한 채로 태어나지 않는다는 것을 기억하자. 언제나 벌보다는 따뜻하고 단호한 훈육이 더 나은 선택이다.
- '남자애들은 원래 그래' 혹은 '여자애들이 더 착해' 같은 말을 피하고, 아이들이 가진 저마다의 장점을 파악하며, 아이들을 독려하고 단점을 관리할 수 있게 돕는다.
- 남자아이와 여자아이 모두에게 신체활동 기회를 제공한다.
- 매일 언어 능력을 연습할 수 있게 한다. 교사는 적극적 경청, '뭘까'와 '어떻게'로 시작하는 질문 그리고 잦은 대화를 통해 아이들의 언어 능력을 발달시킨다.
- 여자아이가 체력을 다질 수 있도록, 남자아이가 남을 보살필 수 있도록 훈련시킨다.
- 다양한 장난감을 누구든 가지고 놀 수 있게 한다.
- 아이들의 각기 다른 개성과 서로 비슷한 점을 모두 파악해보자.

심도 '내 것'일 수 있다. 교사가 '조니와 나눠서 써야지'라고 아무리 말해도 나눈다는 개념 자체가 영유아에게는 생소할 수밖에 없다. 사실 1세에서 2세 사이의 아이들은 보통 진정한 의미의 교류를 하지 않는다. 일반적으로 혼자 놀거나, '병행 놀이'라는 활동을 한다. 친구들 곁에서 나란히 놀지만, 함께 놀지는 않는 것이다.

시간이 흐르면서 아이들은 서로 궁금해하며, 친구들에게 다가가 활발하게 탐사한다. 교사들이 이러한 행동을 잘 감독하고 존중과 따뜻함을 가르쳐줄 필요는 있지만, 다른 아이들을 찌르고, 잡아당기고, 만지는 행위가 꼭 나쁜 행동인 것은 아니다. 그런 행동은 세상에 나와 다른 아이들도 존재한다는 사실을 깨닫는 과정이기 때문이다. 아이들은 점차 '다른 아이들' 또한 욕구와 감정과 의견이 있는 존재이며 존중해야 한다는 점도 알게 된다. 즉, 우정의 기초를 배우게 된다. 하지만 그렇게 될 때까지의 과정이 순탄하지만은 않다.

현실에서 나눠 쓰기란?

어른들은 나눠 쓰기를 중요하게 생각한다. 아이들에게 자기 것을 나눠 쓰도록 교육하고, 그렇게 하지 않으면 혼내기도 한다. 하지만 나눠 쓰기는 사실 성숙함을 필요로 하는 복잡한 능력이다. 두 살 아이들의 교실로 들어가 나눠 쓰기의 예시를 살펴보자.

수지와 토미는 블록을 가지고 놀고 있다. 토미가 방금 집은 장난감 자동차를 수지가 빼앗자 두 아이가 동시에 "내 거야! 줘!"라고 외친다. 시끄러운 소리를 들은 맥기 선생님이 아이들에게 다가가 부드럽게 자동차를 가져간다.

"수지", 선생님이 묻는다. "자동차를 가지고 놀고 싶니?" "네." 수지가 단호하게 그렇다고 대답한다. 맥기 선생님은 토미에게 돌아서서, "토미, 자동차를 가지고 놀고 있었니?"라고 묻는다. 토미는 아랫입술을 살짝 삐죽이더니 "내 거예요"라고 대답한다.

맥기 선생님은 자동차를 토미에게 주고 수지에게 돌아선다. "수지, 자동차를 가지고 놀고 싶으면 토미에게 뭐라고 해야 할까?" "나도 이걸로 놀고 싶어?" 수지가 약간은 불만이 섞인 목소리로 대답한다. 맥기 선생님은 그것도 하나의 방법이라고 대답한다. 그리고 수지에게 "나도 이걸로 놀아도 될까?"라고 묻는 것도 괜찮다고 말해준다.

토미는 이 대화를 흥미롭게 듣고 있다. 수지가 자동차를 달라고 하면 어떻게 대답할 수 있을지 물어보니, 바로 "여기, 가져가"라고 대답하면서 수지에게 자동차를 건네준다. 맥기 선생님은 미소를 짓는다. "나눠 쓸 줄 안다니 멋지구나, 토미야. 만약 네가 계속 자동차를 가지고 놀고 싶다면 뭐라고 말하면 될까?"

토미가 생각해본 적 없는 상황이다. 선생님은 부탁하는 것만으로는 충분하지 않을 수 있다는 사실을 명확히 보여준 것이다. 토미에게 몇 가지 선택권이 있으며 자기 욕구에 맞게 대답할 수 있다는 것을 가르쳐주고 있지만, 토미는 순간 혼란스럽다.

맥기 선생님은 대신 수지에게 묻는다. "토미가 뭐라고 하면 좋을까, 수지?" 수지는 정답을 알고 있다. "조금 있다 줄게"라고 할 수 있어요." 맥기 선생님은 고개를 끄덕인다. "좋은 생각이야. 10분만 있다가 준다고 할 수도 있어. 그렇게 하면 괜찮겠니, 토미?" 토미는 고개를 끄덕이고, 맥기 선생님은 수지에게 토미가 "아직 안 끝났어"라고 말하는 방법을 연습하도록 장려한다.[16]

위 상황에서는 맥기는 두 아이 모두에게 자기 존중과 상호 존중을 가르치는 동시에 잡거나 때리는 등의 행동 대신 말을 통해 욕구를 표현하는 법을 보여주고 있다. 물론 이 과정은 시간과 끈기를 필요로 한다. 바쁜 교사들이 낼 수

> 존중과 따뜻함, 예의는 배우는 데 시간이 걸리며, 시간을 투자하면 교육자와 아이들 모두에게 도움이 된다는 점을 이해하는 것이 중요하다.

16. 『긍정의 훈육: 0~3세 편』(에듀니티, 2017) 중에서

있는 시간에 비해 너무 오랜 시간이 필요할 수도 있다. 하지만 발달과정 동안 이런 훈련과 연습이 끊임없이 되풀이되어야 함을 기억하자. 존중과 따뜻함, 예의는 배우는 데 시간이 걸리며, 시간을 투자하면 교사와 아이들 모두에게 도움이 된다는 점을 이해하는 것이 중요하다.

우정을 비롯한 특별한 관계

캐런 포스터가 부엌에서 아이들을 위한 저녁을 준비하고 있을 때, 다섯 살 아이 에이미가 울면서 들어온다. "에이미, 너무 슬퍼 보여!" 캐런이 상냥하게 말한다. "무슨 일이니?"
"섀넌과 에이바가 같이 안 놀아줘요." 에이미가 훌쩍거리며 말한다. "제일 친한 친구 에이바가 오늘 섀넌만 자기 집에 초대했어요. 너무해요!"
캐런은 몸을 숙여 에이바를 따뜻하게 안아주고, 샌드위치와 주스 준비를 도와달라고 부탁한다. 내일쯤이면 에이미, 에이바, 섀넌 사이의 '사회적 서열'이 자연스레 재정립되고 인생은 별 탈 없이 이어질 거란 사실을 알기 때문이다.

아이들이 자라고 성숙해지면 점차 우정의 세계를 경험하게 된다. '가장 친한 친구'를 열심히 찾아 나서고, 그 친구가 다른 친구와 점심을 먹거나 쉬는 시간을 보내면 아픔과 실망감을 느끼기도 한다. 5세 아이들은 역할놀이를 하거나 '흉내 놀이'를 할 수 있으며, 실생활에서 예절과 상호 존중이 어떻게 이뤄지는지도 경험을 통해 알고 있다. 물론 그렇다고 항상 예의를 지키는 것은 아니지만 말이다.

사회성은 연습과 실수를 거쳐야 습득할 수 있다. 관계를 잘 맺는 아이들은 몇 가지 공통점을 가지고 있다. 보통 친구들의 표정, 목소리 톤, 친구들 간의 물리적 거리 등 타인의 비언어적 소통 수단을 잘 읽어내며, 스스로도 비언어적 소통 수단을 적절히 활용한다. 친구를 잘 못 사귀는 아이들은 대개 말로는 "너랑 같이 놀고 싶어"라고 하면서도 자기 얼굴과 몸이 전혀 다른 말을 하고 있다는 사실을 좀처럼 인지하지 못한다.

> 친구를 잘 못 사귀는 아이들은 대개 말로는 "너랑 같이 놀고 싶어"라고 하면서도 자기 얼굴과 몸이 전혀 다른 말을 하고 있다는 사실을 좀처럼 인지하지 못한다.

어린아이는 보통 비언어적 메시지에 가장 먼저 반응을 보인다. 교사는 아이들과 함께 연습하고, 아이들이 표현하는 감정을 함께 표정으로 표현하고 웃으면서 비언어적 메시지를 이해하도록 도와줄 수 있다. 소리를 끄고 영화나 TV 프로그램을 보면서 등장인물들이 지금 어떤 기분일지 맞혀보는 것도 좋다.[17]

친구를 쉽게 사귀는 아이들은 다른 아이들 틈에서 본인의 역할을 만들어내는 일에도 능숙한 편이다. 친구들이 하는 게임을 한참 지켜보다가, 그 아이들 사이에 자연스럽게 섞일 수 있는 역할을 제안하는 것이다. 게임이 진행되는 도중에 갑자기 불쑥 나타나서 "나도 해도 돼?"라고 물으면 "안 돼"라는 대답을 듣기 쉽다. 나머지 아이들이 새

---

17.   비언어적 신호를 통해 아이들을 도울 수 있는 추가적인 정보가 궁금하다면, 스티븐 노위키 Jr.Stephen Nowicki Jr.와 마샬 P. 듀크Marshall P. Duke의 『겉도는 아이들 돕기Helping the Child Who Doesn't Fit In』(애틀랜타: 피치 트리, 1992)를 참고할 것.

참가자를 위한 공간을 만들어줄 여유가 없기 때문이다.

이처럼 어색하고도 때로는 고통스러운 과정을 돕고 싶다면, 교사는 적극적 경청과, '뭘까,' '어떻게' 질문을 통해 아이들의 말과 행동이 친구들에게 미치는 영향을 이해하도록 가르칠 수 있다. 학급회의를 통해 친절, 포용, 존중도 가르칠 수 있다. 아이들은 어른에게서 뿐만 아니라 친구들로부터도 소속감과 자존감을 느껴야 한다. 보살피는 아이들이 소속감을 느끼고 사회적 실수를 통해 교훈을 얻을 수 있다면, 돌봄센터가 한결 더 따뜻하고 포용력 있는 곳이 될 것이다.

> 학급회의를 통해 친절, 포용, 존중을 가르칠 수 있다.

놀이의 중요성

많이 강조되는 말이지만, 놀이는 아이들에게 일과 같다. 하지만 아이들이 성을 쌓고, 그림을 그리고, 소꿉놀이나 학교놀이를 하고, 킥보드를 타는 과정에서 아이들이 얼마나 많은 '일'을 하고 있고, 또 배우고 있는지 알면 놀랄 것이다. 놀고 있는 아이는 그 과정에서 대근육 운동(오르기, 뛰기, 점프하기)과 소근육 운동(퍼즐 맞추기, 블록 쌓기, 색칠하기)을 포함한 다양한 신체 능력을 키운다. 다른 사람과 협동하는 법과 사물을 작동하는 법도 배운다. 아이들은 놀이를 통해 새로운 아이디어를 배우고 문제 해결 방법을 찾으면서, 상상력과 창의성의 나래를 마음껏 펼친다.

> 아이들은 사실 혼자 또는 친구들과 함께 마음껏 기어오르고, 만들고, 쌓고, 상상하고, 실험할 수 있는 '자유 놀이'를 통해 가장 많이 배운다.

대다수의 어른은 아이들을 위해 틀이 잡힌 활동을 계획해주고 싶어 하지만, 아이들은 사실 혼자 또는 친구들과 함께 마음껏 기어오르고, 만들고, 쌓고, 상상하고, 실험할 수 있는 '자유 놀이'를 통해 가장 많이 배운다. 보육 시설에서 놀이 시간을 어떻게 구성하고 어떤 놀이도구를 제공하느냐는 아이들의 감정과 행동에 지대한 영향을 준다.

물리적 놀이 환경

대형 보육 시설에서 일하든 집에서 아이들을 보육하든, 적합한 물리적 놀이 환경을 갖추면 돌봄이 훨씬 편해진다. 물론 아이들을 위한 위험 방지 처리는 해야 한다. 밖으로 노출된 전선이나 전기 코드가 없어야 하고, 아이들이 삼킬지 모를 작은 물건이나 깨질 위험이 있는 물건은 치워야 한다. 장난감은 아이들이 쉽게 꺼낼 수 있는 낮은 높이의 선반에 배치해야 한다. 벽에 걸린 거울은(깨지지 않는 재질로 만들어졌을 경우) 아이들의 흥미로운 놀잇감이 된다. 변기, 싱크대, 책상, 의자는 아이 전용 크기여야 하며, 이것이 불가능할 경우 유아용 변기, 발 받침대, 소형 발판 사다리 등이 안전하고 가까운 곳에 있어야 한다.

청결도 중요하다. 매일 많은 아이가 장난감과 시설을 만지기 때문에, 오염이나 감염을 방지하려면 세척 도구를 사용해 주기적으로 청소해야 한다. 기저귀 갈이대나 장난감은 가능한 한 매일 청소해야 한다. 아픈 아이들의 등원 가능 여부 등에 대한 보건 지침이 있어야 하며, 모든 직원은 비상시 대응 지침을 잘 숙지하고 있어야 하고, 응급

처치와 심폐소생술 교육도 받아야 한다.[18]

오랫동안 가지고 놀 장난감

활발하고 상상력이 풍부한 아이들은 오래된 컴퓨터 상자, 플라스틱 통 몇 개, 창고에서 가져온 통조림 캔만으로도 몇 시간을 놀 수 있다. 그렇지만 아이들의 능력, 자율성, 자주성을 길러줄 수 있도록 나이에 적합한 장난감을 제공해주는 것이 좋다. 교육 효과가 있을 뿐만 아니라 아이들이 더 재미있게 놀 수 있다. 보육 시설에 필요한 장난감을 고를 때 염두에 둘 아래의 항목들을 숙지하자.

> 아이들의 능력, 자율성, 자주성을 길러줄 수 있도록 나이에 적합한 장난감을 제공주는 것이 좋다. 교육 효과가 있을 뿐만 아니라 아이들이 더 재미있게 놀 수 있다.

· 손으로 만지는 장난감: 딸랑이, 꾹꾹이 장난감, 공, 계량컵, 계량스푼, 퍼즐, 구슬, 보드게임 등은 눈손 협응력을 기르는 데 도움을 준다. 또한, 사물이 어떻게 작동하는지 이해를 돕고 협동과 문제해결을 촉진한다.

· 책과 녹음 파일: 어린아이라면 밝은 컬러판 이야기책을, 좀더 큰 아이라면 자연, 사람, 역사, 활동에 관한 이야기를 형형색색의 사진과 함께 담은 책을 고르는 것이 좋다. 아이들은 동요를 통해 언어의 리듬과 패턴을 배울 수 있다. 또 나이가 있는 아이들이 음악

18.　돌봄센터의 물리적 환경에 대한 더 구체적인 정보가 궁금하다면, 전미유아교육협회 웹사이트 www.naeyc.org를 참고할 것.

보육 시설의 장난감은 아래 기준을 충족해야 한다.

1. 흠이 없고, 날카로운 부분이나 깨진 조각, 손가락 등이 끼일 위험이 있는 부분
   이 없어야 한다.
2. 납 성분이 없고 인체에 무해한 페인트로 칠했거나, 견고한 플라스틱 재질이어
   야 한다.
3. 쉽게 깨지지 않아야 한다.
4. 청소가 쉬워야 한다.
5. (특히 아주 어린 아이를 위한 장난감인 경우) 전기로 움직이거나 배터리로 작동
   하는 장난감은 가급적 피한다.
6. 주기적으로 안전성을 점검해야 한다.
7. 아이들의 나이에 적합해야 하며, 안전하게 가지고 놀 수 있는 연령대의 아이들만
   접근 가능한 위치에 보관해야 한다.

이나 오디오북을 직접 들을 수 있는 장치를 마련해두어야 한다.
이보다 더 좋은 방법은 매일 직접 책을 읽어주는 것이다.

· 미술 재료: 커다란 흰 종이(지역 신문사에 가면 신문을 인쇄하고 남은 종이
를 무료로 받을 수 있다), 마커, 물감, 안전가위, 반짝이, 오래된 잡지,
풀 등의 재료를 준비한다. 아이들은 보통 본인의 작품을 가장 좋아
하기 때문에, 그림이 인쇄된 비싼 색칠공부 책을 살 필요는 없다.
아이들은 풀을 사용해 콜라주를 만드는 활동을 정말 좋아한다. 단
추, 조약돌, 마카로니, 옷에서 뜯은 끈, 천 조각, 반짇고리에 들어
있는 온갖 잡동사니, 나뭇잎, 잡지 사진 등을 자유롭게 이용하는
것이다. 미술 시간은 작은 테이블이나 타일 바닥, 리놀륨 바닥에

커다란 천을 깔아놓고 진행한다. 아이들 옷 위에 오래된 셔츠를 덧입히면 좋다. 쏟고 어지르고 흘리는 과정까지 삶의 기술을 가르칠 기회로 생각하자. 대걸레나 청소용 스펀지도 의미 있는 교육 경험을 선물할 수 있으니 말이다!

· 쌓기 장난감: 블록과 건축 세트는 늘 인기가 많다. 4~5세가 넘은 아이들은 목공이나 공구 세트를 가지고 부드러운 나무에 망치로 못 대가 큰 못을 박으며 놀 수도 있다. 쓰고 남은 목재를 아이들이 가지고 놀 수 있게 제공하는 목공소나 가정용 공구점도 있다.

· 실험 재료: 아이들은 자기가 제어하고 만들 수 있는 장난감을 좋아한다. 모래, 물, 찰흙은 좋은 촉감 놀이 재료가 되고, 악기는 소리와 '음악 작품'을 만들 수 있는 좋은 도구가 된다. 단, 아이들이 입으로 부는 악기 내부는 아주 청결히 유지해야 한다. 드럼과 장난감 피아노를 마구 치는 소리가 어른의 귀에는 조금 고통스러울 수 있으나, 아이가 어린 모차르트가 될 수 있다면 소음쯤이야 견딜 수 있다.

· 신체활동 시설: 나이를 막론하고 모든 아이에게는 근육을 단련하고 신체적인 능력을 키울 수 있는 공간과 도구가 필요하다. 정글짐, 그네, 미끄럼틀, 킥보드, 올라타서 노는 장난감 등이 있으면 아이들이 오랜 시간 동안 즐겁게 놀 수 있다. 신체활동 시설은 아이의 나이와 몸집에 적합해야 한다. 적당히 감독도 해야 하지만,

아이들을 과잉보호하면 안 된다. 아이들에게는 자기의 신체를 실험하고 자신감을 쌓을 기회가 필요하다. 집에서 어린이집을 운영하고 있어서 신체활동 시설이 마땅치 않다면, 주기적으로 공원이나 놀이터에 데려가자. 야외활동을 대신할 만한 놀이는 없다.

· 상상 장난감: 아이들은 환상의 세계에 들어가 노는 것을 좋아한다. 예전에 입던 옷, 모자, 신발, 장신구, 중고 계산기나 휴대전화 등 '어른용' 물건을 주면, 아이들이 상상을 통해 어른의 세계를 배우는 모습을 볼 수 있다. 새로운 행동과 아이디어를 실험해볼 수 있는 인형, 봉제 인형, 꼭두각시 인형, 자동차 등을 가지고 노는 것도 좋아한다. 단, TV 프로그램이나 영화에 나오는 장난감, 모형은 피하자. 그럴 경우 아이들은 본인의 상상력과 창의력을 발휘하기보다 이미 알고 있는 이야기를 구현하려는 경향이 있기 때문이다.[19]

'스크린 타임'[20]에 관하여

교사들은 아이들에게 컴퓨터, 비디오, TV, 비디오게임을 비롯한 전자기기를 주는 것을 어떻게 생각하는지 자주 묻는다. 전자기기보다는 활동적인 놀이를 할 때 얻는 것이 더 많다. 상당수의 아이가 이미

---

19.   나이에 적합한 장난감에 대한 추가적인 정보가 궁금하다면, 『장난감: 교육을 위한 도구*Toys: Tools for Learning*』(워싱턴 D.C., 전미유아교육협회, 1999)를 참고하자.

20.   역주: 전자기기에 노출되는 시간을 뜻한다.

집에서 필요 이상의 TV와 비디오를 보고 있기 때문에, 보육 시설에서까지 화면을 볼 필요는 없다. 미국소아과학회는 2세 미만의 아이들이 TV에 전혀 노출되지 않을 것을(그렇다. 아예 안 된다) 권고한다. 8세까지는 스크린 타임이 두뇌발달에 부정적인 영향을 미친다고 하는 전문가들도 있다. 교육적 소프트웨어도 다양하게 나오긴 하지만, 아이들에게는 화면 앞에서 보내는 시간보다 활동적인 놀이, 사회성 훈련 그리고 또래 친구들이나 자신을 아끼는 어른들과의 놀이와 소통이 훨씬 더 필요하다.

TV와 비디오를 보는 것은 기본적으로 수동적인 활동이다. 화면 앞에 앉은 아이의 머릿속에서 비판적 사고는 거의 일어나지 않는다. 소위 말하는 '교육 프로그램'도 그다지 도움이 되지 않는다. 유아용 채널에서 흔히 보이는 정신없이 반짝거리는 화면은 주의력 유지에 부정적인 영향을 준다. 화면에서나 볼 수 있는 특수효과나 즐거움을 기대하고 학교에 간 아이들이 교실에서 이뤄지는 교육을 지루해한다는 연구 결과도 있다. 아이들의 주의 지속 시간, 이해력, 언어능력이 급격히 저하되고 있다고 보고하는 교사도 많다.

컴퓨터를 활용하는 능력은 우리 사회에서 매우 중요한 삶의 일부임이 틀림없다. 아이들에게 컴퓨터 활용법 훈련 기회를 주는 것은 가치 있는 일이다. 어디까지나 8세 이후부터는 말이다.[21]

---

21.   영유아원에서의 놀이와 장난감에 대해 더 많은 정보가 필요하다면 마사 B. 브론손의 「출생부터 8세까지 아이들에게 적합한 장난감: 발달을 위한 장난감 고르기 The Right Stuff for Children Birth to 8: Selecting Play Materials to Support Development」(워싱턴DC: 미국 유아교육협회, 1995)를 보자. 미국 유아교육협회 홈페이지 www.naec.org와 소비자제품안전위원회 홈페이지 www.cpsc.gov에서도 더 많은 정보를 얻을 수 있다.

아이들은 늘 수많은 애로사항을 만들어내고, 따라서 아무리 열정적이고 사랑이 넘치는 교사라도 아이들을 가르치고 돌보는 일은 힘들 때가 있는 법이다. 그래도 아이들이 함께 놀고 협력하는 방법, 아이들이 지닌 인간의 무한한 잠재력과 아이들의 신비한 세계를 이해하려 한다면 모든 시간과 노력이 소중하게 느껴질 것이다.

상당수의 아이가 이미 집에서 필요 이상의 TV와 비디오를 보고 있기 때문에, 보육 시설에서까지 화면을 볼 필요는 없다.

마법 같은
격려의 힘

06

격려는 마법과 같다. 앞에서 말했듯이, **'어긋난 행동을 하는 아이는 낙담한 아이'**이다. 볼드체로 쓰인 바로 앞 문장을 다시 한번 읽어보자. 그리고 생각해보자. 만약 문제행동을 보이는 아이가 위축된 아이라면, 문제행동을 저지하기 위한 가장 좋은 방법은 무엇일까? 간단하다. 격려를 해주는 것이다.

부동산 업계에서는 자산을 매입하기 전에 고려해야 할 세 가지 항목이 있다고 한다. 첫째가 위치, 둘째도 위치, 셋째도 위치이다. 아이를 훈육할 때도 비슷한 말을 할 수 있다. 세 가지만 기억하면 성공할 수 있다. 격려하고, 격려하고, 또 격려하는 것이다.

> 만약 문제행동을 보이는 아이가 위축된 아이라면, 문제행동을 저지하기 위한 가장 좋은 방법은 무엇일까? 간단하다. 격려를 해주는 것이다.

부동산에서 위치가 중요하다는 것은 당연한 사실이다. 그러나 훈육에서 격려가 아이들의 행동에 긍정적, 부정적 영향을 끼친다는 것은 언뜻 당연해 보이지 않을 수 있다. 일반적으로 격려는 문제행동을 보상하고 강화한다고 생각되기 때문이다. 그러나 이런 일반적인 생각을 뛰어넘어, 무엇이 문제행동을 초래하며 올바른 행동을 장려하기 위해선 어떻게 해야 하는지, 긍정훈육을 통해 그 이해를 돕고자 한다.

3장에서 문제행동의 주된 원인이 소속감의 부족이라는 것을 설명한 바 있다. 또한, '어긋난 목표에 대한 표'에서 아이들이 소속감을 느끼지 못할 때 어떤 문제행동을 보이고, 결과적으로 어떻게 성장하는지도 알아보았다.

지금까지 훈육에 관한 많은 제안을 내놓았고, 뒷부분에서도 더 많은 제안을 할 것이다. 이 장에서는 모든 긍정훈육 방식이 격려를 기반으로 한다는 걸 강조하고 싶다. 격려에는 세 가지 요소가 있다. 이 모든 요소가 충족될 때, 격려는 문제행동을 교정할 뿐 아니라 아이가 건강한 자아개념을 확립하고, 행복하고 생산적인 삶을 살며, 세상을 바꿀 수 있는 기술을 쌓을 수 있도록 해준다.

격려의 3대 요소는 아이들이 균형 잡힌 세계 시민으로, 또 보육 시

격려의 3대 요소

1. 유대감 주기
2. 삶의 기술을 함양할 수 있다는 자신감 심어주기
3. 사회적 관심 심어주기

설의 일원으로 성장하도록 하기 위해서
필수적이다. 세 가지 중 하나만 빠져도 문
제가 생길 수 있다. 예를 들어 아이가 소
속감은 느끼지만 자신감이 없거나 사회적
관심이 부족하다면 매우 자기 중심적이 될 수 있고, 지나친 관심을 바
라거나 과도한 요구를 할 수도 있다. 이것이 때로는 칭찬이 크게 해로
울 수 있는 이유이다.(칭찬과 격려의 차이는 뒤에서 자세히 설명하려 한다.) 자
신감과 삶의 기술은 있지만, 소속감이나 사회적 관심이 부족한 아이
는 다른 사람에게 복수하기 위해, 혹은 자신의 이익만을 위해 삶의 기
술을 사용할 수도 있다. 사회적 관심은 있지만 다른 두 가지 요소가
부재할 경우, 지나칠 정도로 자기 자신을 챙기지 않게 되면서 '인정받
는 것에만 눈이 먼 사람'이 되거나, 자신을 희생하면서까지 '남의 비
위를 맞추려는 사람'이 될 수도 있다.

일상에서 격려하기

그렇다면 눈앞의 아이가 문제행동을 보일 때 어떻게 격려를 하면
될까? 아이가 불쾌한 행동을 하거나 무례하게 군다든지, 과도한 요구
를 하거나 말을 듣지 않을 때, 떼를 쓰거나 다른 사람을 다치게 할 때
는 어떻게 하면 좋을까? 구체적인 대처 방법은 2부 〈아이 돌봄의 모든
것〉에서 기술하도록 하고, 이 장에서는 다양한 상황에서 사용할 수 있
는 격려의 도구에 집중해보자.

스스로를 격려하자

문제행동을 보이는 아이를 위축된 아이라고 생각하는 게 얼마나 힘든지 알고 있을 것이다. 아이가 사랑스럽지 않은 행동을 할 때야말로 아이가 사랑을 가장 필요로 하는 순간이라는 것을 항상 떠올리기란 쉽지 않다. 그럴 때는 감정을 추스르고 이성적으로 생각하기 위해 자신에게 긍정적 타임아웃을 거는 것도 하나의 방법이다. "내가 지금 좀 감정적인 상태야. 기분이 좀 나아질 때까지 타임아웃을 할게"라고 말해주며 내 감정을 아이와 공유하는 것도 좋다.

아이에게 훌륭한 본보기가 될 수 있다. 어른도 아이들과 마찬가지다. 기분이 나아지면 더 적절한 행동을 할 수 있다. 기분이 나아진 후 아이에게 이 책에서 제안하는 훈육방식들을 적용해보길 바란다.

> 그럴 때는 감정을 추스르고 이성적으로 생각하기 위해 자신에게 긍정적 타임아웃을 거는 것도 하나의 방법이다.

어긋난 행동의 이유 알아내기

아이의 문제행동 때문에 감정적으로 영향을 받았을 때 그 아이를 '위축된 아이'라고 생각하기란 쉽지 않다. 그저 막무가내에, 소속감을 느끼는 데엔 관심이 없는 아이로만 보일 수 있다. 성숙함과 심신 건강, 인간 행동에 대한 이해를 갖추어야만 부정적 관심이나 힘겨루기, 복수의 연쇄, 무능하다는 생각에서 오는 무력감 등을 떨쳐낼 수 있다. 이를 인지하고 격려의 도구를 사용해본 어른이라면 격려가 아이와 자신에게 큰 보람을 가져다준다는 것을 잘 알 것이다.

아무리 감정이 북받쳐서 문제행동을 보이는 아이를 격려하기가 쉽지 않더라도, 늦든 빠르든 결국에는 아이가 문제행동을 통해 무언가를 말하고자 한다는 사실을 기억해낼 수 있을 것이다. 문제행동의 이유를 알고 싶다면 '어긋난 목표행동차트'(63쪽)를 참조할 수 있고, 표의 마지막 열을 토대로 어떻게 격려하면 좋을지 아이디어를 얻을 수도 있다. 그러면 격려의 방식으로는 어떤 것이 있는지 더 자세히 살펴보자.

"네 도움이 필요해."

자신이 누군가에게 필요한 사람이라고 느껴진다는 것은 굉장히 고무적인 일이이다. 또한 다른 사람에게 도움을 주는 과정에 아이를 참여시킴으로써 아이에게 격려의 3대 요소를 다 가르쳐줄 수도 있다. 부정적 관심을 갈구하는 아이에게 "선생님은 너의 도움이 필요해"라고 말하면서 건전한 관심을 받을 수 있는 방법을 제시해줄 수 있다. 힘겨루기하려는 아이에게 이 같은 말을 해준다면 힘겨루기를 멈추고 그 힘을 협력하는 데 쓰자는 뜻을 효과적으로 전해줄 수 있다.

보복을 원하거나, 자신이 무능하다고 생각하는 아이들에게는 도움을 청하기 전에 해야 할 일이 있다. 보복을 원하는 아이의 경우 자신이 상처받았다는 것을 교사가 알아준다고 느끼기 전까지는 '도와달라'는 교사의 소리가 들리지 않을 것이다. 그러나 아픔에 공감해주고 나면 대개는 도와주려 할 것이고, 그럼으로써 더 강한 소속감을 느끼곤 한다. 무력감을 느끼고 포기해버린 아이의 경우엔 스스로 작은 성취감을 느낄 수 있도록 도와주는 일이 먼저다. 그러고 나서 교사나 다른 아이를 돕는다면 자신을 얼마나 쓸모 있게 느낄지 상상해보자. 학급회의가 그토록 효과적인 이유 중 하나가 아이들이 서로를 돕는 일에 참여하게 하기 때문이다. 정말 강력한 도구다.

안아주기

바비는 또 블록을 정리하지 않겠다고 버텼다. 센터Senter 선생님은 바비에게 이렇게 말하고 싶었다. "의자에 앉아서 네가 지금 얼마나 못됐는지 생각해봐. 내가 앞으로 너한테 뭐 해주나 봐라, 이 꼬맹아." 하지만 선생님은 그렇게 말하는 대신 진정하기 위해 심호흡을 깊게 한 후, 바비 옆에 앉아서 이렇게 물었다. "선생님은 포옹이 필요해. 선생님을 안아줄 수 있겠니?"

바비는 매우 놀라고 또 혼란스러워 보였다. 예상치 못했던 일이었기 때문이다. 그러나 선생님이 따뜻하게 두 팔을 벌리자 바비도 선생님을 안아주었다. 몇 초간 뻣뻣하게 굳었었지만, 둘은 곧 땅바닥에서 장난을 치며 뒹굴게 됐다.

선생님이 "자 그럼, 이 블록들을 치울 수 있는 가장 빠른 방법은 무엇일까?"라고 묻자 바비는 다시 한번 놀랐다. 바비는 지금까지 "블록들 치워"라는 명령만 들었었고, 그럴 때마다 싫다고 버티곤 했다. 센터 선생님의 질문은 바비가 자신의 힘을 건설적으로 잘 쓸 방법을 생각해내게 했다. 바비는 "누가 더 빨리 하나 볼까요?"라고 말했다. 그리고 15초도 되지 않아 모든 블록이 정리되었다.

> 포옹에는 부정적인 감정으로부터 빠져나올 수 있도록 도와주고, 모든 아이에게 필요한 유대감을 주는 엄청난 힘이 있다. 포옹은 서로 협력하기 좋은 긍정적인 학습 환경을 조성하기도 한다.

포옹에는 부정적인 감정에서 빠져나올 수 있도록 도와주고, 모든 아이에게 필요한 소속감을 주는 엄청난 힘이 있다. 포옹은 서로 협력하기 좋은 긍정적인 학습 환경을 조성하기도 한다.

단, 아이에게 스킨십을 하기 전에 안아줘도 되는지 묻는 것이 현명하다. 아이들은 누구와, 언제, 어떤 스킨십을 할지 늘 스스로 결정할 수 있어야 한다. 아이에게 "지금 안아주고 싶은데, 그래도 괜찮겠니?"라고 묻거나 센터 선생님이 바비에게 했던 것처럼 "안아주겠니?"라고 할 수도 있다.

여느 방법이 모두 그렇듯, 포옹이 모든 문제를 해결할 수는 없다. 그 어떤 방법도 만능은 아니다. 그렇기에 우리는 다양한 격려의 도구를 사용해야 한다. 바비가 선생님에게 포옹을 해주지 않았을 수도 있다. 그러면 "그래, 하지만 네가 준비된다면, 선생님을 안아줬으면 좋겠어"라고 말하고 자리를 떠날 수 있다. 이 상황에서 아이 역을 맡았던 어른들은 자신에게 결정권이 있음을 느꼈다고 했다. 바로 포옹을 하지 않아도 됐지만, 언제든 해도 된다는 선택지가 있다는 것 자체가 긍정적으로 다가왔고, 그렇게 선택지가 주어진 상태에선 부정적인 행동을 계속하기가 쉽지 않았다고 말한다.

특별한 시간 보내기

교사를 가장 힘들게 하는 아이를 골라서 그 아이와 몇 분 동안 특별한 시간을 보낼 방법을 생각해보자. 돌봄 센터에 오자마자 그 아이 옆에 가까이 앉아서 "어제 했던 일 중 제일 재미있었던 게 뭐야?"라고 물어볼 수도 있다. 그런 다음 자신의 어제 일과 중 가장 재미있었던 일을 말해주는 것이다. 아니면 같이 서서 등원하는 아이들에게 악수하며 인사를 나누자고 하거나, 점심시간에 옆자리를 맡아뒀다며 같이 점심을 먹자고 할 수도 있다.

아이들이 이런 특별한 시간을 통해 얼마나 바뀔 수 있는지를 보면 교사는 깜짝 놀랄지도 모른다. 문제행동을 보이는 아이는 소속감과 자존감이 부족해서 위축된 아이라는 점을 기억해내기 전이라면 말이다. 하루에 단 몇 분만이라도 특별한 시간을 보내면, 아이는 그 시간을 통해 소속감을 느끼고 문제행동을 해야 할 이유도 사라질 수 있다.

> 하루에 단 몇 분만이라도 특별한 시간을 보내면, 아이는 그 시간을 통해 유대감을 느끼고 문제행동을 해야 할 이유도 사라질 수도 있다.

아이를 참여시키기

샌디는 집에서 보육 시설을 운영하는 싱글맘이다. 샌디와 그녀의 두 아들이 좌절감을 느꼈을 때, 샌디는 그토록 사랑하던 일을 그만둘 뻔하기도 했다. 다음의 이야기는[22] 샌디가 격려의 도구를 이용해 어떻게 문제를 해결했는지를 보여준다.

샌디에겐 각각 네 살과 여섯 살인 아들 카일과 조이가 있다. 샌디는 자신이 참여한 육아 모임에서 도움이 필요하다고 말했다. 샌디는 거의 울먹이며, 보육원 일을 제대로 하고 싶은데 조이가 너무 힘들게 한다고 했다. "자기보다 어린 애들을 놀리고, 때리고, 장난감을 뺏고, 못된 말

---

22. 제인 넬슨, 셰릴 어윈, 캐럴 델저Carol Delzer의 『긍정의 훈육: 한부모 편Positive Discipline for Single Parents』, 2차 개정본(로즈빌, CA: 프리마출판사, 1999), p. 113-118

을 써요. 나이가 많은 애들하고는 놀이기구 사용 문제로 다투고요. 학교에서나 다른 친구 집에서는 안 그런다는데 저와 있을 때만 그런 문제 행동을 보여요. 어느 정도로 심하냐면, 당장 집에 오는 애들을 받지 않고 조이에게 필요한 관심을 쏟아야 하나 싶을 정도에요. 제 생각엔 제가 싱글맘이기도 해서 조이가 다른 아이들과 저를 공유하고 싶지 않다는 마음에 제가 어린이집을 하는 걸 잘 못 받아들이는 거 같아요. 계속 저에게 불공평하다고 그래요."

샌디는 조이에게 6월부터 어린이집을 그만두겠다고 말했다. 자기만 믿고 있는 가족을 부양하기 위해서는 돈이 필요했기 때문에 그보다 더 일찍 그만둘 수는 없었다. 어린이집을 그만두면 어떻게 돈벌이를 할지 생각해두진 않았지만 당장은 조이를 걱정하는 마음이 더 컸다.

육아 모임 진행자는 어린이집을 정말 그만두고 싶냐고 물었다. 샌디는 이렇게 답했다. "아니요. 너무 좋아하는 일인걸요. 그렇지만 조이가 더 중요해요. 저는 조이와 평화롭고 사이좋게 지내고 싶어요. 조이의 자존감이 걱정되기도 하고요."

진행자는 미소를 지었다. 그러고는 이렇게 물었다. "그렇다면 어린이집 일을 계속하면서도 조이와 평화롭고 사이좋게 지내고, 또 조이의 자존감까지 올려줄 방법을 들어보시겠어요?"

샌디는 망설이지 않고 당장 알려달라고 했다. 진행자는 이렇게 물었다. "좋습니다. 우선 가장 기본적인 것들을 살펴본 후 몇 가지 제안을 하도록 하죠. 조이가 받아들일 수 없기 때문에 어린이집 일을 그만둬야 하는 게 맞는 건가요? 정말로 조이를 원망하지 않을 자신이 있나요?"

샌디는 잠시 생각하더니 답했다. "아뇨, 못할 것 같아요. 단지 다른 방법이 없어서 그만둬야겠다고 생각했어요."

"만약 그만두고 싶지 않은데 그만두게 된다면 누가 결정권을 가지게 된 셈이 될까요?" 진행자가 물었다.

"음, 당연히 조이겠죠?" 샌디가 어깨를 으쓱하며 답했다. "건전하지 않은 방법이라는 건 알지만, 다른 도리가 없어요. 조이에겐 제 관심이 필요한 건 분명하니까요."

진행자는 말을 이어나갔다. "조이가 자신의 감정을 미끼로 원하는 대로 당신을 휘두를 수 있다고 생각하게 만드는 건 조이에게 어떤 메시지를 전달할까요?"

그쯤 되자 샌디는 씁쓸한 웃음을 지었다. "자기가 폭군처럼 굴어도 된다고 생각하게 될 거에요. 실제로 저도 그렇게 느껴요. 너무 혼란스럽네요. 전 조이를 사랑하고 좋은 엄마가 되고 싶어요. 하지만 조이 때문에 제가 좋아하면서 집에서 할 수 있는 일을 그만두게 된다는 건 화가 나요. 집에서 돌봄 센터를 운영하는 게 아이들과 떨어지지 않으면서도 돈을 벌 수 있는 완벽한 길 같았는데, 그 꿈만 같았던 일이 이젠 악몽이 되어버렸어요. 뭘 어떻게 해야 할지 모르겠어요."

진행자는 모임원 모두에게 말했다. "이제 브레인스토밍을 해봅시다. 우리가 샌디와 조이를 도울 수 있는 아이디어를 몇 개나 낼 수 있는지 볼까요?"

모임 사람들은 샌디가 시도해볼 만한 다양한 아이디어를 냈고, 조이에게 가장 편안하게 다가오는 의견을 골라보라고 했다. 조이는 마음에 드는 의견이 많았지만, 그중 몇 가지만 선택해서 조합해보았다.

- 둘 다 감정이 안정된 상태일 때 만나서 '협력을 이끌어내는 4단계' 시도해보기.(뒤쪽에 자세히 나와 있다.)
- 조이가 다른 사람들과 나누지 않고 혼자만 가질 수 있는 물건을 정하기.
- 다른 사람 없이, 조이 (그리고 카일과) 단둘이 특별한 시간 보내기
- 조이가 중요한 일로 남에게 도움이 되고 있다고 느끼면서 용돈도 벌 수 있는 일을 주기
- 조이가 소속감을 느끼고 자존감을 높일 수 있도록 문제에 대한 답을 찾는 과정을 함께하기
- 비슷한 상황에 놓인 사람들과 경험을 공유하며 위로받기

샌디는 마지막 아이디어부터 시작하기로 했다. 지역 육아협회의 베티에게 전화를 걸어 상황을 이야기했다. 베티는 웃으며 말했다. "저도 그랬던 적이 있었는데, 그 시기가 지나가서 얼마나 기쁜지 몰라요! 우리 애들이 어렸을 때 똑같은 일이 있었어요. 제 생각에 자연스러운 현상인 거 같아요. 꼭 싱글맘이라서가 아니라, 아이들에겐 엄마를 공유한다는 게 쉽지 않은 것 같아요. 저에게 도움이 됐던 방법은 두 가지예요. 하나는 애들이 "불공평해!"라고 말하는 것에 반응하지 않는 거였는데, 그렇게 하니까 애들이 그 작전은 쓰지 않았어요. 대신 애들이 다른 애들하고 나눠 쓰지 않아도 되는 우리 아이들만의 장난감을 사줬어요. 또 아이들에게 엄마가 자기들과 함께 있으면서도 돈을 벌어 필요한 것들을 살 수 있다는게 얼마나 좋은지 말해줬어요. 그렇게 하니까, 아이들이 싫은 일에도 좋은 점이 있구나 하고 알더라고요."

베티와 이야기한 후, 샌디는 아이들과 시간을 보내면서도 돈을 벌고자 하는 마음이 잘못되지 않았다고 느끼게 됐다. 노력해볼 가치가 있는 일이라고 느끼며 힘을 얻었다. 베티는 집에서 어린이집을 운영하면서 따로 나가서 일하지 않고 아이들과 있어도 될 정도로 돈을 벌었으며 그 돈으로 아이들을 대학까지 보냈다. "물론 문제도 있고 난관도 있었지만, 힘든 일 하나 없는 일이 어디 있겠어요. 그렇지만 장점이 단점보다 훨씬 크다고 생각해요."

조언을 받고 나자, 샌디는 조이의 컵을 채워주고 문제를 해결하기 전에, 강인한 마음가짐과 격려를 통해 자기자신의 컵을 채우는 것의 중요성을 깨달았다. 엉뚱한 죄책감을 버리자 조이와 함께 더 긍정적인 방향으로 해결책을 찾을 수 있었다. 이제 준비가 되었으니, 샌디는 '협력을 이끌어내는 4단계'를 시도해보기로 했다.

육아 모임에서 돌아온 샌디는 아직 안 자고 있는 조이를 보고 반가워했다. 카일은 이미 꿈나라에 가 있었기 때문에, '협력을 이끌어내는 4단계'를 시도해보기에는 딱 좋은 타이밍이었다. 샌디는 조이에게 물었다. "이불 덮어주는 시간 동안 우리 둘이 특별한 대화를 해볼까?"

"음, 그래요." 조이가 대답했다.

샌디는 이어서 말했다. "혹시 엄마가 다른 많은 아이를 돌볼 때, 엄마한테 조이가 별로 중요하지 않다고 느끼니?"

샌디가 제대로 짚었다. 조이는 조금 화난 목소리로 "내 물건을 모두가 다 같이 써야 하는 건 불공평해요!"라고 말했다.

샌디는 조이가 한 말을 반영해주고 조이의 감정에 공감해주었다. 조이에게 이해한다고 말하며 자신의 이야기를 해주었다. "그렇게 느낄 수 있을 거 같아. 엄마도 어렸을 때 할머니가 이모랑 모든 옷을 나눠 입으 라고 했거든. 심지어 엄마가 진짜 좋아하는 옷들도. 그때 정말 싫었어. 지금 보니 엄마가 모두에게 공평하게 하려다가 조이를 아주 불공평하 게 대했던 거 같아. 조이가 불공평하다고 엄마한테 말했는데도 조이의 저녁 식사 의자도 같이 앉으라고 하고 말이야. 엄마가 조이 기분을 많 이 생각해주지 못해서 미안해. 이제부터는 안 그럴게."

조이는 엄마가 자신을 이해해준다고 느꼈다. 엄마가 잘못을 인정하자, 감동해서 울기 시작했다. "너무 못되게 굴어서 미안해요, 엄마."(아이들 은 이해받았다고 느낄 때 안도의 눈물을 흘리곤 한다. 또, 어른이 무례한 행동에 대해 인 정하고 사과하는 일은 아이들도 똑같이 할 수 있도록 해방감을 준다.)

샌디는 조이를 다독였다. "조이는 못된 아이가 아니야. 우리 둘 다 실수 를 좀 한 것뿐이야. 엄마 생각에 우리는 함께 해결책을 찾을 수 있을 거 같아. 먼저 엄마가 어떻게 느끼는지 들어볼래?"

조이는 코를 훌쩍이며 알겠다고 했다.

샌디는 조이를 끌어당기고는 이렇게 말했다. "조이는 엄마에게 그 어떤 일보다도 중요해. 그리고 엄마는 너희와 떨어져서 일하지 않도록 집에서 어린이집을 계속하고 싶어. 엄마는 일하면서도 조이랑 함께 있는 게 정말 좋아. 엄마가 계속 그렇게 할 수 있도록 도와줄 수 있겠니? 엄마 생각에 조이가 굉장히 좋은 아이디어들을 가지고 있을 거 같은데. 그동안 못 들었지만, 지금 정말 듣고 싶어."

조이는 씩 웃으며 좋다고 했다.

샌디와 조이가 세운 계획은 다음과 같다. 샌디와 조이는 매일 15분간 특별한 시간을 가지기로 했다. 이 시간엔 전화도 쓰지 않고 동생이나 다른 아이들도 신경 쓰지 않기로 했다. 조이는 카일도 똑같이 특별시간을 가져야 한다는 것에 동의했고 언제가 좋을지는 서로 편한 시간을 이야기해서 맞춰가기로 했다. 가족회의 시간에는 한 명이 엄마와 특별한 시간을 보내는 동안 다른 한 명은 뭘 하면 좋을지 브레인스토밍을 해보기로 했다.

조이는 엄마를 도우면서도 용돈을 벌 수 있다는 데에 신이 났다. 조이가 어린이집 아이들 모두를 위해 점심을 준비하는 대신 하루에 1달러를 받기로 했다. 조이는 장난감을 정리하거나 바닥을 쓰는 등 다른 일도 하고 싶다고 했다. 또한, 엄마와 조이는 앞으로 조이의 허락 없이는 다른 아이가 조이의 저녁 식사 의자에 앉을 수 없다고 정했다. 마지막으로, 앞으로도 마음이 쓰이는 일이 있다면 대화를 통해 모두가 존중받는다고 느낄 수 있는 해결책을 찾기로 했다.

다음 육아 모임에서 샌디는 흥분해서 이야기했다. "일이 얼마나 잘 풀

렸는지 믿을 수 없어요. 조이가 일을 도와줄 뿐만 아니라 문제행동을 하기는커녕 자존감도 높아졌어요. 가족회의 시간에는 조이가 카일한 테 집에서 일하는 엄마 밑에서 자라는 게 얼마나 행운인지 모른다고 말했어요. 조이에게 문제를 같이 해결하자고 하면, 좋은 아이디어도 정말 많이 말해줬어요. 제가 조이를 얼마나 사랑하는지 말해줄 수 있어서 정말 기뻐요. 조이가 제 마음을 알아줘서 행복해요. 모두 정말 감사드려요!"

샌디는 한쪽이 일방적으로 이기거나 지는 상황에서 벗어날 방법을 찾은 것이다. 샌디의 희생으로 조이가 '이기거나' 조이의 희생으로 샌디가 '이기는' 건 건강하지 못한 방법이었을 것이다. 아이들의 협력을 '이끌어내는' 방법을 찾을 때, 누가 통제권을 가지고 있느냐는 중요한 게 아니다.

> 세상에 나쁜 아이는 없다. 위축된 아이가 있을 뿐이다.

어른이든 아이든, 종종 아이들이 '나쁜' 행동을 한다고 생각한다. 하지만 세상에 나쁜 아이는 없다. 위축된 아이가 있을 뿐이다. 아이들은 위축되면 문제행동을 보인다.

칭찬과 격려의 차이

칭찬이 중요하다는 건 누구나 알고 있다. 냉장고에 '아이를 칭찬하는 100가지 방법' 같은 쪽지를 붙여둔 부모들이 수두룩하다. 이런 부모들은 아이의 모든 행동을 칭찬하고, 그려오는 그림마다 벽에 걸어

두며, 자신이 아이의 자존감을 높여주고 있다고 생각한다. 하지만 아이가 진심이 담기지 않은 칭찬이나 과도한 칭찬을 받게 되면 남의 비위를 맞추거나 인정을 받는 것에만 집착하게 될 수도 있다. 다른 사람의 인정을 받을 때만 스스로가 가치 있다고 느끼는 사람이 되어버리는 것이다.

Encouragement라는 영어 단어에서도 알 수 있듯이, 격려란 아이에게 용기courage를 주려는 노력을 말한다. 용기란 아이가 엄마, 아빠, 선생님이 보고 있지 않더라도 옳은 일을 할 수 있는 힘이다. 용기를 뜻하는 영어 단어 'courage'의 어원은 프랑스어의 'coeur', 즉 마음이다. 다시 말해 'en-courage'는 '마음을 주다'라는 뜻이 되고, '위축시키다'라는 뜻인 'dis-courage'는 '마음을 빼앗다'라는 뜻이 된다. 격려받은 아이란 옳다고 생각되는 결정을 내릴 내적 용기를 품고 자란 아이,

> 하지만 때론 아이가 칭찬을, 특히 진심이 담기지 않은 칭찬이나 과도한 칭찬을 받게 되면 남의 비위를 맞추거나 인정을 받는 것에만 집착하게 될 수도 있다. 다른 사람의 인정을 받을 때만 스스로가 가치 있다고 느끼는 사람이 되어버리는 것이다.

다시 말해 흔들리지 않는 '진정성'을 가진 아이이다. 부모로서는 이것이야말로 유혹으로 가득 찬 세상을 살아갈 아이가 지녔으면 하는 덕목이 아닐까?

칭찬은 사람에 집중한다. "점심 먹은 식탁을 정리하다니 정말 착한 아이구나"라는 식이다. 반면 격려는 노력에 집중한다. "사물함을 정말 열심히 정리했다는 걸 알 수 있구나. 고마워. 정말 뿌듯하겠다." 이렇게 말해주는 것은 격려가 된다. 칭찬은 성적표에 A가 얼마나 많은지에 집중하는 반면, 격려는 무엇을 배웠는지에 관심을 보인다. 칭찬

을 받는 아이는 의존적인 사람이 된다. 격려를 받는 아이는 자신감 넘치고, 자립적이며 진정으로 자존감이 높은 사람이 된다. 칭찬과 격려의 차이점을 더 자세히 알고 싶다면 뒤에 나올 표를 참조하자.

어른들은 종종 칭찬을 통해 아이에게 자존감을 '줄' 수 있을 거라고 착각한다. 하지만 앞에서 말했듯이 칭찬은 역효과를 불러일으킬 때가 있다. 자존감은 삶의 기술을 습득할 때, 즉 '역량을 쌓을 수 있는 경험'이 축적될 때 자연스레 발달한다. 보육 시설의 원생이 처음으로 혼자 신발 끈을 묶거나 우유를 따르는 데에 성공했을 때 아이가 어떤 기분일지를 생각해보면 이해가 될 것이다. 아이에게 책임을 다할 수 있도록 참여할 기회를 주고, 이를 위해 필요한 기술을 가르쳐줄 때 얻을 수 있는 숨은 축복은, 아이가 칭찬이라는 말로는 결코 느낄 수 없는 자신감과 자긍심을 기를 기회를 준다는 것이다. 자존감은 '줄' 수 있는 게 아니다. 아이의 마음속에서 자라나는 것이다.

격려받은 아이는 인생에서, 혹은 인간관계에서 갈림길에 섰을 때 자신의 결정이 옳은 결정이라는 믿음을 가지고 앞으로 나아가게 된다. 올바른 일을 하면 칭찬받는다고 기대하도록 길러진 아이는 자신의 결정이 칭찬받지 못했을 때 갈피를 잡지 못하고 위축된다.

> 자존감은 '줄' 수 있는 게 아니다. 아이의 마음속에서 자라나는 것이다.

사회적 관심의 미학

알프레드 아들러는 모든 인간에게 사회에 이바지하고, 가진 것을

칭찬과 격려의 차이점 [23]

	칭찬	격려
사전적 정의	1. 높이 평가하다. 2. 추어주다; 특히 완벽이라는 특성을 부여한다. 3. 인정의 표현	1. 용기가 솟아나도록 북돋게 하다. 2. 고취하다; 독려하다.
인정하는 대상	완전히 끝난, 완벽한 성과물	노력과 과정
태도	시혜적, 상대를 조종하려는 태도	존중, 감사의 태도
"나는"으로 시작하는 문장	평가: "나는 네 앉은 자세가 마음에 들어."	감정표현: "나는 네가 협력해준 게 고마워."
언제 자주 쓰는가	아이에게, "넌 정말 착한 아이구나."	어른에게, "도와줘서 고마워."
예시	"네가 수학에서 A를 받아서 자랑스럽구나." (아이가 이룬 성과의 소유권을 빼앗는 표현)	"A라는 점수는 네가 그동안 열심히 해온 노력을 보여주는구나."(아이가 이룬 성과의 소유권과 책임을 인정하는 표현)
수혜자에게 원하는 것	다른 사람을 위해 자신이 변화할 것	스스로를 위해 자신을 변화할 것
통제 소재	외적: "넌 어떻게 생각해?"	내적: "난 어떻게 생각하지?"
가르쳐주는 것	무엇을 생각해야 하는지	어떻게 생각해야 하는지
목표	순응: "맞게 했어."	이해: "어떻게 생각하고, 느끼고, 배웠니?"
자존감에 미치는 영향	다른 사람이 인정해줄 때만 자신이 가치 있다고 느낌	다른 사람의 인정 없이도 스스로 가치 있다고 느낌
장기적 영향	타인에게 의존하게 됨	자신감과 자주성을 얻음

나누며, 우리의 가정과 공동체와 세상을 더 나은 곳으로 만들고자 하는 욕망이 있다고 믿었다. 신문에서 발췌한 다음의 예시를 보자.

---

23. 이 표는 캘리포니아 새크라멘토의 부모교사이자 부모교육 수업 지도자인 보니 G. 스미스Bonnie G. Smith와 주디 딕슨Judy Dixon의 표를 토대로 만들어졌다.

- 2001년 9·11 테러 이후 미국 전역의 아이들은 레모네이드와 빨간색, 흰색, 파란색의 리본을 팔아 소방관들이 신는 장화를 위한 기부금을 모금했다. 이렇게 모금한 기부금은 미국 적십자사를 통해 희생자들을 돕는 데 쓰였다.
- 한 학급에서는 항암치료로 머리카락을 전부 잃은 친구를 위해 아이들이 전부 삭발하고 햇빛 아래 대머리를 반짝이며 그 친구와 함께 자랑스럽게 단체 사진을 찍었다.
- 한 초등학교에서는 아이들이 요양원의 어르신들과 친구를 맺었다. 매주 그림을 그려서 드리고, 노래를 부르고, 쿠키를 나눠 먹는 등 즐거운 시간을 함께 보냈다.

위 세 가지 상황에서 아이들이 받은 '보상'이라곤 베풀 때의 즐거움뿐이었다. 이와 같이 격려는 받기만 하는 것이 아니다. 다른 사람에게 줄 수도, 나눌 수도 있다. 아주 어린아이라도 다른 사람의 일을 도와줄 수 있고, 포옹을 해주거나 웃어줄 수 있고, 쿠키를 나눌 수 있다. 아이가 소속감을 느끼고 훌륭한 성품을 가꾸도록 하는 데에 나누는 법을 배우는 것만큼 좋은 건 없을 것이다.

어린이집과 유치원에서도 아이들이 사회적 관심을 기를 기회는 분명 많이 있을 것이다. 선생님을 도울 수도 있고, 친구를 도울 수도 있다. 길가에 버려진 쓰레기를 줍거나, 공원에 꽃을 심거나, 병원이나 양로원을 방문하는 등 지역 공동체를 더 나은 곳으로 발전시킬 수도 있다. 같이 모여서 다른 사람을 돕는 방법에 대해 브레인스토밍을 할 수도 있다. 다른 사람을 돕는 방안을 찾는 일은 자존감을 길러주고 삶의 기술을 가르쳐줄 뿐 아니라, 세상을 살아가는 우리 모두에게 필요한 소속감과 유능감을 준다.

이 책에서 제시하는 긍정훈육법을 계속 읽다 보면 곳곳에 격려의 요소가 스며들어 있다는 걸 알 수 있을 것이다. 긍정훈육의 목표는 모든아이가 소속감과 자존감을 느끼도록 하는 것이다. 아이가 다른 사람의 말에 귀를 기울이고, 문제를 해결하는 등 살아가는 데 필요한 능력을 쌓아, 스스로 뭐든 할 수 있다는 믿음을 가지도록 해주는 것이다. 긍정훈육은 또한 아이들이 다른 사람을 돕도록 장려하며, 사회적인 관심을 길러준다.

격려는 받기만 하는 것이 아니다. 다른 사람에게 줄 수도, 나눌 수도 있다.

특별한 도움이 필요한
아이 돌보기

제이미는 여섯 살이다. 제이미의 엄마이자 싱글맘인 미셸은 늦게까지 일한다. 마사네 어린이집을 알게 되었을 때 미셸은 한시름 놓았다는 생각이 들었다. 미셸은 마사에게 문의 전화를 했다. 제이미가 대사 이상 질환인 페닐케톤뇨증(PKU)를 앓고 있다는 사실을 말하며 특별한 식단을 지켜야 한다고 했다. 그러면서 이렇게 덧붙였다. "하지만 걱정하지 마세요. 제이미가 뭘 먹어도 되고 뭘 먹으면 안 되는지 스스로 알고 있기도 하고, 주로 제가 도시락을 싸서 보낼 거니까 괜찮을 거예요."

하지만 제이미는 그 나이 또래 아이들이 보통 그렇듯이 소속감을 느끼고 싶어 했고, 다른 아이들과 똑같이 행동하고 싶어 했다. 제이미는 질환 때문에 받은 특별한 간식이나 과자를 친구들과 함께 먹고 싶어 했다. 너무 많이 먹어서 질린 음식이나 좋아하지 않는 음식이 도시락에 있으면 친구들의 점심 메뉴 중 엄마가 평소에 잔소리하며 못 먹게 하는 음식들과 바꿔먹기도 했다. 마사는 제이미가 어떤 식단을 따라야 하는지 제대로 알지 못하고 있기도 했고, 식단을 지키지 않았을 때 어떤 심각한 일이 벌어지는지도 잘 알지 못했다. 그래서 제이미가 어련히 알아서 잘하겠거니 하고 믿었다. 안타깝게도 그것은 마사의 큰 실수였다. 제이미는 자신의 건강을 책임지기엔 너무 어렸고, 미셸도 일에 너무 지쳐 제이미가 제대로 식단을 지키고 있는지 매번 확인하지는 못했기 때문이다.

어느 날 오후, 지역 사회복지센터 직원이 마사를 찾아와 제이미에 대해 물었다. 제이미의 혈액검사 결과가 여러 차례 좋지 않았으며, 제이미가 의료적으로 필요한 부분을 제대로 제공받지 못했다는 보고서가 접수된 것이다. 사회복지사가 PKU 식단을 제대로 지켰냐고 물었을 때 마사는 놀라고 혼란스러워했다. "아마도요. 제이미 어머님이 제대로 설명을 안 해주셨어요. 그저 괜찮을 거라고 생각하고 있었어요." 오래 지나지 않아 제이미는 마사의 돌봄 센터를 떠났고, 마사는 후에 제이미의 혈액 수준이 안정될 때까지 의료 기관에서 지내야 했다는 걸 알게 됐다. 마사는 '내가 제이미의 상태를 제대로 알고 도와주었다면 얼마나 좋았을까' 하고 안타까워했다.

일반적으로 아이들을 생각하면 보통 뛰어다니고, 웃고, 노래 부르고, 폴짝폴짝 뛰는 모습 등이 떠오른다. 문제행동을 보이거나 장난감을 던지는 등 우리를 힘들게 하는 아이들을 생각할 때는 어떻게 그 아이의 문제행동이나 위축된 모습, 반항 또는 여타 발달적 문제를 해결할까 고민하는 정도로 그친다. 하지만 그보다 훨씬 더 복잡한 사정이 있는 아이들도 있다. 다른 아이들처럼 세상을 보고, 듣고, 느끼지 못하거나, 의약품이나 특별한 식단의 도움이 없으면 몸에 이상이 생길 수도 있다. 휠체어를 타야 하는 아이도 있고, 목발을 사용해야만 걸을 수 있는 아이도 있다. 대소변을 가릴 나이가 훌쩍 지났는데도 여전히 가리지 못하는 아이도 있다.

이런 아이들도 보육시설에 맡겨진다. 이미 진단을 받은 후여서 아이가 어려움을 겪는 부분을 잘 돌봐줄 교사를 원하는 부모가 있는가 하면, 다른 아이들과 다른 아이의 행동을 이해하기 위해 교사가 고군분투하는 경우도 있다.

태아기 알코올 증후군, 천식, 당뇨병, 주의력 결핍 장애, 대사 이상 질환, 자폐증, 감각통합장애, 발달지체 등 다양한 질병을 앓는 아이들이 보육 시설에 온다. 그리고 정확한 이유는 밝혀지지 않았지만, 점점 더 많은 아이가 이러한 질병 진단을 받고 있다.

교사는 의사가 아니다. 의학적 진단이나 치료에 관한 교육을 받은 적도 없다. 하지만 교사로 일하다 보면 언젠가는 특별한 도움이 필요한 아이들을 만나게 되어 있다. 다른 아이들을 돌보는 동시에 이런 특별한 아이들과 그 부모를 어떻게 도와줄 수 있을까? 특별한 도움이 필요한 아이를 알아보고, 또 도와주기 위해서 교사는 무엇을 알아야 할까?

장애인보호법

부모라면 누구나 아이를 위한 최적의 보육 환경을 찾기 위해 고심한다. 장애가 있는 아이를 둔 부모의 경우는 특히 더 그렇다. 미국에서는 1992년 장애인보호법이 제정되었고 장애 아동을 위한 재원을 늘리기로 했다. 이 법은 장애 아동이 다른 아이들에게 직접적인 건강, 안전상의 위협을 끼치는 경우를 제외하고는 사립 보육 시설이든 가정에서 운영하는 어린이집이든 관계없이 비장애 아동들과 마찬가지로 모든 돌봄센터를 이용할 자격이 있다고 명시했다. 종교단체가 운영하는 시설을 제외한 모든 보육 시설은 규모나 직원 수와 관계없이 장애인보호법을 준수해야 한다.

> 장애아동은 사립 보육 시설이든 가정에서 운영하는 어린이집이든 관계없이 비장애 아동들과 마찬가지로 모든 돌봄센터를 이용할 자격이 있다고 명시했다.

보육 시설과 교사들은 장애가 있거나 특별한 도움이 필요한 아이들에게 안전하고 편안한 환경을 제공해야 할 의무가 있다. 이를 위해 원칙이나 절차를 조정해야 할 수도 있고, 구조적인 문제로 벽을 허물거나, 청각, 언어, 시각 장애가 있는 아이들이 원활히 소통할 수 있도록 전문 인력을 고용하는 등 필요한 도움을 지원할 수도 있다. 또 직원을 추가로 교육해야 하고, 필요하다면 커리큘럼도 조정해야 한다. 필요한 아이들에게는 약을 제때 먹을 수 있도록 챙겨주고, 영아들의 기저귀를 교체해주는 시설의 경우, 나이와 관계없이 필요한 아이라면 누구나 기저귀를 교체해주어야 한다. 그리고 이때 발생하는 비용을 장애 아이들의 가족에 전가해서는 안 된다.

입원을 거부당한 아이의 부모는 미국 법무부에 그 보육 시설을 고소할 수 있고, 장애인보호법을 위반한 센터는 수사를 받게 되며, 벌금형을 받을 수 있다. 장애인보호법에 대해 더 자세히 알고 싶거나, 돌봄센터 운영에 어떤 영향을 미치는지 알고 싶다면 법무부의 웹사이트(https://www.ada.gov/)를 방문해보자. Special Child(https://www.special-child.com)나 Child Care Law Center (http://childcarelaw.org/) 웹사이트에서도 관련 정보를 얻을 수 있다.(우리나라의 경우도 다르지 않다. 특수교육대상자는 교육기본법에 의무교육을 받을 권리가 명시되어 있으며 장애를 이유로 교육 기회에 차별을 받지 않는다. http://www.law.go.kr/ 참조.)

부모와 협력하기

부모와 교사는 서로 오해가 없도록 명확하게, 자주 소통해야 한다. 시간을 내서 소식을 공유하고, 문제가 생겼을 때 해결할 방안을 미리 마련해 두어야 한다. 부모와 교사 간의 소통과 협력은 특별한 도움이 필요한 아이를 둔 경우 특히 더 중요하다.

이 장의 첫 부분에 등장한 PKU를 앓는 제이미의 이야기로 돌아가보자. 제이미의 병이 악화한 이유 중 하나는 엄마인 미셸과 교사인 마사가 제이미가 특별 식단을 따를 수 있도록 서로 진정으로 협력하고 소통하지 못했기 때문이다. 미셸은 제이미의 병에 대해 마사에게 세세하게 알려주지 않았고, 어떤 식단을 지켜야 하는지도 알려주지 않았다. 마사

> 부모와 보육자 간의 소통과 협력은 특별한 도움이 필요한 아이를 둔 경우 특히 더 중요하다.

도 제이미의 병에 대해 더 자세히 묻지 않았고, 모든 게 다 괜찮을 거라고 생각해버렸다. PKU가 뇌 손상이나 심지어는 사망으로까지 이어질 수 있다는 점을 마사가 알았더라면 제이미를 어떻게 보살펴야 할지 더 자세히 알아보려고 노력하고, 제이미가 먹는 간식이나 점심을 더 세심히 관리해줬을 수도 있다.

하지만 세상에 모르는 게 없는 교사란 존재하지 않는다. 만일 특별한 도움이 필요한 아이가 돌봄 센터를 찾는다면, 부모에게 몇 가지 질문을 하고 아이와 부모, 교사가 함께 안전하고 건강한 시간을 보낼 수 있도록 절차를 밟을 수도 있다. 다음의 몇 가지 제안을 살펴보자.

- 많이 물어보고 주기적으로 정보를 공유하자. 교사들은 아이의 상태나 치료과정에 대해 너무 상세하게 질문하면 남의 일에 지나친 관심을 보이다가 자칫 무례해 보이진 않을까 고민한다. 그러나 제이미의 사례에서 보았듯이 너무 정보가 없는 것도 위험하다. 아이가 어떤 질병을 앓고 있고, 상태가 악화되면 어떤 상황에 이를 수 있는지, 아이를 보살피는 데 필요한 치료법은 무엇이 있는지 부모와 이야기를 나누는 것이 현명하다. 이러한 정보는 최대한 서면으로 받아서 아이를 돌보는 다른 교사들과 공유하자. 이런 정보는 아이의 행동을 저지해야 하는 상황이나 아이의 질병, 장애에 직접적 연관이 있을 때 유용하게 쓰인다. 특별한 도움이 필요한 아이들 또한 여타 아이들과 마찬가지로

> 아이가 어떤 질병을 앓고 있고, 상태가 악화되면 어떤 상황에 이를 수 있는지, 이 경우 아이에게 필요한 치료법은 무엇이 있는지 아이의 부모와 이야기를 나누는 것이 현명하다.

문제행동을 보일 수 있는데, 단순히 아이가 2세, 3세, 혹은 6세여서 일어나는 일일 수도 있고, 특별한 도움이 필요한 아이이기 때문에 일어나는 일일 수도 있다. 그럴 때 아이의 상태를 잘 알고 있다면 어떻게 대처할지 알 수 있을 것이다.

• 가능한 많은 정보를 수집하고 기록해놓자. 아이에 대해 최대한 많은 정보를 얻을 수 있도록 아이의 담낭의, 영양사, 치료사 등 의료 관계자들과 접촉해 이야기를 나눠도 된다는 부모의 허락을 받아두는 것도 좋다. 아이의 배낭에 돌봄일지를 써서 보낸다. 그날 아이를 어떻게 보살폈고, 무슨 약을 먹었고, 아이가 어떤 행동을 했는지 등의 설명과 그날 있었던 특별한 상황을 기록해 매일 부모에게 전달하고, 부모도 집에서 아이가 어떤 행동을 보였고 어떻게 대처했는지 적어서 알려줄 수 있다. 일주일에 한 번씩 아이의 상태를 공유하는 대화시간을 갖는 것도 좋다. 이때, 아이를 돌봐주는 모든 교사가 참여하도록 하자. 아이가 특별한 식단이나 약을 복용해야 하는 경우에는 기록을 서면으로 남겨두자.

• 관찰 기록은 명료하면서도 상세하게, 긍정적으로 쓰자. 부모에게 아이의 행동을 말할 때는 아이를 평가하는 식으로 말하는 것보다 구체적인 정보를 공유하려는 노력을 들이면 부모도 훨씬 더 경청하고, 문제해결을 위해 더 적극적으로 나설 것이다. 예를 들어 안 그래도 걱정이 많은 아이의 엄마에게 "마르티가 오늘 또 문제행동을 보였어요"라고 말하는 것보다는 "마르티가 오늘 물건을 많

이 던졌고 가만히 앉아 있는 걸 힘들어했어요"라고 전하는 식이다. 그 상황에서 어떻게 대처했는지, 그래서 아이가 어떤 반응을 보였는지도 부모에게 말해주자. 만약 전에 보이지 않았던 행동을 보이거나 대처하기 어려운 상황이 생긴다면 어떻게 하면 좋을지 또한 부모에게 적극적으로 물어보도록 하자.

• 부모가 보육 시설에 방문하도록 하자. 특별한 도움이 필요한 아이를 둔 부모와 교사 모두, 아이가 보육 시설에서 어떤 일과를 보내고 어떻게 행동하는지 잘 알고 있다면 더 안심할 것이다. 부모에게 시간이 될 때마다 언제든 방문해 참관할 수 있다고 말해준다면 양쪽 모두 함께 일하고 소통하기가 수월해질 것이다.

• 아이가 어느 정도까지 스스로 할 수 있는지 부모에게 물어보자. 대부분의 경우, 아이들은 성장함에 따라 어느 정도는 자신의 상태를 스스로 책임지고 관리하도록 장려받는다. 대사 이상 질환을 앓는 아이들의 경우엔 식이조절이나 식단 짜기를 스스로 하게 되고, 당뇨가 있는 초등학교 고학년이나 중고등 학생은 스스로 혈당을 재고, 탄수화물 섭취량을 계산하고, 인슐린 주사를 스스로 놓거나, 본인의 상태에 따라 인슐린 펌프를 사용하기도 한다. 천식이 있는 아이들은 흡입기를 가지고 다니면서 언제 쓰면 되는지를 체득하게 된다. 아이가 어디까지 스스로 관리하고 있고, 어떤 부분을

> 주의해야 할 것은 아이를 너무 특별 대우하거나, 지나치게 동정하거나, 혼자서도 할 수 있는 일을 대신 해주는 것이다.

도와주어야 하는지를 제대로 파악하는 것은 필수적이다. 가능하면 부모로부터 상세한 지침을 서면으로 받아서 아이를 돌보는 모든 교사가 지침을 이해하고 있어야 한다. 다만 그 아이를 너무 특별 대우하거나, 지나치게 동정하거나, 혼자서도 할 수 있는 일을 대신 해주지 않도록 주의한다. 모든 아이에게는 잠재력을 발휘할 기회가 주어져야 하고, 너무 많은 걸 해주거나, 아이에게 불필요할 정도로 남들과는 '다른' 사람이라는 느낌을 주면 아이의 자존감을 해칠 수도 있다.

• 부모의 욕구와 마음도 헤아리자. 특별한 도움이 필요한 아이를 둔 부모는 아이가 다른 사람과 다르다는 걸 인정하는 일에 어려움을 겪곤 한다. 죄책감을 느끼거나, 우울증에 빠지거나, 아이가 겪는 모든 어려움에 책임감을 느낄 때도 있다. 돈과 시간 또한 일반적으로 빠듯한 경우가 많다. 다른 자녀가 있는 경우 특별한 도움이 필요한 형제, 자매에게 시간과 치료와 관심을 빼앗긴다고 원망을 받기도 한다. 특히 아이가 매우 심각한 질병을 앓고 있어서 아이의 삶의 질과 수명을 위협할 정도라면 부모와 교사는 마음 한쪽에 돌을 얹은 채 살아가게 된다. 인내심을 가지고 자기 자신도 돌볼 것을 기억하자. 가끔 너무 감당하기 힘든 날이 있더라도 나에 대한 공격으로 받아들이거나 원망하지 말자. 교사는 특별한 도움이 필요한 아이와 그 가족들에게 가치 있고 소중한 하루하루를 선물하는 사람이다.

특별한 도움이 필요한 아이들은 다른 아이들과 함께 지내면서 배우고, 성장하고, 인생을 즐기며 살아갈 수 있게 된다. 물론 다른 아이들도 긍정적인 영향을 받는다. 타인의 아픔에 공감하고, 관대해지며, 따뜻함을 배우고, 다른 사람을 위해 노력하게 될 것이다. 또 모든 사람은 그 능력이 어떻든 존엄하고, 존중받아야 한다는 사실 또한 배울 것이다.

"아이가 걱정됩니다": 부모에게 언제 말하는 게 좋을까?

다이앤은 또 엄청나게 화가 났다. 최근 맡게 된 세 살짜리 아이 잭이 도무지 말을 안 듣는다. 아이들에게 야외 놀이 시간이 끝나고 실내로 들어오라고 했을 때도 잭은 다이앤이 직접 나가서 팔을 잡고 데려올 때까지 아무런 반응을 보이지 않았다.

다이앤이 아이들에게 원형으로 모여 앉으라고 하거나 '조용한 시간'에 매트를 가지고 오라고 했을 때도 잭은 자신만의 세상에 들어가 다이앤이 말하는 단어 하나하나를 전부 무시하고 있었다. 다이앤이 잭에게 다가가면 잭은 귀여운 미소를 지으며 다이앤을 바라봤지만, 다이앤이 바로 앞에서 말하지 않으면 전혀 말을 듣지 않았다.

하루는 미술 시간에 아이들이 그림을 그리고 있을 때, 다이앤이 실수로 물감통과 붓을 떨어뜨렸다. 모든 아이가 소리 지르고 웃고 방방 뛰었지만, 잭만은 그림을 그리는 데에만 집중하고 있었다. 그 순간 다이앤은 그동안 잭을 보며 의아해했던 모든 게 이해가 됐다. 다이앤은 잭의 뒤로 가서 손뼉을 쳤다. 잭은 역시나 미동도 보이지 않았다. 다이앤은 잭에 대해 주임 교사에게 이야기했고, 주임 교사는 잭의 어머니와 면담을 했다. 잭의 어머니도 역시 잭의 행동에 대해 이상하게 생각하고 있었지만, 잭이 대체로 순하고, 네 명이나 되는 누나와 형들 때문에 너무 시끄러워서 엄마 목소리를 제대로 못 들었으리라고 생각했다고 했다.

병원에 데려가보니 다이앤이 예상한 대로 잭은 청력이 많이 손실된 상태였다. 잭은 다이앤을 무시하거나 비협조적으로 군 것이 아니라, 다이앤의 말을 듣지 못한 것이었다. 이후 치료를 통해 잭은 새로운 세계를 마주하게 됐고 이내 다른 아이들의 말을 듣고 말할 수 있게 됐다.

교사는 매우 특별하고도 중요한 역할을 한다. 하루에도 몇 시간씩 함께하기 때문에 아이를 자세히 관찰할 수 있고, 아이의 장단점에 대해서도 잘 알게 된다. 그래서 아이가 어딘가 남들과 다르다는 사실도 가장 먼저 알아채곤 한다. 가끔은 특

> 교사는 하루에도 몇 시간씩 아이와 함께하기 때문에 아이가 어딘가 남들과 다르다는 사실 가장 먼저 알아채곤 한다.

정한 아이를 더 자세히 관찰하게 되기도 한다. 뭔가 잘못됐거나 좀 다르다는 느낌이 들 때도 있고, 또래 아이들이 하지 않는 반응이나 행동을 보인다는 걸 본능적으로 느끼기도 한다. 교사가 아이들의 연령에 맞는 행동이나 발달 행동을 숙지하고 있어야 하는 이유가 이것이다. 만약 아이가 다른 아이들과 조금 다른 것 같다면, 어떻게 해야 좋을까?

우선 아이들을 잘 관찰하고 귀를 기울이는 것이 중요하다. 부모가 아침에 아이를 데리고 올 때 어떤 이야기를 하는지, 어떤 행동 때문에 걱정이 되는지 들어두어야 한다. 많은 경우 부모 또한 아이가 뭔가 '이상한 것 같다'는 불안감을 이미 안고 있기도 하다. 교사가 관심을 보이고, 부모를 지지하고, 격려한다면 부모는 안심할 수 있다. 필요시엔 아이가 적절한 진료를 받을 수 있도록 부모에게 정보를 제공할 수도 있다. 아이들의 말에 귀 기울이는 것 역시 중요하다. 아이의 말과 행동을 모두 관찰해야 한다. 한 여자아이가 양말이 자기를 '아프게 한다'고 하거나, 다른 남자아이가 원을 그려 앉을 때나 나가서 놀 때 똑바로 앉는 게 '너무 피곤하다'고 하는 등의 말은 아이들의 상태에 대한 중요한 단서가 될 수 있다.

그렇다면 어떤 것들을 주의 깊게 봐야 할까? 물론 이 책에서 아이와 관련된 모든 장애나 질병을 다룰 수는 없는 일이지만, 아래의 목록을 참고하면 도움이 될 것이다. 아래 나열된 상황 자체는 평범한 아이들의 '적절한' 발달과정, 또는 기질에 따라서 충분히 일어날 수 있는 일이라는 것을 유념하자. 아래의 상황들이 지속적으로 나타나거나 그 정도가 심각하지 않다면 우려할 만한 상황이 아닐 수도 있다.

- 아이가 주변 상황이나 사람에게 전혀 반응하지 않는 경우. 다이앤과 잭의 경우에서 봤듯이 청각, 시각적인 반응을 제대로 보이지 않는 아이는 시력이나 청력 문제가 있을 수도 있다. 어린아이들은 자신이 보고 듣는 게 다른 사람과 다르다는 것을 모르기 때문에, 자기가 청력이나 시력에 문제가 있다고 어른들에게 말해줄 수 없다.

- 아이가 몸에 닿는 것이나 소리, 움직이는 것에 너무 예민한 경우. 아이에 따라 모든 걸 과민하게 받아들이기도 한다. 이런 아이들은 옷이 너무 까칠까칠하고 아프다고 하거나 소리가 너무 크고 짜증난다고 말한다. 아니면 움직이는 것들을 무서워하기도 한다. 그네 타기나 높은 곳에 올라가는 것, 뛰어다니는 활동을 모두 꺼리기도 한다.

- 아이가 몸에 닿는 것이나 소리, 움직이는 것에 너무 둔감한 경우. 이와 반대로, 고통이나 열기를 잘 못 느끼거나 다른 사람의 행동에 반응을 잘 안 하는 아이도 있다. 이런 아이들은 스스로를 진정시키거나 자극을 주기 위해 계속해서 빙빙 돌거나 앞뒤로 왔다 갔다 하면서 몸을 움직인다. 아니면 다른 사람은 끼워주지 않고 혼자서만 반복적인 놀이를 할 수도 있다.

- 아이가 특이할 정도로 몸을 가누지 못하는 경우. 모든 아이는 발이 걸려 휘청이거나 넘어지거나 한다. 신체적 발달이 이루어지

는 과정에서 흔하게 일어나는 일이지만, 이따금 너무 자주 자기 발이나 가구, 바닥에 놓인 물건 등에 걸려 넘어지는 아이가 있다. 균형을 잡지 못하거나, 지속적으로 거리를 가늠하지 못하거나, 자주 넘어지거나, 계단이나 놀이터의 기구들을 오르지 못하기도 한다.

• 지나치게 충동적이거나 경험을 통한 학습 속도가 너무 느린 경우. 모든 아이, 특히 남자아이들은 충동적이고 생각하기도 전에 행동한다. 그러나 전혀 선택하지 못하거나, 차분히 사고하지 못하거나, 전에 몇 번이고 있었던 상황인데도 배우는 게 없는 것처럼 보이는 아이들도 있다. 예를 들어 컵에 주스를 따를 때, 주스가 넘치는데도 계속 따르는 행동 등을 보인다.

어떤 의구심이 들든, 또 아이의 상태에 대해 얼마나 확신이 들든, 부모에게 아이가 이런 것 같다고 '진단'을 내리는 건 현명하지 않은 생각이다. 앞서 말한 상황 중 여러 가지가 다양하게 나타난다면 아이가 감각 통합 장애나 주의력 결핍 장애, 자폐증 등이 있을 수도 있다.

> 어떤 의구심이 들든, 또 아이의 상태에 대해 얼마나 확신이 들든, 부모에게 아이가 이런 것 같다고 '진단'을 내리는 건 현명하지 않은 생각이다.

하지만 진단은 어린아이들을 평가할 수 있도록 훈련과 교육을 받은 전문가의 영역이다. 교사가 관찰한 바를 아이의 부모에게 알려주는 것이 아이에게 가장 도움이 되는 일일 수도 있다.[24]

---

24. 아이들의 성장 과정에 따른 능력에 대해 알려주고, 어떤 상황은 우려스러운지 자세하게 설명해

- 아이가 주변 상황이나 사람에게 전혀 반응하지 않는 경우
- 아이가 몸에 닿는 것이나 소리, 움직이는 것에 너무 예민한 경우
- 아이가 몸에 닿는 것이나 소리, 움직이는 것에 너무 둔감한 경우
- 아이가 특이할 정도로 몸을 가누지 못하는 경우
- 아이가 지나치게 충동적이거나 경험을 통한 학습의 속도가 너무 느린 경우

전문가에게 상담받기

아이에게 단순히 유아기에 흔히 보일 수 있는 행동이나 사회성의 문제가 아닌 다른 문제가 있는 것 같을 땐 어떻게 해야 할까? 조치를 취해야 할 필요가 있다는 생각이 들었다면 아이의 부모와 약속을 잡고 충분히 이야기를 나누자. 등원 시간이나 귀가 시간에는 이런 이야기를 할 상황이 여의치 않을 뿐 아니라 이런 이야기는 아이 앞에서 해서는 안 된다. 시간을 마련했다면 아이의 말과 행동을 관찰한 바를 차분하고 따뜻하게 설명하는 게 좋다. 부모가 이야기를 듣고 어떤 반응을 보일지는 알 수 없다. 동의하지 않을 수도, 무슨 이야기를 하는 건

줄 책들이 꽤 있다. 캐롤 스톡 크라노위즈Carol Stock Kranowitz의 『어딘가 이상한 아이: 감각통합장애를 알아채고 대처하는 법The Out-of-Sync Child: Recognizing and Coping with Sensory Integration Dysfunction』(뉴욕: 페리지출판사, 1998), 존 테일러John Taylor의 『주의력 결핍 장애가 있는 아이를 돕는 법Helping Your ADD Child』, 3차 개정본(로즈빌, CA: 프리마 출판사, 2001), 에드워드 M. 할로웰Edward M. Hallowell과 존 J. 라테이John J. Ratey의 『산만한 사람: 유아기부터 성인기까지 주의력 결핍 장애를 인지하고 대처하는 법Driven to Distraction: Recognizing and Coping with Attention Deficit Disorder from Childhood Through Adulthood』(뉴욕: 터치스톤출판사, 1994), 로스 W. 그린Ross W. Greene의 『폭발할 것 같은 아이The Explosive Child』(뉴욕: 하퍼콜린스출판사, 2001)등이 있다.

지 이해하지 못할 수도, 자신뿐 아니라 다른 사람도 자기 아이의 문제를 알아챘다는 사실에 안도할 수도 있다.

어디에 있는 어떤 형태의 보육 시설에서 일을 하든, 지역 내에서 도움을 받을 수 있는 전문가들의 목록을 만들어서 부모에게 주는 것도 좋은 방법이다. 부모의 동의 없이는 아이를 전문의에게 데려가거나 프로그램에 참여하도록 할 수 없다는 걸 기억하길 바란다. 지역사회에 아이가 참여할 만한 프로그램, 도움을 줄 수 있는 기관이나 전문가가 있는지는 지역 육아교육협회나 다른 선생님들에게 물어볼 수 있다. 미국 대부분의 주에선 신생아부터 3세까지 주립 특별 아동 클리닉에서 진단과 진찰을 받을 수 있다. 지역사회 내에 아이의 언어능력, 청력, 시력을 진찰해주는 시설이 갖춰져 있는 곳도 있다. 지역 내에 소아 치료 자격증이 있는 치료사나 소아신경과의, 언어 치료사 또는 물리 치료사나 기타 전문가를 알아봐두는 것도 좋다.

> 어디에 있는 어떤 형태의 보육 시설에서 일을 하든, 지역 내에서 도움을 받을 수 있는 전문가들의 목록을 만들어서 부모에게 주는 것도 좋은 방법이다.

부모에게 아이의 문제에 대해 이야기하는 건 두렵고 스트레스가 되는 일이기는 하지만, 그 용기로 인해 다른 아이들과 어울리지 못하던 아이가 친구들이나 어른들과 함께 더불어 살아가는 아이가 될 수도 있다.

특별한 도움이 필요한 아이를 포함한 모든 아이에게

작은 보석(Small Wonders) 유치원에서는 아이들이 원을 그려 앉는다. 유치원 선생님인 킴은 밝은 빨간색 카펫 위에 앉은 아이들을 보며 미소를 짓는다. 아이들이 모두 카펫 위에 앉아 있다. 휠체어를 탄 티미를 제외하고는. 티미도 킴을 향해 활짝 웃는다. 티미는 뇌성마비 때문에 걷지 못했지만 반의 중요한 일원이다.

"누가 티미 짝꿍이 될 차례지? 누가 표 좀 봐줄래?" 킴이 묻는다. 빨간 머리에 주근깨가 있는 라이언이 킴이 앉아 있는 의자 근처의 벽으로 달려나가 코팅되어 걸려 있는 일과표를 보면서 이렇게 말한다. "오늘은 후아니타의 차례에요." 후아니타는 씩 웃더니 티미의 휠체어 뒤로 가서 자리를 잡는다.

이 반에 있는 대여섯 살 아이들은 티미를 돕는 걸 자랑스러워한다. 티미가 점심을 먹을 때 도와주며, 밖에 나갈 때는 휠체어를 밀어주거나 같이 장난감을 가지고 논다. 킴과 다른 선생님들이 티미의 기저귀를 갈아주고, 티미가 안전한 상태에서 마음 편히 있을 수 있도록 해주긴 하지만, 열 명 남짓한 열정적인 도우미들도 큰 도움이 된다. 티미는 반의 일원으로서 학급회의 시간이나 이야기 공유 시간에도 발표자 막대기를 든다. 티미는 말을 하는 것이 쉽지 않아 천천히 말하지만 나오지만 아이들은 티미가 말할 때 절대 끼어들지 않는다. 티미를 놀리는 사람이 있다면 그 사람이 누구든 간에 티미를 치열하게 보호한다. 티미는 아이들의 친구이고, 모두의 삶이 티미 덕분에 더 풍요로워진다.

귀가 시간, 티미의 아버지가 티미를 데리러 오자 그날의 짝꿍이 티미의 배낭을 차까지 가져다준다. 티미의 아버지는 아이들 이름을 다 알고 있다. 늘 한명 한명의 이름을 부르며 고맙다고 한다. 가끔 반 아이들을 위해 컵케이크나 쿠키를 가져다주기도 한다. 아이들은 다른 사람을 돕는 기쁨과 따뜻함을 배운다. 티미가 웃는 모습이 너무 예뻐서 아이들은 늘 티미를 웃기려고 한다.

특별한 도움이 필요한 아이가 있을 때 나머지 아이들은 '다름'을 이해하고, 다른 사람이 뭘 필요로 하는지에 관심을 보이며, 다른 사람을 따돌리거나 상처 주는 대신 포용하고 돕는 데에 힘쓸 수 있게 된다. 도움을 필요로 하는 아이가 너무 어리지 않다면 아이가 스스로 자신의 특별한 상황에 대해 설명하도록 도와주고, 다른 아이들에게 친구를 도울 수 있는 방법을 작성하게 도와달라고 할 수 있다. 아이들이 남을 돕도록 교육받고 부탁받을 때 편견은 증발해버린다.

다른 아이들과 마찬가지로, 긍정훈육의 도구들은 특별한 도움을 필요로 하는 아이들에게 또한 소속감을 주고, 문제행동을 하지 않도록 이끌어줄 수 있다. 몇몇 방법은 아이의 인지능력, 언어능력, 신체적 한계를 고려해

> 아이들이 남을 돕도록 교육받고 부탁받을 때 편견은 증발해버린다.

서 수정해야겠지만, 특별한 도움을 필요로 하는 아이들도 격려와 존중을 바탕으로 한, 따뜻하면서도 단호한 훈육을 통해 성장한다. 체벌, 수치심이나 망신을 주는 행동, 꾸지람은 특별한 도움이 요구되는 아이들에게도 마찬가지로 도움이 되지 않는다.

시설에 특별한 도움이 필요한 아이가 있다면 당연히 그 아이가 없는 경우와 똑같을 수는 없다. 일을 더 해야 할 수도 있고, 걱정이 더 늘어날 수도 있다. 하지만 그 아이 덕분에 교사와 다른 아이들 모두가 얼마나 큰 도움을 받을 수 있을지 생각해보자. 아무리 특별하거나 다

르더라도 아이는 아이이다. 모든 아이는 존엄하며, 존중받고, 따뜻하게 대해져야 한다. 우리는 모든 아이가 소속감과 자존감을 가질 수 있도록 도와야 한다.

2부

아이 돌봄의 모든 것

고자질하는
아이

01

아동발달 측면

아이들은 물론 어른들도 아이가 고자질할 때 언짢아한다. 그러나 아이들이 고자질하는 데에 크게 세 가지 이유가 있다는 건 잘 알지 못한다. 그 이유는 다음과 같다.

1. 문제를 해결할 능력이 없다.
2. 어른들이 아이들에게 문제해결 능력을 가르치기보다는 아이들을 구하거나 고자질하지 말라고 훈계하면서 고자질을 부추긴다.
3. 다른 친구들을 깎아내리면 자기가 관심을 받고 상대적으로 더 좋은 아이로 보일 거라고 생각한다.

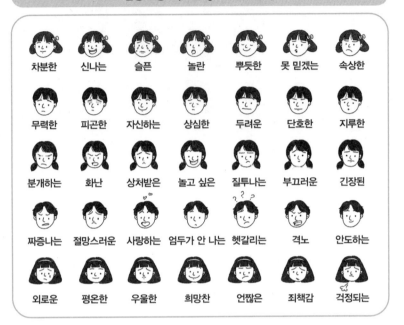

감정 표정 표(Feeling Faces Chart)

차분한	신나는	슬픈	놀란	뿌듯한	못 믿겠는	속상한
무력한	피곤한	자신하는	상심한	두려운	단호한	지루한
분개하는	화난	상처받은	놀고 싶은	질투나는	부끄러운	긴장된
짜증나는	절망스러운	사랑하는	엄두가 안 나는	헷갈리는	격노	안도하는
외로운	평온한	우울한	희망찬	언짢은	죄책감	걱정되는

아이가 고자질을 했다고 짜증내기보다는 아이의 문제해결 능력을 발달시켜줄 기회라고 생각하고 환영하자.

제안

1. 아이가 와서 고자질하면 우선 아이의 감정(어떤 감정이든 간에)을 인정하기 위해 적극적 경청을 하자.
2. 아이가 이해받았다고 느끼면 배움에 더 열린 태도를 보일 것이다. 내적 학습을 통해 스스로 배울 수도 있다. 즉, 내가 뭔가를 직접 해

주어야 한다고 생각하지 말고 그저 아이의 감정에 대해 들어주고 인정하자. 이해받았다고 느끼는 것만으로도 내적 학습을 시작하기에는 충분한 경우도 많다.

3. 끝까지 듣고 나서 아이에게 "이 문제를 해결해서 모든 사람이 행복해지려면 어떻게 하는 게 좋을까?"라고 물을 때 아이가 "몰라요"라고 답한다면, "넌 생각을 잘하니까 잠시 생각해보고 좋은 생각이 떠오르면 말해줄래?"라고 답하자.

4. 고자질을 한 아이와 당한 아이가 약속을 잡고 해결책을 함께 찾아보라고 해보자.

5. "선생님은 네가 서로 존중하는 방식으로 이 문제를 해결할 수 있을 거라고 믿어"라는 말로 아이에 대한 믿음을 보여주자.

6. "이게 너에게 어떤 문제가 될까?"라고 묻자. 어떻게 자신에게 그 문제가 영향을 끼치는지 말해준다면 1~5까지의 제안 중 하나를 실천해보자. 아이와 상관없는 문제이거나 상황이 위험하지 않다면 "음, 이 문제와 관련 있는 사람들이 문제를 해결할 수 있을지 궁금해지네"라고 말할 수도 있다. 위험한 문제라면 즉시 달려가 아이를 위험으로부터 구하고, 도와줘서 고마웠다고 말하자.

7. 네 살 이상의 아이들의 경우 그 문제를 학급회의나 그룹회의 안건에 추가해서 그룹 전체가 해결책을 구상하도록 한다.

8. 위와 같은 제안을 했다고 해서 아이를 절대 돕지 말라는 말이 아니다. 직관력을 발휘하자. 가끔은 문제가 아이가 해결할 수 있는 능력의 범주를 벗어날 때도 있고, 아이가 정말로 교사의 도움을 필요로 할 때도 있다. 잘 주시하자.

선택 돌림판

차례대로 놀기 / 함께 쓰기 / 사과하기 / 청소 돕기 / 싸움 멈추기 / 다른 게임하기

9. 마찰이 없는 상황에서 문제해결 능력을 가르칠 기회를 마련하자. 아이들은 학급회의에서 문제해결 능력을 습득할 수 있다.

부모와의 협력을 위한 팁

부모들은 종종 아이의 문제를 자기가 해결하려고 너무 관여하다가 고자질을 부추길 때가 있다. 부모가 자녀 중 한 명의 편을 들면 자녀 간의 경쟁을 부추기거나, 아이들이 다른 형제자매를 깎아내리고 자기만 좋은 사람처럼 보이려 하는 경향을 부추길 수도 있다.

분노 돌림판

감정 나누기

감정 그려보기

나무 말뚝에
망치질하기

찰흙 짓뭉개기

학급회의 주제로
다루기

인형극으로 화 표현하기

자녀가 '선택 돌림판'이나 '분노 돌림판'을 사용할 수 있도록 도와
주거나 문제를 가족회의 안건에 상정해서 아이들이 해결책을 찾는 걸
돕도록 하자.

02

고집 센
아이

아동발달 측면

요즘 많은 아이들이 '고집 세다'는 말을 듣는데, 이 말은 결코 칭찬이 아니다. 사실 아이들은 그저 이렇게 하면 통한다 싶은 일을 하는 것뿐이다. 아이들이 진정으로 원하는 것은 소속감과 자신감을 느끼고 자신의 힘을 확인하는 일이다. 소속감을 느끼지 못하는 아이는 소속감을 느끼기 위해 '오해 섞인' 방법을 택할 것이다. 오해가 섞였다는 것은 아이들이 특정 행동을 통해 소속감과 자존감을 느낄 거라고 오해하지만, 실제로는 그 행동이 아이들 자신에게나 타인에게나 도움이 되지 않는다는 뜻이다. 예를 들자면, 부정적 관심이나 어긋난 권력, 복수(소속감을 느끼지 못하면 마음이 아프기 때문에 다른 사람도 아프게 하는 것)를 추구하면 소속감을 느낄 거라고 오해하는 아이들도 있고, 그냥 포기하는 아이들도 있다.(자세한 내용은 1부 3장의 '어긋난 목표'를 참고하자.)

고집이 세다는 딱지가 붙은 아이들은 대부분 어긋난 권력이라는 엉뚱한 목표를 선택한 아이들이다. 단, 아이마다 기질이 달라서 끈기, 공격성, 활동성 면에서 차이가 있다는 점을 유념하자. 교사들은 아이의 기질이 자신의 기질과 잘 맞지 않을 때 아이에게 '고집 세다(말을 안 듣는다는 뜻)'라는 딱지를 붙이기도 한다.

어른들은 이런 아이들이 고집을 유용하게 사용하고 세상에 이바지할 수 있도록 도와야 한다.

제안

1. 아이의 행동보다 어른의 행동에 집중할 때가 더 효과적이다. 아이에게 자신감을 심어줘서 소속감을 느낄 방안을 찾고, 아이가 힘을 유용하게 쓸 수 있도록 지도하자.
2. 아이를 너무 내 마음대로 하려고 하거나 명령을 많이 내리는지는 않는지, 기타 반항을 불러일으킬 수 있는 행동을 하지는 않았는지 돌아보자.
3. 아이가 자신을 도울 수 있게 하고 "셔츠를 먼저 입을래? 바지를 먼저 입을래? 네가 정해"와 같이 제한된 선택지를 주자. 비록 선택지가 제한적이더라도 "네가 정해"라는 말은 아이가 유용한 힘을

느끼는 데 정말 중요하다. 많은 아이는 명령을 받으면 저항한다(고집을 부린다). 아이들을 존중하면서 참여하게 할 때 동기부여가 되고, 협력적(긍정적인 고집을 부린다)으로 변한다.

4. '뭘까'와 '어떻게'라는 질문을 하자(91쪽 참조). 아이에게 명령을 내리는 대신 "가기 전에 뭘 해야 할까?"라는 식으로 질문을 할 때 아이가 얼마나 적극적으로 협력하려 하는지를 보면 놀랄 것이다.

5. 올바른 행동을 했을 때 보상을 내리지 말자. 보상은 능력에 대한 자신감을 발달하지 못하게 하고, 아이가 가족이나 단체에 협력하는 구성원이 되기보다는 그저 보상 위주의 행동을 부른다. 보상은 어느 정도 효과가 있어 보이겠지만 이내 힘겨루기와 감정 조종을 불러일으킨다. 보상은 아이들이 소속감이나 자신감을 느끼도록 도와주지도 않고, 자율성을 유용하게 쓸 방법을 가르쳐주지도 않기 때문이다.

부모와의 협력을 위한 팁

부모들은 아이의 행동이 아니라 자신의 행동에 집중해야 한다는 사실을 듣고 의아해할지도 모르지만, 아이들에겐 더없는 축복일 것이다. 부모들에게 이 사실을 부드럽게 전달해주려면 교사의 경험을 공유하면 된다. 문제행동을 하는 아이는 사실 좌절한 아이라는 사실을 알려주고, 그 아이를 격려할 방법을 찾으면 행동이 변한다는 것을 알려주자. 그리고 고집이 세다는 건 훌륭한 장점이 될 수 있다고도 말해주

자. 긍정적인 방향으로 이끈다면 어른이 되었을 때 빼어난 장점이 되어줄 것이다.

거짓말하는 아이

03

아동발달 측면

거짓말이라는 주제는 아동발달에 대해 알려줄 수 있는 게 정말 많다. 대부분의 어른은 자신들도 때때로 거짓말을 하면서 아이들이 거짓말을 하면 큰일이라고 생각한다. 이 점은 우리가 생각해보아야 할 부분이다.

아동발달과 두뇌발달을 이해하지 못하고, 아이들이 어른들과 똑같은 방식으로 사고한다고 굳게 믿는 어른들이 너무 많다. 아이들은 어른과 분명히 다르다. 어른들이 거짓말이라고 부르는 행위가 아이들에게는 하고 싶은 일을 상상하거나 마법과 같은 일을 생각해내는 일일 수도 있다.

아이들이 나이가 들면서 실제로 거짓말을 할 때, 가장 먼저 관심을 두어야 할 사항은 '왜 했는가', 즉 거짓말이라는 행동을 유발한 아이의 신념이다. 자율성을 보호하기 위해 거짓말을 하는 걸까? 벌을 피하려고 거짓말을 하는 걸까? 수치심을 피하려고 거짓말을 하는 걸까? 사생활을 보호하려고? 친구를 보호하려고? 소속감과 자존감을 더 잘 느끼기 위해 자기를 포장하려는 걸까? 혹은 거짓말인지 아닌지를 중요하게 생각하지 않는 발달단계를 거치고 있기 때문은 아닐까?

이렇게 보면 아이들이 어른처럼 생각한다는 게 꼭 틀린 것도 아니다. 이런 이유는 어른이 거짓말을 하는 이유와 비슷하기 때문이다.

제안

1. 소속감과 자존감을 느끼고, 자율성(유능감)을 경험하고, 비난과 수치심, 고통(벌)을 피하고 싶어 하는 아이들의 기본적 욕구를 이해하자.
2. 누군가가 아이들을 원하고, 아이들 또한 자신의 능력을 발휘할 수 있어서 소속감과 자존감을 느낄 수 있고, 자신의 힘을 남을 돕고 이바지하는 데 발휘할 수 있는 환경을 조성하자.
3. 진실을 말해도 안전한 환경을 조성하자. 아이들이 진실을 말할 때를 구분하고, 적절하다면 정직함에 감사를 표하자.
4. 아이들에게 실수 또한 배움의 기회라고 가르쳐주고, 아이들이 실

수하더라도 비난이나 벌이 아닌 해결책 찾기에 주력할 것이라는 사실을 이해할 수 있게 해주자.

5. 거짓말을 할 수밖에 없는 '함정질문'을 하지 말자. 함정질문이란, "네가 장난감을 망가트렸니?"라거나 "손 씻었니?"와 같이 이미 답을 알고 있는 질문을 말한다. 함정질문 대신 "장난감이 망가졌구나. 고칠 수 있을까? 아니면 버려야 할까?", "손을 안 씻었구나. 점심시간 전엔 무엇을 해야 하지?"와 같은 질문을 하자.

6. 거짓말의 원인이 실수를 덮으려는 시도나 벌에 대한 두려움이 아니라면 "훌륭한 이야기 같네. 넌 상상력이 뛰어나구나. 그 이야기에 관한 그림을 그려볼래? 아니면 이야기책을 만들 수 있게 여러 장을 그려볼래?"라고 권하는 방법도 있다.

7. 솔직하게 사실을 말해라. "그 말은 나에겐 진실이 아닌 것 같이 들려, 진실을 말하면 벌을 받을까 봐 두려운 건지 궁금해"라고. 그러고 나서 이렇게 말해주자. "우리는 벌을 주지 않아. 우리는 사람들이란 실수를 하기 마련이란 걸 알기 때문에 해결책에 집중하려고 해."

8. 아이가 가정이나 보육 시설에서 다른 사람들에게 지나친 통제를 받고 있는 것은 아닌지 잘 생각해보자. 아이가 참여할 수 있는 (선택지를 준다거나 해결책을 같이 생각한다거나)방안을 강구하자. 그렇게 하면 아이가 자율성을 보호하기 위해 거짓말을 할 필요가 없어질 것이다.

9. 때로는 거짓말을 무시하고 아이가 해결책을 찾을 수 있도록 주의를 기울일 방향을 새롭게 제시해줄 수 있다. 예를 들어 아이가 "

저는 장난감을 망가트리지 않았어요"라고 거짓말을 한다면 실제로 망가트리는 것을 보았다고 하더라도 "장난감이 망가졌네. 누가 했는지는 중요하지 않아. 그런데 장난감을 어떻게 할지는 같이 생각해볼 수 있을 것 같은데. 장난감이 앞으로 망가지지 않게 하려면 어떻게 해야 할까? 어떻게 생각하니?"라고 답하자. 혹은 "장난감이 망가졌네. 장난감을 어떻게 해야 할지, 또 장난감을 앞으로 잘 보관하려면 어떻게 해야 할지 학급회의에서 물어보면 좋을까?"라고 묻는 방법도 있다.

〈현자의 격언〉

한 어머니가 어린아이를 간디에게 데려와 설탕은 건강에 좋지 않으니 설탕을 그만 먹으라고 말해줄 것을 부탁했다. 간디는 어머니에게 사흘 후에 다시 와달라고 했다. 사흘 뒤 어머니와 함께 다시 찾아온 아이에게 간디는 "설탕을 그만 먹어라, 건강에 좋지 않아"라고 말했다. 그러자 어머니가 물었다. "왜 그 말을 사흘 전엔 안 해주셨습니까? 왜 돌아갔다가 다시 오게 하신 겁니까?"

간디는 이렇게 답했다. "아이에게 설탕을 그만 먹으라고 말하기 전에 제가 설탕 먹는 것을 그만두어야 했기 때문입니다."

부모와의 협력을 위한 팁

간디의 이야기에서처럼 모범을 보이는 것과 비난이 아닌 해결책에 집중하는 것이 중요하다는 걸 부모에게도 알려주자. 모든 행동에는 원인이 있기 마련이며, 아이들의 거짓말에도 이유가 있다는 것을 부모들에게 이해시키자. 이유를 이해한다면 부모들에게도 문제해결의 실마리가 보일 것이다.

깨무는
아이

04

아동발달 측면

만일 모든 아이가 깨무는 시기를 거칠 수밖에 없다면 교사나 부모가
눈을 질끈 감고 그 시기가 지나기만을 기다리는 편이 현명할지도 모른
다. 하지만 이 문제를 지닌 아이들은 많지 않아서, 모든 아이가 각각 다
르다는 사실을 기억해야 한다는 어려움이 있다. 세 살 이하의 아이들은
대부분 존중에 기반을 둔 방식으로 언어나 사회성을 사용해서 필요한
것을 요구하지 못한다. 깨무는 아이들은 '나쁜' 아이들이 아니다. 자신
만의 방식으로 답답함을 해결할 방법을 찾는 것뿐이다.

제안

1. 지도하고, 지도하고, 또 지도하자. 다른 묘수를 기대했을 것을 알지만, 우리 저자 중 한 명이 대학 도서관에 앉아 유아연구 논문에서 깨물기라는 주제로 하루 종일 검색을 해보았지만 그 동안 연구자들이 축적해온 혜안의 요점은 이것뿐이었다. 아이가 깨문다는 걸 알면 철저하게 지도해야 한다.

2. 아이가 깨문다는 걸 알면, 아이가 화가 나서 다른 아이의 신체 부위를 깨물어서 해칠 것 같은 상황이 되기 전에 아이를 상황에서 떼어놓을 수 있도록 최선을 다하자.

3. 벌을 주거나 똑같이 깨물면 안 된다. 아이들은 경험으로부터 배운다는 점을 기억하자. 타인을 존중하는 행동의 모범을 보이자.

4. 철저히 지도했음에도 한발 늦을 수도 있다. 사람이 머리 뒤에 눈이 달리진 않았으니 충분히 있을 수 있는 일이다. 그런 경우 깨문 아이와 깨물린 아이 양쪽을 다독여줘라. 깨문 아이를 '나쁜 사람'으로 만들지 마라. 두 아이를 양 무릎 위에 올려놓거나, 양쪽 팔을 두 아이에게 두른 채 무릎을 꿇고 눈높이를 맞추자. 벌을 줘서 불을 키우지 말고, 자연스럽게 울음이 멈추기를 기다렸다가 깨문 아이에게 물린 아이의 상처에 연고나 얼음을 발라주는 일을 도와달라고 하는 방법도 좋다.

5. 깨문 아이의 감정을 인정하라. "장난감을 갖고 놀고 싶어서 기분이 상했구나" 하는 식으로 말해주어야 한다.

6. 아이들에게 부드럽게 말로 하자고, 다음에도 장난감이 갖고 놀고 싶어지면 자기 차례에 달라고 하자고 말해라. 물론 교사의 말을 이해하지 못할 수도 있지만 아이가 교훈을 받아들일 수 있을 정도로 발달할 때까지 계속 지도해라. 어린아이들을 돌볼 때는 교훈이 학습될 때까지 반복하는 의지와 인내심이 필수적이다.
7. 아이가 깨무는 경향이 있다면 깨끗한 천 같이 깨물어도 되는 물건을 준비해두는 것도 좋다.

부모와의 협력을 위한 팁

깨문 아이의 부모와 물린 아이의 부모 중 누가 더 괴로울까? 막상막하일 것이다. 물린 아이의 부모는 대개 분노에 차서 '뭐라도 할 것'을 요구한다. 깨문 아이의 부모는 대개 면목 없어 하면서 '뭐라도 할' 수 있길 바란다. 그러나 앞서 이야기한 정도의 일은 할 수 있어도 양쪽 부모가 원하는 것처럼 마법의 묘약이 되어주는 것은 없다.

양쪽 부모 모두에게 이 일이 얼마나 고통스러운지 잘 알고 있으며 깨문 아이를 존중하지 않는 방식으로 대하는 것이 타인을 존중하는 법을 가르치는 방법은 아니라고 생각한다고 말하자. 물린 아이도 피해자 취급을 받아서 좋을 게 없다는 점도 짚고 넘어가는 것이 현명하다. 아동 발달에 대해 배운 내용을 알려주고, 철저히 지도할 수 있도록 최선을 다하겠다고 하자.

물린 아이의 부모가 화가 나서 그것 말고도 다른 조치를 취하라고 우긴다면 인내심을 가지고 교사의 목표는 모든 아이를 존중하는 것이라고 설명하자. 물론 벌이 좋다고 믿는 부모라면 당신이 자신의 아이를 돌볼 자격이 없다고 생각할 수도 있다. 그래도 차분하고 따뜻하고 단호한 태도를 유지함으로써 부모에게 훌륭한 본보기가 되어줄 수 있다.

나눔에 인색한
아이

05

아동발달 측면

세 살 아이 네 명이 놀러 나갔는데 놀이터에 세발자전거가 한 대밖에
없다고 생각해보자. 잠시 안에 들어갔다 나오려고 "세발자전거를 함께
타고 놀렴"이라고 말하면 어떻게 될까?

'대혼란'이라고 생각했다면 정답이다. 인간이 삶에서 배양할 수 있
는 가장 고차원적인 사회적 능력은 나눌 수 있는 능력이다. 충분한 시
간을 들여 아이들을 격려하고 지도해야 겨우 배울 수 있는 능력이기
도 하다. 나누지 않거나 못하는 아이들은 '이기적'이거나 '자기중심적'
인 것이 아니라 발달 단계상 다른 사람들을 배려하는 능력이 아직 발

달하지 않았기 때문이다. 어린아이들은 '자기중심적'(자기가 세상의 중심이고 아직 다른 사람의 욕구와 감정을 존중하지 못한다)이다. 원하는 걸 가져야 하고, 당장 갖길 바란다. 늘 나눌 필요는 없지만 때때로 나누면 좋다는 그 미묘한 균형을 이해할 능력이 아이들에겐 아직 없다. 어른들은 정작 자기 자신도 그러지 못한다는 걸 잘 알고 있으면서도 아이들이 늘 나누길 바란다.

제안

1. 아이들이 '말로' 소통하도록 장려하자. 예를 들어 두 아이가 빨간색 트럭을 놓고 몸싸움하고 있다면 꾸짖거나 트럭을 빼앗아가기보다는 어떻게 하면 둘이 같이 가지고 놀 수 있을지에 관해 이야기하도록 하자. "샘, 마크에게 트럭을 가지고 놀아도 되겠냐고 물어볼 수 있겠니?"라고 하면, 샘은 트럭을 빼앗으려 손을 뻗거나 투덜대면서도 그렇게 물을지도 모른다. 그리고 나서 마크가 그 말에 따뜻하고 존중하는 방식으로 답할 수 있도록 도와줄 수 있다.

2. 아이들에게 부엌에서 사용하는 단순한 타이머 사용법을 알려주고 한 아이가 장난감을 얼마나 오랫동안 가지고 놀지를 함께 정하게 하자. 어린아이들은 타이머를 들고 맞춰놓은 시간에 울리길 기다리는 것을 즐기곤 한다. 이렇게 주의를 분산시키면 아이들이 훨씬 수월하게 자기 차례를 기다릴 수 있다.

3. 학급회의를 열어 '나누어 쓰기'를 안건에 올리자. '나누어 쓰기'는

모든 어린아이가 반드시 배워야 할 중요한 기술이다. 따라서 아이들이 따뜻함과 존중을 발휘할 방법을 함께 찾도록 하는 것은 훌륭한 교육법이며, 교사들 또한 심판 일을 할 필요가 확연히 줄어들 것이다.

4. 아이들에게 나누어 쓰기의 본보기를 보여주자. "선생님한테 쿠키가 있어. 한 입 먹은 후에 너와 나눠 먹을게. 너도 선생님이랑 나눌 수 있겠니?"

5. 나눔은 고도의 사회화 기술이며, 이를 연마하기 위해선 많은 시간과 인내심이 필요하다. 벌주거나 훈계 또는 잔소리를 한다고 해서 아이들이 나누고 싶어지지는 않는다. 시간이 지나면서 아이들이 발달 단계상 준비가 될 때까지 인내심을 가지고 지도하는 것이 중요하다.

부모와의 협력을 위한 팁

아이들과 관련된 다른 것들도 마찬가지이지만, 어린아이들이 사회성을 기르려면 시간이 필요하다는 것과, 어린아이는 '자기중심적'인 것이 당연하다는 사실, 사회성을 가르쳐주는 가장 좋은 방법은 모범을 보여주는 것이라는 점을 부모가 알도록 하자. 집에서 특별한 장난감을 가져오면 다른 아이들도 다 가지고 놀고 싶어 하니 가지고 오지 못하게 하라고 알려주자. 정말 꼭 필요할 때가 아니면 아이들에게 나눔을 강요하며 힘겨루기할 필요는 없다. 나누는 법을 가르치려면 어떻게 해야 할지 궁금해하는 부모에게 다음과 같은 추가전략을 알려주자.

어린아이들에게 나누는 법을 가르칠 수 있는 성공전략

• 3~4세 이전 아이들에게 나누는 법처럼 추상적인 개념을 이해하는 것은 발달 단계상 어렵다는 점을 이해하자. 3~4세 이전에도 나눔을 흉내 낼 수는 있지만 그렇다고 그 개념을 이해한다고 할 수는 없다. 개념을 습득할 때까지 훈련을 시킬 수는 있겠지만 아이가 자기 능력 이상의 일까지 해내길 기대하지 말자.

• "선생님 케이크를 ○○이와 같이 나눠 먹고 싶어." "공을 번갈아 가면서 튕기고 놀자. ○○이가 튕기고 놀 때 선생님이 열을 셀게. 선생님이 튕기고 놀 때 같이 열까지 세보자." 이런 말로 나누는 법의 본보기를 보인다.

• 아이들에게 늘 모든 것을 나눌 필요는 없다는 것도 알려주자. "지금 나누어 쓰고 싶은 장난감이 뭐고, 혼자 갖고 놀고 싶은 장난감은 뭐야?"라고 물어봐주자.

• 아이들이 친구를 존중하면서 타협하는 기술을 말로 가르쳐주자. 취학 전 아동을 가르칠 때는 직접 보여주는 것이 가장 효과적인 방법일 때가 많다.

• 번갈아 사용하며 물건을 나눌 기회를 주자. "선생님은 ○○이가 이 장난감을 제일 좋아한다는 걸 알아. 마이클과 어떤 장난감을 나누어 쓸 수 있니?" "○○이가 ~를 먼저 하면 애런은 ~를 먼저 할

수 있겠네."

- 아이들의 감정을 인정해주자. 아이들이 나눔을 힘들어하면 "나누는 게 (번갈아 노는 게) 힘들단 걸 알아. 준비가 되면 잘할 거라고 믿어."라고 말해주자.

- 아이들을 '이기적'이라고 하거나 '말 안 듣는' 아이라고 규정짓고 멋대로 판단해버리거나 수치심을 주지 말자. 그래서는 존중이나 나눔을 장려할 수 없다.

낮잠(조용한 휴식)과
아이

06

아동발달 측면

정말 큰 딜레마가 아닌가! 아이들은 잠을 원하고 필요로 하는 동시에 탐색과 학습 역시 필요로 한다. 재미있는 일을 할 기회를 놓칠까 봐 낮잠을 거부할 수도 있지만, 아이들에겐 잠이 필요하기 때문에 낮잠을 못 자면 짜증을 낼 수도 있다. 대부분의 교사는 낮잠 시간이 힘겨루기의 장으로 쉽게 변할 수 있다는 점을 잘 알고 있다. 다섯 살 미만의 아이들이 정해진 시간 동안 누워서 휴식을 취해야 한다고 규정하는 기관이 많은가 하면, 많은 아이와 몇몇 부모들은 아이에게 낮잠이 필요 없다고 단호하게 주장하기도 한다.

여타 문제와 마찬가지로 계획된 일과, 특히 아이들과 함께 짠 일과는 놀랄만한 효과를 발휘한다. 어른들이 힘겨루기를 피하는 방법을 체득하는 것도 큰 도움이 된다.

제안

1. 아이들이 '조용한 시간' 일과표를 같이 만들 수 있게 하자. '조용한 시간' 전에 해야 할 일들의 목록을 아이들이 직접 작성하게 하자(일부는 교사가 말해줄 수도 있다). 정리정돈, 배변, 씻기, 매트 펼치기, 책 읽어 주기, 잔잔한 음악 듣기 등이 포함될 수 있다. 잡지에서 오린 사진, 아이들이 그린 그림이나 아이들이 일하고 있는 모습을 담은 폴라로이드 사진 등을 이용하면 일과표를 좀더 특별하게 만들 수 있다.

2. 아이들에게 '조용한 시간' 일과표를 보고 다음 일정이 무엇인지 알려달라고 하자.

3. 아이들에게 꼭 잠을 자야 할 필요는 없지만 '조용한 시간'에는 조용해야 한다는 것을 알려주자. 매트 위에 누워서 읽을 책을 고르게 하는 것도 좋다.

4. 아이들에게 특별 담요나 봉제 인형을 가지고 와도 좋다고 하자. 단, 집에서 가져온 담요나 인형은 '조용한 시간'에만 사물함에서 꺼낼 수 있게 한다.

5. 등을 문질러주는 것이 도움이 될 때도 있다. 단, 교사가 직접 하지

않도록 하자. 그렇지 않으면 아이들이 교사로부터 특별대우를 받으려 하고, 교사의 관심을 얻기 위해 서로 경쟁하게 된다. 아이들이 돌아가면서 3~4분간 서로의 등을 마사지해주게 하자. '마사지 시간'을 위해 타이머를 맞출 수도 있다.

6. 낮잠 잘 필요가 없다는 아이들과 논쟁하지 말자. 그렇게 말하는 아이에게는 동의하고, '조용한 시간'에 책을 읽을지, 잔잔한 음악을 들을지 선택하게 하자. 계속 따지려 한다면 미소를 짓거나 윙크를 해준 후 무시해라. 아이가 매트에서 일어난다면 따뜻하면서 단호하게 아이의 손을 잡고 매트 위로 데려가자. 말을 하지 않을 것. 따뜻한 태도를 유지할 것. 말을 하면 아이들이 말대꾸할 거리를 줄 뿐이다. 따뜻하고 단호하게 아이를 매트로 데려가는 일을 여러 번 반복해야 할 수도 있다. 그럴 때는 뒤에 나올 '시소 활동'을 참조하자.

부모와의 협력을 위한 팁

위의 제안들은 부모에게도 도움이 될 수 있다. 따뜻하고 단호하게 행동하되, 입을 닫고 아무 말도 하지 않는 것이 얼마나 중요한지 이해하는 것이 부모에게 특히 도움이 될 수 있다. 기회가 닿는다면 부모나 다른 직원들도 시소 활동에 참여할 수 있도록 하자.

시소 활동

목표

– 어른들이 따뜻하면서도 단호한 행동을 하면서 말하기와 힘겨루기를 피하는 것이 얼마나 효과적인 행동인지 이해하는 것이다. 루돌프 드라이커스 박사가 말했듯이 "입은 닫고 행동으로 보여라."

방법

1. 두 명씩 짝을 짓는다. 파트너와 상의해서 누가 아이 역할을 하고 누가 어른 역할을 할지 정한다.

2. 다음의 방법을 설명한다. "'조용한 시간'에 아이가 매트에서 벗어나서 돌아다니기 시작했습니다. 어른은 아이에게 다가가서 손을 잡고 따뜻하면서 단호하게 아이를 다시 매트로 데려갑니다. 아이가 거부하면 어른은 '시소 활동'을 사용합니다."

3. 앞으로 나와서 아이 역할을 할 사람이 있는지 물어보자. 자원자와 다음과 같이 '시소 활동'의 시범을 보인다. 아이를 부드럽게 매트로 당긴다. 아이가 저항하면 당기기를 멈추고, 아이가 멈출 때까지 어른을 당기게 둔다. 아이는 보통 어른이 저항을 멈추자마자 자기도 멈춘다. 몇 초 기다린 후 아이를 다시 매트로 끌어당긴다. 아이가 또 저항하면 아까처럼 당기기를 멈춘다. 아이가 포기하고 매트로 따라올 때까지 계속해서 시소와 같은 밀고 당기기를 반복한다.

4. 시범을 보이는 도중, 아이 역할을 맡은 사람이 보통 중간에 저항

을 멈추고 어른을 따라간다. 상대가 저항하지 않는 힘겨루기는 재미가 없기 마련이다. 만약 끝까지 포기하지 않는다면 시범 보이기를 멈추고 다음과 같이 설명하자. "역할놀이를 할 때는 아이가 되어주시되 몸은 어른의 몸을 유지해주세요. 즉, 아이가 할 것 같은 일을 하되 실제로 선생님 자신이 행해지는 일에 어떻게 반응하고 싶은지를 따라가 주세요. 대부분 어른은 벌이나 억제에 반응하는 아이 역할을 할 때 벌이나 억제가 일어나고 있지 않음에도 계속해서 그 역할을 다하려 합니다."

5. 이제 파트너들이 돌아가면서 어른과 아이 역할을 하며 양쪽 입장에서 '시소 활동'을 경험한다.

6. 각각의 역할에서 1~2분 정도를 다 마치고 나면 어떤 기분이 들었는지, 무엇을 배웠는지 이야기해보자.

떨어지지 않으려 하는
아이 (19장의 〈우는 아이〉도 참조하자)

07

아동발달 측면

모든 행동이 그렇듯이, 떨어지지 않으려 하는 행동에도 다양한 이유가 있다. 아주 어린 아이는 분리불안 때문에 그럴 수 있다. 이는 정상적인 발달단계로, 자리를 떠나는 사람이 실제로 사라진다고 믿는 시기에 나타나기 때문에 당연히 울고, 떨어지지 않으려 하고, 징징대는 결과로 이어진다. 그것이 어른들을 마음대로 조종하는 방법이라는 것을 깨닫고 더욱 떨어지지 않으려는 아이들도 더러 있다. 대부분의 경우 늘 필요한 걸 다 해줬기 때문에 분리를 비롯한 다양한 상황에 대처할 능력을 경험을 통해 키울 기회가 부족했던 아이들이 떨어지길 싫어하는 편이다.

제안

1. 처음 등원할 때 아이와 부모 모두가 새로운 환경에 익숙해질 수 있도록 부모가 몇 시간 정도 아이와 함께 보낼 것을 제안하자.
2. 새로운 환경에 익숙해진 후에는 부모가 아이를 등원시킨 후 빨리 떠나달라고 부탁하라. 많은 경우 아이들은 부모가 떠나자마자 괜찮아진다.
3. 가능하면 잠시 아이를 안고 흔들어주거나, 큰아이에게 어린아이를 토닥여 줄 것을 부탁하자.
4. 아이가 스스로 감정을 추스르게 하는 것이 최선일 때도 있다. 달래거나 과도한 관심을 주지 말라는 뜻이다. 아이가 자기 감정을 느끼고, 상황에 대처할 방법을 배울 수 있다고 신뢰하자. 안심할 수 있도록 미소지어주고, 이따금씩 그룹과 함께하면 어떠냐고 물어볼 순 있겠지만 지나치게 다가가진 마라. 어떤 아이들은 다른 아이들보다 적응하는 데 더 오래 걸린다.

부모와의 협력을 위한 팁

자기 아이가 어려운 상황에 대처할 능력을 갖고 있다는 사실을 대다수의 부모가 믿어주지 않는다. 한동안 기분이 좋지 않거나 불안해하는 것도 상황에 대처하는 방법 중 하나일 수 있다. 실제로 걱정과 실망도 삶의 일부이다. 아이들은 자신을 아끼는 어른들에게 감정적인 지지와 격려를 받으면서 힘든 감정도 처리할 수 있다는 사실을 배울 때 더 많이 성장한다. 아이가 과보호를 받거나, 오냐오냐 자라거나, 힘든 상황에서 너무 자주 구출되면 상황과 감정에 대처하는 능력을 발휘할 기회를 빼앗긴다. 그와는 반대 측면에서 아이들은 안정감을 느껴야 독립심을 기를 수 있다. 균형을 찾는 것이 늘 어려운 일이다. 다음의 이야기에서 부모들이 뭔가를 깨달을 수 있을지도 모른다.

멜리는 엄마인 로리 여사에게서 한시도 떨어지지 않으려 한다. 로리 여사는 멜리가 독립심을 기르길 원해서 멜리를 밀어냈지만 도움이 되지 않았다. 멜리는 계속해서 엄마에게 매달렸다.

어느 날 지역축제에 간 로리 여사와 친구는 그곳에서 본 점쟁이에게 '그냥 재미로' 점을 보기로 했다. 점쟁이는 올해가 가기 전에 로리 여사에게 뭔가 충격적인 일이 일어날 것이라고 했다. 로리 여사는 축제 나들이가 더는 즐겁지 않았다. 점쟁이의 말을 진지하게 믿은 로리 여사는 자신이 올해 안에 죽을 것이라고 확신했다.

그러자 많은 것에 대한 태도가 변했다. 멜리의 매달리는 행동이 걱정되지 않았고, 오히려 자신이 딸에게 매달리기 시작했다. 딸과의 모든 순간을 행복하게 보내고 싶었고, 늘 멜리가 무릎 위에 앉도록 했다. 멜리도 무척 좋아했다. 얼마간은. 그러더니 엄마의 애정이 지나치다고 느꼈는지 엄마에게서 떨어지려고 하며 독립성을 발휘했다.

1년이 지났지만 로리 여사는 여전히 건강했다. 멜리는 행복하고 독립적인 아이가 되었다. 의도한 바는 아니었겠지만 로리 여사는 멜리가 충분히 안정감을 느낄 수 있도록 도와주었고, 멜리는 더 이상 엄마에게 매달리지 않는 아이가 될 수 있었던 것이다.

일과표를 만들어라

목표
1. 부모와 교사가 아이들의 협동심을 길러줄 수 있는 방법을 학습할 수 있도록 한다.
2. 매일 해야 하는 일의 틀을 잡고 정해진 일과를 구축한다.

준비물
- 플립 차트 (한 장씩 넘길 수 있는 큰 발표용 종이)와 마커

방법
1. 보통 자기 전에 할 일과를 짜면서 시작하자.
2. 3세 아이 역할을 맡아줄 아이가 있는지 묻자.
3. '3세 아이'가 자기 전에 해야 할 모든 일을 생각해보라고 하자. 해야 할 일을 말하면 플립차트에 받아 적자. 장난감 정리, 잠옷 입기, 목욕, 양치하기, 서로 안아주고 뽀뽀하기, 책 읽기 등이 있을 수 있다.

4. 목록을 함께 보면서 뭐가 첫 번째, 두 번째, 세 번째, 네 번째인 지 묻자. 예를 들어 "목욕을 먼저 할까 잠옷을 먼저 입을까? 안 아주고 뽀뽀하기 전에 책을 읽을까?" 가장 먼저 해야 하는 일 앞에 1을 쓰고, 그다음으로 해야 하는 일 앞에 2를 쓰는 식으로 순서를 표시한다.

5. 다음 장에 방금 정한 일과를 순서대로 적고 그림을 그릴 공간을 충분히 남겨둔다.

6. '3세 아이'에게 일과 하나를 하고 있는 자신의 모습을 그려보라고 하자.(나중에는 모든 일과 옆에 그림을 그려도 된다고 말해주자.) 또 다른 방법은 각각의 일과를 하고 있는 아이들의 모습을 폴라로이드 사진으로 담거나 잡지에서 사진을 오리는 것이다.(각각의 일과를 하는 자신의 모습을 볼 수 있기 때문에 아이들이 가장 좋아하는 방법이기도 하다.)

7. '3세 아이'에게 포스터를 어디에 붙여야 잘 보이고 잘 따를 수 있는지 묻자.

8. 아침 일과, 식사 일과, 하원 후 일과 등 다양한 시간대를 위한 일과표를 작성할 수 있다고 알려주자.

중요

- 일과표가 '대장'이 되게 하는 것이 매우 중요하다. 아이들에게 뭘 하라고 시키기보다는 "일과표에선 다음 일과가 뭐라고 되어 있지?"라고 물어보자.

말 안 듣는
아이

08

아동발달 측면

아이들이 말을 안 듣게 만드는 주범은 사실 어른들이다. 미안하지만 이 경우에도 어른들이 자기 행동을 돌아봐야 한다. 훈계는 아이들이 말을 듣지 않게 만드는 가장 좋은 방법이다. 어른들은 훈계를 하고, 또 하고, 계속 할 때가 너무 많다. 아이에게 무슨 일이 생겼고, 왜 그 일이 생겼으며, 그에 대해 아이가 어떻게 생각해야 하고 또 무엇을 해야 하는지를 어른이 말해주면 아이는 큰 위협을 느낀다. 그리고 자신을 보호하기 위해 귀를 닫는다. 우리 자신이 훈계받을 때 기분은 어땠는가? 아마도 무능력하다고 느끼거나, 지루해하거나, 짜증나거나, 방어적인 태도를 취하거나, 때론 노골적으로 반항했을 수도 있다. 그런데 아이들이라고 다를 바가 있을까?

제안

1. 아이들은 어른이 자기 얘기를 경청했다고 느낀 후에야 어른의 말을 듣는다. 아이가 어른의 말을 듣도록 훈련할 때 가장 먼저 해야 할 일은 경청의 모범을 보여주는 것이다.

2. 반영적 경청 또는 적극적 경청 기법을 사용하라. 반영적 경청은 "낮잠 자고 싶지 않구나?"라거나 "다른 아이가 때려서 화가 났구나"처럼 방금 들은 이야기를 반영해서 다시 말해주는 것을 의미한다. 단, 이때 앵무새처럼 따라 하는 것처럼 보이지 않도록 주의해야 한다. 적극적 경청은 "줄리가 장난감을 빼앗아 간 게 화가 나서 줄리를 때렸구나"처럼 행간의 의미를 간파하고 아이의 감정을 짐작한 후, 그 짐작이 맞는지 확인해보는 것을 의미한다.

3. 아이의 감정을 인정하라. 반영적 경청과 적극적 경청 모두 아이의 감정을 인정해주는 경청방법이다. 이렇게 말해주면 된다. "이해해. 나라도 그런 감정이 들었을 것 같아."

4. 어른이 자기 얘기를 경청했다고 느낀 아이들은 어른의 말을 들을 마음이 생길 것이다. 그리고 나면 짧은 훈계를 할 수 있다. 단, 그 후 아이들을 문제해결에 참여시킬 경우에만 말이다. "화가 난 걸 이해해. 어떤 감정이든 느껴도 좋아. 하지만 네가 어떤 행동을 하

는지는 다른 문제야. 화가 나는 건 괜찮지만 다른 사람을 때리는 건 괜찮지 않아. 어떻게하면 때리지 않고 화난 감정을 표현할 수 있을까?"

5. 아이와 함께 방법을 브레인스토밍하자. 처음에 시작하는 걸 힘들어하면 교사가 시작해주는 것도 좋다. "말로 해보는 건 어떨까? 학급회의에서 문제해결을 부탁하고 다른 친구들의 도움을 받으면 어떨까? 줄리와 같이 선택 돌림판을(192쪽) 써서 해결책을 찾아보자고 물어보는 건 어떨까?"

6. 일방적으로 말하지 말고 '뭘까'와 '어떻게'로 질문을 하자. 교육(education)이라는 단어는 '끌어오다'라는 뜻을 지닌 라틴어의 educare에서 유래되었다는 점을 기억하자. 훈계는 '채워 넣으려는' 시도일 뿐이다.

7. 네 살 미만의 아이들에게 훈계는 특히 더 효과가 없다. 그 나이대의 아이들은 발달 단계상 어른들 생각만큼 훈계를 받아들이고 이해할 수 없다. 그저 의심과 수치심만 기억하게 될 뿐이다. 이와 같은 좌절은 문제행동을 유발할 수 있다. 4세 미만의 아이들에겐 다음의 방법을 제안한다.

8. 지침을 줘야 한다면 말을 적게 하라. 한 단어로 하는 것이 가장 좋다. "조용한 시간", "청소 시간"이라고 짧게 말하는 것이다.

9. 비언어적 신호를 사용하라. 해야 할 일을 손으로 가리켜라. 미소를 짓되, 한마디도 하지 마라.

10. 행동하라. 아이의 손을 잡고, 따뜻하고 단호하게 해야 할 일이 있는 곳으로 데려가자.

11. 아이들과 일과표를 만들었다면 다음 할 일이 무엇인지 말해주기
    보다는 아이들에게 물어보는 것이 좋다.
12. 작게 속삭이듯이 말하면 무슨 말인지 듣기 위해 아이들이 경청
    할 것이다. 한번 해보라.

부모와의 협력을 위한 팁

앞서 열거한 제안들은 가정에서도 도움이 될 것이다. 또한 추가로 다
음과 같은 전략이 있다.

경청을 장려하기 위한 전략들

1. 아이들은 통제를 포기하고 협력을 가르치는 부모 밑에서 자랄 때
   서로 존중하는 가족의 일원이 될 수 있다.
2. 경청의 모범을 보여라. 아이들은 어른이 자기 얘기를 경청했다고
   느낀 후에야 어른의 말을 듣는다.
3. 정기적으로 가족회의를 열어 부모를 포함한 모든 가족 구성원이
   서로를 경청하고, 비난보다는 해결책을 찾는 데 집중한다.
4. 부탁할 때 아이를 존중한다. 아이가 뭔가 하고 있을 때 부탁했다
   면 '지금 당장' 해주길 바라지 않는다. "잠깐 쉬고 지금 이걸 해주
   겠니, 아니면 20분 안에 해주겠니? 네가 정해."라고 말한다. "네
   가 정해"라고 덧붙이는 것은 아이에게 큰 힘이 된다. 20분이라고

한다면 "타이머를 직접 맞출래, 아니면 내가 맞출까?"라고 묻는다. 중요한 정보가 있는데 경청할 마음이 있는지 아이에게 물어본다. 이렇게 말하면 보통 호기심이 동하고, 선택을 할 수 있기 때문에 존중받는 기분이 들 것이다. 이때 아이가 스스로 듣겠다고 하면 경청할 것이다. 듣지 않겠다고 하면 훈계는 생각도 하지 않는 편이 좋다. 어차피 듣지 않을 것이기 때문이다.

목청껏 떠드는
아이

09

아동발달 측면

알프레드 아들러는 이렇게 말했다.

"모든 일은 실제로 보이는 것과 다를 수 있다."

크게 떠드는 행위를 무례하다고 생각할 수도 있지만, 반대로 열의가 있다고 생각할 수도 있다. 어느 쪽이든 해결해야 할 문제인 것은 맞지만, 시끄러운 수다를 무례함의 발로가 아닌 열의에서 유래한 것으로 본다면 문제해결을 할 때 완전히 다른 태도를 취하게 될 것이다.

제안

1. 아이에게 시끄럽게 떠들면 문제가 될 수 있다는 것과 왜 문제가 되는지를 알려주자. 그리고 문제해결을 도와달라고 부탁하자. 학급회의는 해결책을 브레인스토밍할 수 있는 좋은 기회가 된다.

2. 여타 문제와 마찬가지로 큰 목소리로 떠드는 문제는 지속적으로 해결해나가야 하는 문제이다. 특히 아이들의 열의를 사그라뜨리기가 힘들 때는 더욱 그렇다. 때로는 "크게 떠들면 어떻게 하기로 했지?"라고 물어보는 것도 좋다. 그 질문만으로 기억을 상기시켜줄 수 있다. 아이들에게 기억을 되살려줄 필요가 없다는 생각은 비현실적이다. 아이를 존중하면서 기억을 상기시켜주면 시간도 줄일 수 있고, 혼내거나 벌줄 때보다 기분도 훨씬 좋을 것이다.

3. 아이들에게 큰 목소리로 말해도 될 때와 작은 목소리로 말해야만 할 때를 일러주기보다는 물어보도록 하자. 참여의 마법을 기억하자. 아이들은 올바른 답을 할 것이다. "밖에서요, 실내에서요"라고 말이다. 만일 답이 나오지 않는다면 "실내에서는 어떤 목소리를 써야 할까?"와 같이 답을 유도할 수 있는 질문도 좋다. 아이들에게 답을 직접 말해주는 것이 아니라 아이들이 답을 할 것이기 때문이다.

4. 또 다른 전략은 아이들이 작은 목소리를 써야 할 때를 알려주는 신호를 만들자고 하는 것이다. 귀를 살짝 당기는 것일 수도, 머리를 톡톡 두드리는 것일 수도, 평화를 상징하는 제스처를 보여주는 것

일 수도 있다. 물론 아이들이 결정하게 하자. 아이들이 조용히 말하기로 한 시간에 시끄럽게 말한다면 정해놓은 신호를 주거나, 조용히 말하기 신호가 기억나는 사람이 있는지 물어보자.

부모와의 협력을 위한 팁

아이들이 큰 목소리를 써도 되는 곳과 작은 목소리를 써야 하는 장소를 어디로 정했고, 이를 알려주기 위해 정한 신호가 무엇인지 자기 부모에게도 얘기하게 하자. 아이들은 자신의 문제해결 능력과 협동심을 남에게 보여줄 수 있을 때 자랑스러워한다.

10

무례한
아이

아동발달 측면

　모든 행동엔 목적이 있다. 무례하게 행동하는 아이의 목적은 뭘까? 아이들의 수만큼이나 다양한 목적이 있겠지만, 여기에선 그중 몇 가지 가능성을 살펴보려 한다.

　우리는 늘 아이들의 세상으로 들어가서 행동을 이해하는 것의 중요성을 강조한다. 그러기 위해 교사 자신의 감정을 들여다보는 방법을 쓸 수 있다. 자신의 감정이 아이의 목적, 즉 아이의 어긋난 행동목표(63~64쪽 참조)를 이해하는 첫 번째 실마리가 되어줄 것이다. 물론 엉뚱한 목표는 좌절 때문에 생기며, 아이의 목표를 이해하는 것이 좌절의 원인을 이해하는 첫걸음이다. 이때 아이들에게 질문을 해서 교사의 추측이 맞는지 확인해볼 수도 있겠지만, 아이들은 자신의 어긋난 행동목표를 자각하지 못하는 경우가 많다는 것을 유념하자.

아이가 좌절한 이유가 무례하게 다뤄졌기 때문일 수도 있다. 그럴 의도가 없다고 하더라도 어른들은 수많은 방식으로 아이들을 무례하게 대한다. 아이들을 자기 마음대로 좌지우지하려고 하는 것도 무례한 방식이다. 어떤 형태로든 아이에게 벌을 주는 것은 무례한 일이며, 장기적으로 봤을 때 효과가 없는 방법이다.

제안

1. 아이들을 존중하자.
2. 방임, 통제, 체벌을 사용하지 말 것. 이 세 가지는 모두 아이들이 온갖 무례한 행동을 하도록 유발할 수 있다. 아이들이 반항적이 될 수도, 복수하려 들 수도, 까다롭게 모든 것을 요구하게 될 수도 있다.
3. 누구 한 명을 비난하기보다는 아이들을 존중하는 방식으로 해결책을 찾는 과정에 참여시키자.
4. 세 살 미만의 아이들에겐 '넌 나쁜 아이야'라는 메세지를 주듯 비난하거나 벌을 주기보다는 주의를 분산시키거나 다른 곳으로 집중하게 하는 것이 좋다.
5. 아이들에게 도움을 구하고, 자신이 아이들을 얼마나 아끼는지 알

려줌으로써 아이들이 소속감과 자존감을 느끼게 하자.

6. 포옹을 해보자. 아이가 무례하게 굴 때, '선생님 안아줘' 같은 말을 해보자. 어린아이와 포옹하는 것이 아직까지는 사회적으로 용납되어서 다행이다. "안아주기, 악수하기, 하이파이브 중에 뭘 하면 기분이 좋아질까?" 하고 물어보는 방법도 있다. 이렇게 하면 아이가 무례한 행동을 멈추고, 소속감과 의욕도 얻을 수 있는 경우가 많아서 교사가 다른 방법을 시도할 필요가 없게 된다.

7. 예상치 못한 일을 하는 것도 아이가 문제행동을 하거나 좌절감을 느끼지 못하도록 주의를 분산시키고 교사와 아이 모두에게 상황을 돌아볼 시간을 줄 수 있다. 예를 들어 "선생님이 너 정말 아끼는 것 알지?"와 같은 말을 해줄 수도 있고, "1분 동안 누가 제일 웃긴 표정을 지을 수 있는지 볼까?"라며 갑자기 놀이를 시작할 수도 있다. 이렇게 해서 함께 웃음을 터트린 후에는 문제해결에 집중할 수 있을 것이다.

부모와의 협력을 위한 팁

부모가 아이들을 무례하게 대했기 때문에 아이들도 무례한 행동을 하는 것일 수도 있다는 말을 듣고 기분이 좋을 부모는 없겠지만, 이해해주어야 한다. 부모들 자신이 무례한 대우를 받으면 기분이 어떨지, 또 어떻게 대응하고 싶을지 공감할 수 있도록 다음의 활동을 공유하자.

무례는 무례를 낳는다

목적
- 어른의 행동이 아이의 행동에 어떻게 영향을 끼칠 수 있는지 이해한다.

방법
1. 다른 사람이 나를 무례하게 대했을 때를 떠올린다.
2. 무슨 일이 있었는지 말해본다.
3. 그 상황을 다시 생각해보면 어떤 기분이 드는지 생각해본다.
4. 어떻게 대응하고 싶은지 떠올려본다. 협력하고 싶은지, 반항하고 싶은지, 복수하고 싶은지, 아니면 사라지고 싶은지.
5. 내가 마지막으로 자녀에게 무례하게 했던 때를 떠올려본다.
6. 그때 무슨 일이 있었는지 말해본다.
7. 아이의 기분이 어땠을지 생각해본다.
8. 그 때 아이가 어떻게 대응했는지 떠올린다. 반항, 복수, 포기 중 한 가지 반응을 했는가?
9. 그때로 다시 돌아갈 수 있다면 같은 상황에서 어떻게 행동을 변화시킬지 생각해본다.

반항하는 아이

11

아동발달 측면

　아이의 반항을 좋아하는 어른은 없을 것이다. 하지만 반항하는 행동 자체를 해결하려고 하기 전에 아이가 왜 반항하는지를 이해하는 것이 현명하다. 일부 원인은 어른에게 있을 수도 있다. 어른이 아이를 통제하거나 방임해서 아이의 자율성에 대한 욕구를 위협하고 있거나, 단순히 건설적인 자율성을 발휘할 만한 사회성이나 언어능력이 부족해서 반항밖에 할 수 없거나, 그것도 아니면 폭력적이거나 무례한 등장인물이 등장하는 텔레비전 프로그램을 너무 많이 보았을 수도 있다.

　아이들도 자신의 힘을 발휘할 수 있어야 한다. 아이들은 모두 힘을 가지고 있고, 그 힘을 어떤 방식으로든 발휘할 것이다. 교사의 역할은 아이들이 그 힘을 건설적으로 발휘할 수 있게 돕는 것이다.

제안

1. 아이들은 화가 나면 이성적 사고를 할 수 없게 된다. 이 말은 예전에도 들어봤을 거고, 앞으로도 계속 듣게 될 것이다. 아이가 진정할 수 있는 시간을 주어야 아이와 이성적인 대화를 나눌 수 있다. 아이에게 뭔가를 요구하거나 어떤 형태로든 벌을 주면 더 큰 반항만 불러일으키게 된다.

2. 아이들이 반항 행동을 할 필요성을 느끼지 못하는 환경을 조성하자. 아이들을 내 맘대로 해도 되는 물건처럼 다루거나, 역으로 모든 것을 다 해주며 수혜자로 취급하기보다는 서로 존중하면서 함께 무언가를 할 수 있는 소중한 자산으로 대하자.

3. 학급회의(80페이지 참조)는 아이들이 존중받으며 활동에 참여하게 해주는 좋은 기회가 된다. 아이들은 해결책을 브레인스토밍하는 활동을 좋아하며, 학급회의를 통해 자신이 능력 있고 남을 도울 수 있는 존재라고 느끼게 된다.

4. 아이에게 도움을 요청하고 사고능력을 발휘하도록 하자. "선생님은 네 도움이 필요해. 정리하는 걸 도와주려면 뭘 할 수 있을까?" 아이들은 자신이 능력 있고 남에게 필요한 존재라고 느낄 때 행복해한다.

5. 제한된 선택지를 제공하자. "선생님은 네 도움이 필요해"라는 말로 시작하는 것이 가장 좋다. 그리고 나서 "블록 공간 청소를 도와줄래? 아니면 역할놀이 공간 청소를 도와줄래? 네가 정해" 하고 묻자. "네가 정해"라고 끝을 맺는 것이 아주 중요한데, 아이의 자율성을 고취하고 자신이 쓸모 있는 사람이라는 자신감도 주기 때문이다.

6. 아이들이 규칙을 지키고, 규칙으로부터의 안정감과 자율성, 그리고 자신의 힘을 느낄 수 있도록 일과표를 만들게 하자(79쪽 참조). 그리고 일과표가 '대장'이 되게 하자. 아이에게 뭘 하라고 시키기보다는 "일과표를 보자. 이제 뭘 해야 할까?"라고 묻자.

7. 문제행동을 하는 아이는 좌절한 아이라는 사실을 기억하자. 벌은 좌절감을 키워서 결과적으로 문제행동을 늘릴 뿐이다. 반면 아이를 존중하면서 뭔가를 같이 하자고 하면 의욕이 고취된다.

부모와의 협력을 위한 팁

부모는 자신이 아이의 반항을 키웠을 수도 있다는 사실이나 아이가 무력하다고 느끼기 때문에 안 좋은 방식으로 힘을 발휘한다는 사실을 인지하지 못할 때가 많다. 위의 제안을 학부모와 공유하자. 다음과 같은 활동도 큰 도움이 된다.

"나는 할 수 있어"

목표
- 아이들의 사회성 및 정서 발달을 이해하고, 아이들이 의심과 수치심이
  아닌 자율성을 기를 수 있게 해주는 것이 얼마나 중요한지 이해한다.

참고
- 에릭 에릭슨은 다음의 정서 발달 및 사회성 발달의 세 단계를 발견했
  다. 이 활동은 두 번째 단계 '자율성 vs 의심과 수치심'에 초점을 둔다.
- 한 살 미만: 신뢰 vs 불신
- 1~2세: 자율성 vs 의심과 수치심
- 3~6세: 주도권 vs 죄책감

방법
1. 자신이 사용한 훈육의 방법을 포함하여 아이들이 의심과 수치심
   을 느낄만한 행동을 했던 경험을 열거해본다.
2. 아이들이 자율성을 느낄 만한 행동을 했던 경험을 열거해본다.
3. 첫 번째 목록에서 아이들이 의심과 수치심을 느낄 수 있다는 사실
   을 모르고 그간 해왔던 행동에 동그라미를 친다.
4. 두 번째 목록에서 아이들에게 자율성, 즉 '나는 할 수 있어'라는 믿
   음을 심어주기 위해 교사가 주기적으로 하는 행동을 동그라미 치자.
5. 자신이 충분히 능력 있다고 느낄 때 아이들이 반항도 덜 한다는 사
   실을 알 수 있을 것이다.

밥을 잘 먹지 않는 아이

12

아동발달 측면

먹는 행위는 배변이나 수면처럼, 어른들의 지나친 관심이나 통제 때문에 전쟁터가 되어버린 자연스러운 신체기능 중 하나다. 보육원에서는 부모들만큼 먹는 것을 큰 문제로 생각하지 않는다. 교사들은 일반적으로 아이의 영양 상태나 식습관에 부모만큼 감정을 투자하지는 않기 때문이다. 하지만 점심이나 간식을 먹지 않거나, 편식을 하거나, 늘 다른 아이와 음식을 맞교환하는 아이들은 문제가 될 수 있다. 아이를 먹게 만들라며 부담을 주는 부모도 있다.(특별한 식단이 필요한 아이들을 돕는 방법은 1부 7장을 참고하자.)

아이들에게 양질의 선택지를 주면 자연스럽게 필요한 것을 먹는다는 것은 여러 연구결과를 통해 증명된 사실이다. 문제는 영양이 풍부한 음식을 원하는 자연적인 욕구를 가로막는 질 낮은 선택지가 너무 많을 때 발생한다.

제안

1. 식사시간이나 간식시간에 필요한 모든 단계를 포함하는 일과를 짜자. 4세 이상의 아이들이 일과 짜기를 돕게 하자. 음식이나 테이블 세팅처럼 식사 준비에 필요한 일부터 식사시간, 정리 일과 등이 해당된다.
2. 되도록이면 아이들이 음식 준비를 돕게 하자.
3. 아이들이 음식 준비를 도울 수 없다면 테이블 세팅과 정리를 돕게 하자.
4. 아이들에게 음식을 서빙해주기보다는 음식을 테이블 위에 놓고 아이들이 스스로 덜어 먹을 수 있게 하자. 간단한 샌드위치를 점심으로 먹더라도 큰 접시 위에 올려놓고 아이들이 스스로 가져갈 수 있게 하자. 너무 많은 양을 가져가는 아이들에게는 '뭘까'와 '어떻게' 질문으로 적정량을 가져갈 수 있도록 하자.
5. 영양가 있는 음식을 먹게 하려고 디저트를 뇌물로 쓰지 말자. 디저트가 문제가 되지 않도록 아예 없애는 게 나을 수도 있다. 아이들이 좋아할 만한 모양으로 자른 치즈나 과일을 디저트로 주는 방

법도 있다.

6. 먹는 것을 문제화하지 말자. 10분 내외로 먹고 싶은 것을 먹게 하고, 정해진 시간이 지나면 정리 일과를 시작하라.

부모와의 협력을 위한 팁

음식이 부족하던 대공황 때에는 가정에서 아이들의 식습관 문제로 고생하지 않았다는 사실을 부모들에게 언급해주는 것도 도움이 될 수 있다. 한 사람이 먹지 않으면 그만큼 다른 사람들이 더 먹을 수 있었고, 아무도 그런 기회를 마다하지 않았던 때였다.

부모들이 자기 아이들의 까다로운 취향과 투정에 맞춰주면서 특별식을 따로 준비해줄 수도 있다. 그 경우 밥투정과 음식을 두고 힘겨루기를 하기 쉽다. 부모들은 아이를 보호하고 통제하려는 노력이 의도한 것과 반대의 효과를 낳고 있다는 사실을 모를 수도 있다. 본연의 신체기능을 두고 힘겨루기 양상을 자초하고 있는 걸지도 모른다는 사실을 알아야 한다. 다음과 같은 팁을 부모들과 공유하자.

식사시간 팁

1. 집에 정크 푸드를 들이지 말자. 당연한 말이지만 과자나 정크 푸드에 익숙해진 아이들은 일반 가정식을 먹으려 하지 않는다.

2. 어떤 음식도 억지로 먹이려 하지 말자. 힘겨루기만 하게 될 뿐이
   다.

3. 아이들이 먹지 않는다고 해서 과하게 관심을 보이지 말자.

4. 굶주리는 아이들도 있다며 훈계하지 마라. 원하는 효과를 보기는
   커녕 아이들로부터 그럼 이 음식을 그 아이들에게 보내주라는 말
   이나 들을 것이다.

5. 아이들에게 특별식을 준비해주지 말자.(6번 팁 참고)

6. 아이들에게 스스로 땅콩버터 샌드위치나 치즈 또띠야 등의 간단
   한 음식을 만드는 법을 가르쳐주고, 식단 짜기와 식사 준비를 돕
   게 한다. 앞으로는 식탁 위에 차린 음식이나 직접 만든 샌드위치,
   또띠야 중에 골라서 먹을 수 있다고 말해준다. 그리고는 평온한 마
   음으로 아이들이 알아서 선택하게 한다. 식탁 위에 차린 음식이 마
   음에 안 든다고 불평하면 "그럼 어떻게 하면 되지?"라고 묻는다.

7. 식사 시작과 종료 시간을 정한다. 어린아이들에겐 보통 10~15분
   이면 밥 먹는 데 충분하다. 함께 정한 시간이 끝나면 식탁을 치운
   다. 깨작깨작 먹던 아이들이 배고프다고 칭얼대면 "다음 식사까
   진 참을 수 있을 거야"라고 말해준다. 식사시간은 내 마음대로 어
   른을 조종해도 되는 시간이 아니라는 것을 교사의 행동을 통해 배
   울 것이다.

8. 여타 문제와 마찬가지로 아이들은 존중받으며 참여할 때 더 협조
   적이다. 2~3세의 어린아이도 양상추를 씻고 찢거나 식사 테이블
   을 차리는 등 많은 일을 도울 수 있다.

9. 아이들이 3~4세가 되면 식단 짜기를 돕게 한다. 스스로 짠 식단

은 더 잘 먹을 것이다. 장보기나 식사 준비도 도울 수 있다.

10. 설탕이 과하게 들어간 제품은 피하자. 설탕은 좋은 음식을 원하는 자연스러운 신체 욕구를 억제한다.

11. 건강한 간식을 주자. 치즈나 당근 등 건강한 간식을 먹고 배가 불러서 식사를 안 먹는 건 별로 문제가 되지 않는다. 좋은 음식을 무조건 식사시간에만 먹어야 한다는 법은 없다.

12. 스파게티, 마카로니앤치즈, 참치 캐서롤, 타코, 햄버거, 매쉬포테이토와 그레이비소스, 젤로 과일샐러드, 그릴드치즈샌드위치와 같이 아이들이 일반적으로 좋아하는 간단한 음식을 중심으로 식사를 준비하자. 아이들은 대개 어른들이 '미식'이라고 생각하는 음식을 좋아하지 않는다.

13. 아이들에게 양질의 종합비타민제를 먹게 하고, 마음을 편히 가져라.

『긍정의 훈육: 4~7세 편』(에듀니티, 2016)에서 발췌, 수정

배변훈련과
아이

13

아동발달 측면

이 주제에 관해 쓸 때 제일 먼저 든 생각은 '사실 별것도 아닌 일인데 지나치게 걱정하는 것 같다'였다. 자연스러운 생리현상이 왜 전쟁이 되어버린 걸까? 긍정의 훈육 시리즈『긍정의 훈육: 4~7세 편』에는 '자고, 먹고, 싸는 건 시킨다고 될 문제가 아니다'라는 부분이 있다. 안심되는 말이다. 배변훈련이 전쟁이 되어버린 이유는 때가 되면 알아서 잘할 일을 어른이 '억지로 시키기' 때문이다.

아이가 화장실에서 볼일을 보게 되어 더는 더럽고 냄새나는 기저귀와 씨름하지 않아도 되는 건 어른들에겐 기쁜 일이지만, 아이가 '화장실'이라는 '어른의 세계'에 들어가기 위해서는 우선 신체적인 준비가 되어야 한다. 아이에 따라 간질간질하거나 뭔가 가득 찬 느낌이 화장실에 가야 할 때라는 것을 잘 느끼지 못할 수도 있고, 아니면 때가 됐다는 건 알지만 놀다가 중간에 화장실을 가서 단추를 풀고, 지퍼를 내려가면서 볼일을 보는 게 싫어서 일부러 기저귀에 실례하는 아이들도 있다. 요즘 아이들은 평균적으로 세 살 즈음에 배변훈련을 시작한다. 전보다 기저귀가 덜 불편해지고, 흡수력이 좋아져서 볼일을 봐도 아이들이 크게 불편해하지 않기 때문에 더 늦은 나이에 배변훈련을 시작하는 추세라고 보는 교사도 있다.

아이들은 어떻게 언어를 배우게 되는 걸까? 주변에서 하는 걸 보고 따라 하면서 배우는 경우가 대부분이다. 많은 부모들이 '언어훈련'에 '배변훈련'만큼 집착하진 않는다. 아마도 언어는 언젠간 습득하게 될 것이라고 알고 있기 때문이리라. 어느 현명한 소아과 의사는 "아이들은 유치원에 가기 전에 알아서 기저귀를 뗀다"고 말했다. 배변훈련은 시간과 인내심, 기회만 맞아떨어지면 딱히 어른이 뭘 해주지 않아도 자연스럽게 된다는 것이다.

몇몇 영특한 아이들은 먹고 자는 것과 마찬가지로 볼일을 보는 것이 자신에게 주어진 힘을 멋대로 휘두를 기회라는 걸 안다. 따지고 보면 어른이 시키는 대로 하지 않는 것만으로 난리가 나는 상황이 얼마나 되겠는가?

제안

1. 진정해라. '아이가 대학에 가기 전에는 화장실에서 대소변을 보겠지'라는 정도로 여유를 가지는 게 좋다. 아이의 자연스러운 생리현상을 멋대로 통제하려는 태도 때문에 아이와 힘겨루기를 하지 않도록 하자.

2. 교사는 부모만큼 아이들과 감정적으로 엮여 있지 않기 때문에 배변훈련을 시키기는 더 수월할 수 있다. 또 수업 시간에 '화장실 가기' 시간을 따로 빼놓을 수도 있고, 다른 아이들을 보면서 올바른 화장실 이용법을 배우도록 할 수도 있다. 아마 똥 기저귀를 교체하는 일이 즐겁다는 사람은 없을 것이다. 어떤 일이든 간에 맘에 쏙 드는 면이 있는가 하면 진절머리 나는 면도 있기 마련이다. 다음의 과정을 이해하고 따른다면 머지않아 똥 기저귀와 씨름하지 않아도 될 것이다.

3. 연령에 따라 기대치를 조정하자. 돌보는 아이들이 신생아라면 똥 기저귀는 일의 일부일 수밖에 없다. 나이뿐만 아니라 개인차도 있을 수 있다. 아이들은 보통 2세에서 4세 사이에 용변을 가릴 수 있게 되는데, 이때 아이들을 서로 비교하지 말아야 한다. 또 여자아이들이 남자아이들보다 빨리 용변을 가린다. 만 4세가 넘었는데도 용변을 가리지 못한다면 의학적인 문제가 있거나 권력을 심하게 휘두르는 어른 때문일 수도 있다.

4. 교사의 태도는 매우 중요하다. 아이가 생각하기에 교사가 딱히 자

신의 배변 활동을 통제하려 하거나 억지로 배변훈련을 시키려고 하는 것 같지 않으면 아이들도 크게 반항하지 않는다. 그러니 너무 걱정스러운 모습을 보여서는 안 된다.

5. 두 돌이 넘은 아이들에겐 배변훈련 팬티를 입히는 것도 도움이 될 수 있다. 배변훈련 팬티는 아이들이 배변훈련에 잘 적응할 수 있도록 해줄 뿐만 아니라 깜빡 실례를 했을 때도 스스로 뒤처리를 할 수 있게 해준다. 이 부분은 아래의 8번을 참고하자.

6. 일과 중 모든 아이가 화장실에 가는 '화장실 가기' 시간을 만들자. 작은 변기가 여러 개 있는 보육 시설이라면 아이들 여러 명이 한 번에 볼일을 보게 하면 된다. 만약 화장실이 한 개 뿐인 가정집이라면 유아용 변기를 여러 개 구비해 놓고 순서를 지켜가며 볼일을 볼 수 있도록 하자. 아이들은 차례를 기다리는 동안 변기를 어떻게 이용하면 되는지 관찰할 수도 있다.

7. 배변훈련 시간을 따로 가지자. 아이들에게 화장실에서 용변을 보는 법을 알려주고, 아이들이 잘 따라 하는지 보는 식으로 진행하면 된다. 교사가 직접 하거나 상대적으로 나이가 많은 아이들이 모범을 보여서 화장지를 어떻게 쓰고, 변기에 어떻게 넣으면 되고, 유아용 변기는 화장실에서 어떻게 비우면 되며, 물은 어떻게 내리고, 손은 어떻게 씻는지 알려주면 된다.

8. 때로는 배변 실수를 했을 때 어떻게 뒤처리를 해야 하는지 아이들에게 알려줘야 할 수도 있다. 그런 경우 부모가 여분의 옷을 한두 벌 정도 가져다주면 좋다. 작은 수건이나 물티슈를 구비해 놓을 수도 있다. 배변훈련 팬티에 실수했을 경우 어떻게 팬티를 벗

어서 팬티용 비닐봉지에 넣고 대소변이 묻은 부위를 씻은 다음 깨끗한 옷으로 갈아입으면 되는지 알려주면 된다. 혼자서 못한다면 선생님의 도움을 받아서 하면 된다고 알려주자. 이 과정에서 아이를 질책하거나 망신을 주거나 상처주면 안 되고, 친절하고 자상하게 어떻게 하면 되는지 알려줘야 한다.

9. 화장실에서 부를 수 있는 노래를 알려줄 수도 있다. 예를 들면 미국 동요인 〈내 짝을 찾아서(Skip to My Lou)〉의 음정에 맞춰서 개사한 노래를 부르며 손을 씻는 것이다. 두 번 부르면 20초 정도 되는데, 대장균을 씻어내기에 딱 좋은 정도라 하겠다. 가사는 다음과 같다.

씻자, 씻자, 손을 씻자
양손 다 깨끗이 씻자.
닦자, 닦자, 손을 닦자
반짝일 때까지 닦자.

10. 보상을 주거나 칭찬을 해서는 안 된다. 칭찬이나 보상은 힘겨루기를 불러일으킨다. 자연스러운 생리현상을 해결하는 것은 특별한 일이 아니라는 인식을 아이에게 심어줘야 한다.

부모와의 협력을 위한 팁

위에서 알려준 몇 가지 방법을 부모에게 알려줄 수 있다. 특히 부모에게 잘못된 배변훈련이 힘겨루기로 이어질 수도 있다는 걸 알려주면 큰 도움이 된다. 아직 용변을 가리지 못하는 게 대수롭지 않은 일이라는 듯한 태도를 보여주고, 집에서 배변훈련을 마치고 와야 한다고 압박하는 대신 일과에 배변훈련을 포함할 수 있다는 걸 알려주면 매우 안도할 것이다. 보육원에 오기 전에 배변훈련을 마쳐야 한다고 압박하면 부모는 더 스트레스를 받고, 가정에서 심한 힘겨루기가 일어날 수 있다.

힘겨루기를 물에 흘려보내는 법

이 책의 저자 중 한 명은 복직을 준비할 즈음에 두 살짜리 아들 마크를 위한 완벽한 유치원인 토트 타운을 알게 되었다. 마크가 배변훈련이 되지 않은 상태였기 때문에 걱정이 산더미 같았다. 다행히도 원장님은 그런 엄마를 안심시켜주었다. "걱정하지 마세요. 유치원 일과 중에 배변훈련이 포함되어 있으니 금방 훈련이 될 거예요. 또 애들은 친구들이 하는 걸 따라 하는 것도 좋아하잖아요. 사실 저희가 훈련을 시키는 게 아니라 다른 친구들이 시켜주는 거나 다름없죠." 흥미롭게도 마크는 유치원에서는 배변 실수를 거의 하지 않았지만, 집에서는 '실수'가 잦았다. 몇 달이 지난 후에야 마크의 어머니는 배변훈련을 걱정하는 태도 때문에 마크와 힘겨루기를 하게 됐다는 것을 깨달았다. 걱정하는 태도를 버리고 이 책에서 제시하는 방법들을 시도했더니 마크는 집에서도 유치원에서 처럼 용변을 가릴 수 있게 되었다.

분리불안을 느끼는 아이

14

아동발달 측면

아이들이 부모와 떨어질 때 스트레스를 받고 두려워하는 현상인 분리불안은 정상적인 발달 단계의 과정이다. 부모가 사라지는 것이 아니라는 것은 이해하지만 왜 자신과 떨어져야 하는지 이해하지 못하기 때문이다. 부모가 사라지지 않았다는 걸 알기 때문에 오히려 더 강한 분리불안을 느끼게 된다. 엄마 아빠가 분명 어딘가에 있는데 왜 내가 아무리 울어도 돌아오지 않는지를 이해하지 못하기 때문이다. 발달 단계상 아이들은 우선 안정감을 구축한 후 외부 세계를 탐험한다. 아이들에게 신뢰를 심어주는 애착 안정은 영유아들을 위한 돌봄의 질을 결정짓는 중요한 요소다. 아이들이 이와 같은 신뢰를 쌓으려면 교사와 애착관계를 형성해야 한다.

우리는 아이들이 출생 후 첫해에 신뢰감 또는 불신감(1부 4장에 있는 에릭 에릭슨의 정서 발달단계를 참고할 것)을 형성한다고 본다. 그렇지만 아이들이 신뢰를 쌓을 수 있도록 도와주는 방법에 관해서는 일부 이론가들과 다른 생각을 가지고 있다. 아이를 타인에게 맡기지 않은 채 잘 때나 깨어있을 때나 늘 아이와 함께 있어야만 신뢰를 쌓을 수 있다고 믿는 일부 전문가들도 있지만, 우리는 이에 동의하지 않는다. 반생산적으로 자기 신뢰 발달을 저해할 수도 있고, 아이가 타인에게 지나치게 의존하는 사람으로 자랄 수도 있기 때문이다. 물론 아기는 타인에게 의존해야 하지만 부모와 교사의 목표는 아기들이 실망과 불안도 스스로 다스릴 수 있는 경험을 통해 자기 신뢰를 쌓도록 도와주는 것이다.

연구에 따르면 아기들은 부모와 좋은 교사에게 사랑받는 상황에서 가장 훌륭하게 자랄 수 있다. 양질의 돌봄을 받는 아기는 그로 인해 더 확장된 공동체에서 신뢰와 교감 그리고 존중을 배운다.

제안

1. 가정과 보육 시설에서 아이들에게 사랑을 주고 응원해준다면 아이들도 분리를 극복해낼 수 있을 거라고 믿자. 그리고 다른 아이들보다 더 빨리 적응하는 아이도 있다는 것을 명심하자.
2. 장난감, 담요, 엄마의 셔츠(아직 수유 중이라면)와 같은 물건을 집에서

가져오면 변화에 적응하는 데 도움이 될 수가 있다.

3. 아이가 보육 환경에 익숙해질 수 있도록 부모가 적어도 몇 시간은 함께 있어줄 것을 부탁하자. 일하는 부모에게는 어려운 일이며, 불가능할 수도 있다는 것도 알고 있다. 그래도 노력해서 시간을 투자할 가치는 충분하다.

4. 초기 적응기가 끝났는데도 아이가 여전히 분리에 어려움을 겪는다면 부모가 아이를 데려다준 후 바로 떠날 수 있도록 하고, 가능하다면 아이를 한동안 무릎에 앉히거나 안고 흔들어주자. 돌봄이 필요한 다른 아이들이 너무 많아서 이렇게 안정시켜줄 수가 없다면 영유아를 받지 않는 편이 낫다.

5. 부모가 바로 떠나기를 권장하는 이유는 아이들, 특히 나이가 좀 더 든 아이들의 경우 분리라는 상황을 이용해서 과한 관심이나 올바르지 않은 권력을 좇을 수도 있기 때문이다. 분리불안이 거짓이라는 말이 아니라, 어른들이 아이와 떨어지는 상황에서 차분하고 자신 있게 대처하지 못하면 아이가 무의식적으로 어른을 조종하려 들거나 문제행동을 하는 등 다른 행동으로 변질할 수 있다는 말이다.

6. 아이가 원하는 것과 정말로 아이에게 필요한 것을 구분해서 이해하자. 아이는 엄마를 원할 수는 있지만, 아이에게 정말로 필요한 건 사랑과 안전한 환경이다. 물론 어른과 마찬가지로 아이들 또한 가끔 원하는 일을 들어줘야 할 때가 있지만, 원하는 모든 것을 들어주면 매우 자기중심적인 아이가 될 수 있다. 분리불안(필요한 것)과 심리적 조종(원하는 것)의 차이를 이해하려면 지식과 민감성

이 필요하다.

7. 친해지는 데 시간이 조금 더 필요한 기질의 아이는 대개 분리불안을 더 심하게 겪는다. 이런 아이들을 교사는 참을성 있게 사랑으로 대해야 하고 부모들이 이 단계를 이해할 수 있도록 도와주어야 한다.

부모와의 협력을 위한 팁

부모들은 아이들이 분리불안을 겪을 때 크게 상심하고 죄책감을 느끼곤 한다. 하지만 죄책감은 문제를 더 악화시킬 뿐이다. 분리에 적응하는 과정은 모든 아이가 발달과정에서 응당 겪어야 하는 부분이라는 것을 이해하고, 부모가 죄책감을 덜 수 있도록 위의 정보를 공유하자.

아이들이 교사와 애착 관계를 형성하면 부모가 와도 집에 가지 않겠다고 할 수 있다. 하지만 일단 돌봄 센터에서 나오면 거의 바로 괜찮아진다. 자녀가 교사와 애착 관계를 형성하고 부모와 떨어져 있을 때도 안정감을 느낀다는 사실에 질투보다는 감사를 해야 할 것이다.

사과하지 않는
아이

15

아동 발달 측면

2000년에 있었던 전미 유아교육협회(National Association for the Education of Young Children) 강의에서 베브 보스Bev Bos [25] 는 "아이에게 '잘못했어요' 라고 말하게 하는 것은, 이탈리아인이 아닌 아이에게 '나는 이탈리아 인이야'라고 말하게 하는 것만큼 말이 안 되는 일이다"라는 말을 했다.

아동발달을 공부해본 교사라면 당연히 알겠지만, 어린아이들은 지

25.　　베브 보스는 로즈빌 어린이집 로즈빌 공동체 유치원(Roseville Community Preschool)의 원장 이며 책장을 넘기는 서점(Turn the Page Press)을 운영하고 있다. 『함께해서 더 나은 삶: 아이들이 함 께 할 수 있는 환경 만들어주기Together We're Better: establishing Coactive Environments for Young Children』을 집필한 적 있는 보스씨는 '유아기 컨퍼런스(Early Childhood Conferences)'의 저명한 연사 이자 인기있는 워크샵 진행자이다.

적능력이 충분히 발달하지 않아 어른처럼 생각하지 못한다. 다음의 '피아제 실험(Piaget Demonstrations)'을 참고로 하지만 많은 사람이 이 사실을 자주 잊어버린다. 그래서 아이에게 '잘못했어요'라고 말하도록 강요하는 것이다.

제안

1. 감정이 격해져 있는 아이는 이성적인 생각을 하지 못한다. 아이가 진정될 때까지 기다리자.
2. 아이가 진정할 수 있는 시간을 주자. 달래주거나, 아이의 감정을 인정해주거나, 혹은 둘 다 하면서 아이가 불편해하는 상황을 벗어나게 해줄 수도 있고, 긍정적 타임아웃이 가장 도움이 될 거라고 선택한 아이는 기분이 나아질 때까지 '기분 좋은 공간'(76쪽 참조)에서 시간을 보내도록 해줄 수도 있다. 아이가 다른 사람의 감정을 생각해볼 수 있도록 돕기 전에 먼저 아이가 자기감정을 표현할 수 있도록 해주는 것이 좋다. 아이가 감정을 말로 표현하지 못한다면 '감정 표정 표(190쪽)'를 보여주며 지금 느끼는 감정과 가장 비슷한 얼굴을 하고 있는 사람을 고르라고 할 수도 있다.
3. 아이에게 무슨 일이 있었는지, 어떤 느낌이 드는지, 상황을 해결하기 위해 학급회의 하면 좋을지 등을 아이가 스스로 생각해볼 수 있도록 '뭘까'와 '어떻게'로 시작하는 질문들을(91쪽 참조) 하자. 아이에게 "다른 사람은 그때 무슨 생각을 했을까?" 등의 질문을 할

수도 있다. 이때도 '감정 표정 표'를 활용하면 도움이 된다.

4. 아이가 진정하고, 감정을 인정받고, 다른 사람의 감정까지 이해할 수 있게 됐다면, 아이가 스스로 사과를 해야겠다는 마음이 들도록 이끌어 줄 수 있다. "어떻게 하면 기분이 더 나아질까? 상대방이 포옹을 해주거나 사과를 하면 기분이 더 나아질 거 같니?" 등의 질문을 하면 아이가 스스로 사과하고 싶다고 할 수도 있다. 아이가 어떻게 하면 기분이 나아질지를 생각해냈다면 "다른 사람 기분도 나아질 수 있게 도와줄 마음이 드니? 어떻게 하면 좋을까? 언제 하고 싶니?" 등의 질문을 할 수도 있다.

꼭 사과가 아니더라도 아이가 다른 사람을 위해 무언가를 하고 싶다고 결정하도록 도와주는 것은 아이에게 특정 행동을 강요하는 것과는 완전히 다르다. 강요는 대개 반항과 혼란을 불러일으킬 뿐이다. 중요한 것은 아이에게 사과를 강요하지 말고 아이를 따뜻하게 대함으로써 아이가 다른 사람을 진심으로 걱정할 수 있는 부드러운 분위기에서 생각할 수 있게 도와주는 것이다.

5. 여기까지 했는데도 아이가 상대방을 위해 아무것도 하고 싶어 하지 않는다면, 아이가 다른 사람을 배려하고 돕는 방법을 곧 알게 될 거라 믿어 의심치 않는다는 것을 보여주는 것이 좋다.

피아제 실험(Piaget Demonstrations)

장 피아제Jean Piaget는 아동 인지발달 분야의 선구자로, 아이들의 사고가 어른들과 어떻게 다른지를 보여주는 실험을 고안해냈다.

- 똑같은 크기의 찰흙 공 두 개를 두고 3세의 아동에게 두 공이 같은지 물어본다. 아이가 두 공이 다르다고 한다면 두 공이 똑같다고 느낄 때까지 한 공에서 찰흙을 떼어 다른 공에 붙이게 한다. 그리고 아이의 눈앞에서 공 하나를 뭉개서 납작하게 만든다. 그리고 아이에게 두 개의 공이 아직도 똑같냐고 물어보면 아니라고 답하며 한 공이 다른 공보다 크다고 말할 것이다. 5세 아동은 두 개의 공이 같다고 말하며 그 이유도 설명할 수 있다.
- 크기가 같은 두 개의 유리컵과 길고 가는 유리컵 하나, 짧고 두꺼운 유리컵 하나, 총 네 개의 유리컵을 준비한다. 3세 아동이 같다고 동의할 때까지 같은 크기의 유리컵 두 개에 물을 따른다. 그러고 나서 한 쪽의 물은 길고 가는 유리컵에, 다른 컵의 물은 짧고 뚱뚱한 유리컵에 붓는다. 그러고 나서 아직도 물의 양이 같냐고 물어보면 아이는 아니라고 답하며, 어느 컵에 물이 더 많이 들어있는지 말할 것이다. 5세 아동은 물의 양이 같다고 말하며, 그 이유도 설명할 수 있다.

이 두 가지 실험 모두 피아제가 말한 '사고 능력'이란 무엇인지를 보여준다. 아이가 어떤 사건을 받아들이고, 분석하고, 이해하는 과정이 어른과는 완전히 다르다는 사실을 이해할 때, 어른인 우리가 아이들에게 갖던 기대치가 완전히 변화할 수 있다. 같은 사건이라도 아이가 느끼는 감정과 어른이 느끼는 감정이 확연히 다를 수도 있는 것이다.

부모와의 협력을 위한 팁

부모들은 아이가 잘못된 행동을 하면 부끄러워하며 사과를 강요하곤 한다. 그런 부모에게는 그 순간을 모면하기 위한, 진실되지 않은 사과보다 장기적이고 진정성 있는 결과가 중요하다는 사실을 이해할 수 있도록 설명하자. 아이의 지적발달 과정을 알려주며 아이들의 사고방식이 어른과 다르다는 점을 이해시킬 수도 있다. 앞서 말한 '피아제 실험'도 도움이 된다.

심부름과
아이

16

아동발달 측면

심부름이나 일은 아이에게 있어 남을 돕고 이바지하면서 소속감과 자존감을 기를 수 있는 훌륭한 기회가 된다. 또 책임감, 자기 훈육, 삶의 기술, 협동심도 배울 수 있다. 또한 '난 할 수 있어'라는 믿음을 쌓을 수 있다.

이 모든 일이 자연스럽게 이루어질까? 그렇기도 하고, 아니기도 하다. 대부분의 두 살배기 아이들이 어른을 돕고 싶어 한다는 사실은 누구나 알 것이다. 자주 "내가 할래"라고 주장하기 때문이다. 하지만 이런 아이들은 대부분의 경우 "안 돼, 넌 아직 너무 어려"라는 대답을 들는다. 그런 말을 들은 아이들은 자신의 능력이 부족하니 아예 돕겠다고 하지 말아야겠다고 생각할 수도 있다. 이런 메시지를 많이 접한 아이들은 그 말을 믿게 된다. 이내 다른 사람들이 자신을 위해서 뭔가를 대신 해주는 걸 당연시하는 습관을 들이고, 그런 상황을 즐기게 될 수 있다. 필요한 모든 걸 대신 해주는 노예가 싫을 사람이 어디 있겠는가? 이렇게 되면 아이들에게 심부름을 시키는 것이 정말 고된 일이 된다.

제안

1. 돕고 싶어 하는 아이들의 마음에 호소하자. 네 도움이 필요하다고 말하자.
2. 아이들이 담당할 일을 도표로 만들자. 네 살 이하의 아이들에게 해야 할 일이 뭐가 있을지 브레인스토밍하게 하고, 특정 임무를 특정 아이에게 배정하는 도표를 만들 수 있도록 돕자. 아이들 수만큼의 임무가 있으면 좋다.
3. 할 일을 매일 정해진 일과에 포함시켜라. 특별한 '노동요'를 틀거나 노래를 부르는 것도 임무 일과의 일부가 될 수 있다.
4. 거부하는 아이에게는 "일과표대로 따르려면 지금 뭘 해야 할까?"라고 물어보자.
5. 일하기 싫어하는 아이에게 시도해볼 수 있는 또 다른 방법은 임무를 나눠서 함께 할 친구를 고를 수 있도록 하는 것이다. 동료들과 서로의 일을 도우며 소속감을 키울 수 있을 것이다.

6. 일하기 싫어하는 아이 앞에서 유머 감각을 발휘하라. "임무를 다하지 않는 아이에겐 간지럽히기 괴물이 갈 거야!"라는 식으로 장난을 친 후에 앞서 말한 제안을 시도해보자.

부모와의 협력을 위한 팁

부모가 아이를 위해 너무 많은 것을 해주면 주인과 노예 관계를 쌓는 것과 다름없으니 앞서 다룬 제안을 따르면서 책임감과 협동심을 기르는 훈련을 해보라고 알려주는 것이 좋다.

토트 타운에서의 점심

토트 타운 어린이집에서는 아이들이 다른 사람을 돕고 이바지할 수 있는 능력을 경험할 수 있도록 많은 일과를 시행한다. 점심시간이 좋은 예시이다. 원장인 조이스는 장을 보고 와서 문 앞에 차를 댄 후, 아이들을 불러서 장 본 물건들을 부엌까지 옮기는 일을 다 같이 돕게 한다. 모든 아이가 한 번에 하나씩 물건을 가지고 들어가면 요리사가 어디에 놓을지 말해주거나, 그게 어려우면 자신이 나중에 정리할 수 있도록 우선 낮은 탁자 위에 올려놓게 한다.

두세 명의 아이들이 돌아가면서 음식을 젓거나 붓거나 양상추를 자르는 등 할 수 있는 일을 하며 음식 준비를 돕는다. 다른 아이들은 테이블 세팅을 돕는다. 작은 그릇에 음식을 담아 테이블 위에 놓고, 아이들이 서로 패스하면서 덜어 먹게 한다. 아이들은 자기가 먹을 만큼 접시에 덜고 작은 플라스틱 병에 담긴 우유를 부어 마신다. 일전에 아이들은 '뭘까'와 '어떻게' 질문이 포함된 '훈련 시간'에 참여한 적이 있다. 다음은 그때의 대화다.

"음식을 너무 많이 가져가서 친구들이 먹을 음식이 남지 않으면 어떻게 될까?"

"친구들이 아무것도 못 먹어요."

"우선 조금만 가져가고, 먹고 나서도 계속 배가 고프면 할 수 있는 일이 뭘까?"

"더 먹고 싶다고 하면 돼요."

식사를 마치면 체계적으로 정리한다. 먼저 남은 음식을 플라스틱 통에 모으고, 물이 담긴 플라스틱 통에서 접시를 헹군 다음 식기세척기로 갈 쟁반에 접시를 쌓는다. 아이 두 명이 번갈아 식기세척기에 접시를 넣는다.

싫다는 말부터 하는
아이

17

아동발달 측면

아이가 간단한 부탁에도 "싫어!"나 "안 해!"라고 대답할 때 기쁘다
는 교사는 단 한 명도 본 적이 없다. 그런데 이런 행동에 대해 논할 때
대부분의 어른들은 아이들의 행동에 관해서만 얘기하지, 어른들 자신
의 행동에 대해서는 함구한다. 그러나 아이들은 아무 이유 없이 갑자
기 문제행동을 하지는 않는다. 어른들이 힘겨루기를 자초할 때도 많다.
그렇다고 해서 문제행동의 원인 제공자가 항상 어른이라는 뜻은 아니
다. 아이들이 문제행동을 하거나 말을 듣지 않는 데는 다양한 이유가
있을 수 있기 때문이다. 어긋난 행동목표로 인한 행동(63~64쪽 참조)으

로 인한 것이거나 부모가 이혼했다든지 동생이 태어나는 등 가족 구성에 변화가 생겨서 그럴 수도, 때론 단순히 배고프거나 피곤해서 그런 것일 수도 있다.

아동발달에서 말하는 '개별성'이라는 개념을 이해하는 것도 중요하다. 개별성이란 아이들이 어른과는 별개로 자기 정체성을 지속적으로 탐구하는 과정을 일컫는다. 한계를 시험하지 않고, 자기의 힘을 탐구하지 않은 채 어떻게 정체성을 찾을 수 있겠는가?

어른이 아동의 발달 정도와 나이에 적합한 행동을 이해해야만 어떻게 하면 아이들을 독려할 수 있을지, 또 자신의 어떤 행동이 아이들을 좌절시키는지 알 수 있다. 아이들은 협동과 존중을 배워야 하지만, 교사와 교사, 부모가 실제로 매일 협동과 존중을 하는 모습을 보여야만 협동과 존중을 잘 배울 수 있다.

제안

1. 아이와 교류할 때는 늘 친절하면서도 단호한 태도가 기반이 되어야 한다.
2. 세 살 미만의 아이들이 말을 잘 듣도록 하는 가장 좋은 방법은 따뜻하고 단호하게 주의를 분산시키고 다른 곳으로 돌리는 것이다.
3. 나이가 있는 아이들에게 뭘 하라고 시키는 건 최대한 피하자. 대신 지금 필요한 일, 일과표 상의 다음 일과 준비를 부탁하고, 문제해결을 돕기 위한 아이디어가 있는지 묻자. 시키는 게 더 편하

겠지만 그러면 반항을 초래할 수 있다. 교육(education)이라는 단어가 '채워 넣다'라는 뜻이 아니라 '끌어오다'라는 뜻을 지닌 라틴어 educare에서 유래되었다는 점을 기억하자. 어른도 늘 누가 뭘 하라고 시키기만 한다면 기분이 좋지 않을 것이다. 부탁과 질문은 아이가 사고력을 발휘하고 스스로 결정할 기회를 준다. 그러면 훨씬 더 동기부여가 된다.

4. 시켜야 할 때가 있으면 '외투'와 같이 한 단어 또는 최대한 적은 단어로 표현하자. 하지만 이것마저도 "밖에 나가서 춥지 않으려면 뭐가 필요할까?"라는 질문으로 대체할 수 있다.

5. 다시 말하지만, 아이들을 브레인스토밍과 문제해결 과정에 참여시켜라. 스스로 낸 해결책과 계획을 따를 만한 동기를 부여할 수 있다.

6. 가끔은 말 대신 행동으로 하는 것이 효과적이다. 부드럽게 아이 손을 잡고 지금 필요한 일 쪽으로 아이를 데려가자.

7. '~하면 바로'라는 말을 사용하자. "모두 안전띠를 매면 바로 출발할 거야", "장난감이 다 정리되고 손들을 다 씻으면 바로 점심 식사를 식탁에 가지고 올 거야" 하는 식이다.

8. 아이가 해야 하는 일을 정해주기보다는 교사 자신이 무슨 일을 할지를 정하자. "우리 둘 다 화난 상태에서 선생님은 이 일에 관해 얘기하지 않을 거야. 화가 가라앉으면 바로 돌아올게." 교사가 모범이 되어 자신의 행동에 책임을 지고, 다른 사람을 존중할 수 있을 때까지 감정을 추스르는 방법을 보여줄 수 있는 훌륭한 예시이다.

9. 아이가 느끼는 감정이 무엇으로 추정되든 "목소리를 들으니 몹시

화가 난 것 같구나" 하는 식으로 인정해주어라. 해야 할 일 쪽으로 아이를 부드럽게 이끌면서 감정을 인정해줄 수도 있다.

10. 힘겨루기가 발생했음을 인지하면 후퇴하라. "강요할 순 없지만 정말 네 도움이 필요해. 우리 둘 다 해결책을 생각해보고 3분 후에 다시 얘기하자."

11. 아이를 아끼는 마음이 아이에게도 전달될 수 있도록 하라. "선생님은 너를 정말 아껴. 그리고 우리가 서로를 존중하면서 이 일을 해결할 수 있다고 믿어."

부모와의 협력을 위한 팁

앞에서 이야기한 제안들을 부모와 공유하자. 시간이 너무 많이 들지 않냐고 생각하는 부모도 많을 것이다. 그렇다, 시간이 많이 드는 일이다. 하지만 따져보면 훈계, 꾸지람, 잔소리, 힘겨루기 그리고 반항심을 키울 뿐인 다양한 종류의 벌을 주는 것보다는 시간이 덜 드는 일이다. 그리고 위의 기술을 사용할 때 아이들이 중요한 삶의 기술을 배울 수 있게 해주는 것은 물론이고, 모두가 훨씬 더 즐거울 수 있다.

18

새로운 선생님을 맞이한 아이

아동발달 측면

좋아하는 선생님과 헤어져야 하거나 반이나 그룹을 옮길 때만큼 어린아이들의 일상이 크게 변하는 순간은 많지 않다. 교사들은 애정을 다해 아이를 아껴주며 소속감을 준다. 아이가 생애 처음으로 만난 선생님이자 멘토인 것이다. 이별은 당연히 힘들다. 선생님이나 반이 바뀔 때 아이의 행동이 악화되는 것도 흔히 볼 수 있는 일이다. 새로운 선생님을 만나야 한다는 건 피할 수 없는 현실이지만, 아이와 교사 모두가 이 변화의 시기를 좀더 편하게 보낼 방법은 있다.

제안

1. 가능하면 아이들에게 변화에 대해 미리 알려주자. 질문하고, 감정을 표현하고, 변화를 받아들일 시간을 주자. 아이들은 지속성과 정해진 일과가 유지될 때 가장 편안해하므로 변화는 힘들 수밖에 없다.

2. 아이들의 예전 교사와 새 교사가 하루나 이틀 정도는 함께 일할 수 있도록 하자. 그렇게 하면 아이들이 점진적인 변화를 받아들이기 쉬워진다. 새로 온 교사에게도 아이들의 일과와 활동방식을 배운다는 점에서 득이 된다. 이런 방법은 처음으로 돌볼 아이들을 만난 교사에게도 도움이 된다. 아이들의 이름을 외우고, 학급회의를 이해하고, 따뜻하고도 단호한 훈육과 기타 긍정훈육의 원칙을 이해할 수 있게 될 것이다.

3. 특별회의나 원형으로 둘러앉아 떠나는 교사에게 칭찬이나 감사를 할 수 있는 시간을 갖자. 아이들은 작별인사카드에 그림을 그리거나 이름을 적어 주는 것도 좋아한다.

4. 새로 온 교사에겐 아이들의 도움이 필요하다는 사실을 알려주자. 아이들은 어딘가에 속하고 참여하는 것을 좋아한다. 자기가 컨설턴트와 같다는 기분이 들면 새로 온 교사가 적응하는 동안 힘겨루기나 한계를 시험하는 등의 행동을 하지 않을 것이다.

부모와의 협력을 위한 팁

교사가 바뀌면 부모들도 알아야 한다. 집에 간 아이들이 질문하거나 감정을 표현할 수도 있기 때문이다. 새로운 선생님이나 일과에 적응 중인 아이들의 행동이 변화할 때도 있다. 가정에서 아이를 돌보는 교사들 또한 다른 돌봄 시설로 옮겨갈 때 여기에서 다룬 제안들을 적용해 아이들과 부모 모두를 도울 수 있다.

우는 아이
(7장 〈떨어지지 않으려는 아이〉도 참조하자)

19

아동발달 측면

울음은 언어다. 사실 아기와 유아가 지닌 유일한 언어다. 어른들이 이 사실을 받아들일 수만 있다면 아이들이 울 때 그렇게 안절부절못하거나 짜증나지 않을 것이다. 아이가 우는 이유는 여기에서 다 다루기엔 너무 다양하지만, 몇몇 주요한 이유로는 신체적으로 겪는 불편, 답답함, 공포, 고통, 어른들을 조종하려는 노력 등이 있다. 이유가 무엇이든 울음에 대처하는 가장 좋은 방법은 존중과 존엄을 지키는 태도로 대하는 것이다.

제안

1. 우는 아이에게 그만 울라고 하는 것은 효과가 없을 뿐만 아니라 결코 좋은 생각이 아니다. "다 큰 애들은 울지 않아"라고 말하는 것은 그보다 더 안 좋은 방법이다. 어른들이 선한 의도를 가지고 울지 말라고 한다는 것은 잘 알고 있지만 이 말은 "의사소통을 하지 마, 그러면 내가 불편해"라고 말하는 것과 같다.

2. 아이가 우는 이유를 알아내기 위해 직관을 발휘하라. 우는 행동이 방금 말한 기본적인 이유 때문이 아니라면 소속감과 자존감을 느끼지 못하는 아이가 엉뚱한 목표를 위한 행동을 하는 것일 수도 있다. 부정적 관심을 얻음으로써 소속감을 얻으려는 행동일 수도 있고, '눈물의 힘'을 이용해서 소속감을 얻으려는 어긋난 목표 행동일 수도 있다. 엄마가 동생을 낳고 나서 왕의 자리를 빼앗겼다고, 혹은 버려졌다고 생각해서 마음이 다쳤을 수도 있고, 유일하게 할 수 있는 일이 보복이라고 생각해서 옆에 있는 사람에게 보복하는 걸 수도 있다. 자신이 무능력하다고 생각되어 그냥 포기하고 싶은 것일 수도 있다. 각각의 목표에는 각각 다른 방식으로 대처해야 한다. 좀더 자세하게 살펴보려면 '어긋난 목표행동차트'(64~65쪽)를 보자.

3. 우는 행동이 두려움이나 답답함 때문인 것 같다면 위로해주기 위해 최선을 다하자. 아이가 분리불안을 겪고 있다면 잠시 안고 있는 것도 도움이 될 수 있다. 아이를 돌보는 모든 시설에는 흔들의

자가 있어야 한다. 때로는 큰아이가 어린아이를 위로해주거나 흔들흔들 다독여줄 수 있다.

4. 아이가 화가 난 것 같다면 아이의 감정을 인정해주어라. "지금 화가 났구나"라거나 "큰 아이들이 하는 일을 너도 하고 싶은 거구나"라고 말해주자.

5. 아이가 그냥 감정을 느끼게 하는 것이 좋을 때도 있다. "울어도 괜찮아. 기분이 빨리 나아지길 바라"하고 말해줄 수도 있다.

6. 아이가 '기분 좋은 공간'(76쪽 참조)을 만드는 데 참여했다면 이렇게 물어볼 수도 있을 것이다. '기분 좋아지는 곳'(혹은 아이들이 정한 다른 명칭)에 잠시 가 있으면 도움이 될 것 같니?"

7. 아이가 교사를 조종하기 위해 우는 것 같다고 느껴지면 학급회의를 해줄 수 있는지, 학급회의를 해줘야 할지 물어보라. 이렇게 말해주는 것도 좋다. "내가 대신 신발을 신겨주길 원한다는 걸 알고 있지만 네가 스스로 할 수 있다고 믿어. 뭘 해냈는지 보러 몇 분 후에 다시 돌아올게." "정리하는 걸 돕고 싶지 않은 건 알지만 지금은 정리시간이야."

8. 아이의 행동에 영향을 끼칠 만한 일이 가정에서 있었는지 파악할 수 있도록 부모와 소통하자.

부모와의 협력을 위한 팁

부모들 또한 울음이 아이들의 언어라는 것을 이해하면 울음에 대한 생각이 바뀔 것이다. 그 언어를 직접 사용하진 않더라도 이해하는 것으로 더 효과적으로 대처할 수 있게 될 것이다. 또 아이들이 다른 방식으로 행동하고 소통할 방법을 가르쳐주는 데 시간을 할애할 수도 있을 것이다.

굿바이 포옹

넬슨 여사는 세 살짜리 자녀 마크를 위한 양질의 돌봄 환경을 찾기 위해 모든 가이드라인을 따랐고, 자신이 선택한 곳이 훌륭한 보육 시설이라는 것을 알고 있었다. 때문에 매일 아침 마크를 보육원에 데려다줄 때마다 마크가 울어대는 것에 대한 고민이 커져갔다. 헤어지는 일이 매우 힘들었고, 넬슨 여사는 늘 무거운 마음으로 자리를 떠야 했다. 그런데 귀가할 때가 되어 데리러 가면 마크는 너무 즐거워하며 계속 있다 가면 안 되냐고 졸랐다.

넬슨 여사는 이렇게 생각했다. '도대체 뭐가 잘못된 거지?' 그러다 아이들이 부모의 '스위치'의 존재를 알고, 그 스위치를 누르는 방법을 안다는 말을 들었던 것이 기억났다. 넬슨 여사에겐 '워킹 맘으로서의 죄책감'이라는 스위치가 있었던 것이다. 그리고 마크는 뛰어난 기술을 발휘하여 그 버튼을 눌렀다.

그날 저녁 넬슨 여사는 마크에게 이렇게 말했다. "우리 역할놀이 해볼까? 마크가 엄마고 엄마가 마크가 되는 거야. 마크가 엄마를 어린이집에 데려다주면 엄마는 울면서 가지 말라고 하는 거야." 마크는 이 놀이를 아주 재미있어했다. 넬슨 여사는 울면서 마크의 다리에 매달렸다. 마크는 웃고 또 웃었다. 그리고 넬슨 여사는 이렇게 말했다. "자, 이제 마크가 마크고 엄마가 엄마라고 하자. 엄마가 어린이집에 데려다줄 때처럼 이제 마크가 울면서 엄마한테 매달려봐." 물론 마크는 주어진 역할을 훌륭하게 해내는 방법을 이미 잘 알고 있었다. 하지만 일부러 울어야 하니까 눈물이 잘 나오지 않았다. 마크는 엄마의 다리에 매달리면서 계속 웃기만 했다.

함께 웃음을 터트리다가 넬슨 여사는 이렇게 말했다. "마크가 매일 아침에 울기 때문에 우는 인사는 잘한다는 걸 엄마는 잘 알고 있어. 이제는 껴안는 인사를 연습해보자. 먼저 마크가 엄마하고 엄마가 마크할게. 마크가 방금 엄마를 어린이집에 데려다준 거야." 마크는 엄마의 손을 잡고 상상의 어린이집으로 데려갔다. 넬슨 여사는 마크를 안아주면서 "엄마, 안녕, 이따 만나"라고 말했다. 이제는 마크의 차례였다. 마크도 똑같이 작별의 포옹을 했다. 그리고 넬슨 여사는 이렇게 말했다. "이제 우는 인사와 껴안는 인사를 다 할 줄 알지? 내일은 어떤 인사를 할지 마크가 정해."

다음 날 아침 넬슨 여사는 마크에게 껴안는 인사와 우는 인사 중에서 고를 수 있다고 다시 말해주면서 "마크가 뭘 고를지 기대되는데?"라고 덧붙였다. 마크는 껴안는 인사를 택했고, 넬슨 여사도 별로 놀랍지 않았다. 둘 중 어떤 인사든 괜찮았겠지만. 그 후 넬슨은 친구에게 왜 마크가 껴안는 인사를 선택할 거라고 생각했는지 말해주었다. "첫째, 내 죄책감 스위치가 없어졌기 때문야. 마크가 훌륭한 환경에서 시간을 보낸다는 확신이 있었거든. 마크가 어떻게 알았는지는 모르겠지만, 마크가 알았다는 걸 난 알 수 있었어. 둘째, 마크가 우는 인사뿐만 아니라 껴안는 인사도 할 수 있게 되도록 훈련을 위한 시간을 들였기 때문야. 마크는 어떤 인사를 할지가 자신의 선택에 달려있다는 것을 이해하고 있었지."

의욕 없는
아이

20

아동발달 측면

어린아이들이 발달 단계상 하게 되어 있는 자연스러운 행동을 동기가 부족해서 못하는 경우는 없다. 탐험하고, 실험하고, 발견하고, 놀이와 자연환경에서 학습할 동기는 충분하다. 하지만 어른들의 목적은 이와 다르다. 이러한 차이가 나쁘다는 것은 아니다. 그저 다를 뿐이다. 예를 들어, 아이들은 장난감을 가지고 놀 동기가 충분히 있다. 그런데 어른들은 아이가 장난감을 정리할 동기까지 부여되길 바란다. 아이들이 장난감 정리하는 법을 배워야 한다는 데에는 동의하지만, 아이들이 정리를 하고 싶어하는 내적 동기까지 발달하기를 원한다면 결국 좌절감만 맛보게 될 것이다. 어른들은 먼저 아이들이 어른들과 같은 가치를 우선시하지 않는다는 사실과 더불어 해야 할 일에 아이들을 동참시키면서 아이들이 내적 동기까지 품기를 기대하지 말아야 한다는 사실을 받아들여야 한다.

교사들은 어떻게 하면 아이들이 학업, 독서, 운동 등에 관심을 가지고 열정적이면서도 성실하게 학습하도록 동기를 부여할 수 있을지 알고 싶어 한다. 동기부여가 되지 않은 아이들은 의욕을 잃는 경우가 많기 때문이다. 자신이 그 일에 맞지 않는다고 믿고, 어른들이 대신해주지 않을 거면 자신을 내버려 두길 원한다. 깊이 좌절한 아이들은 소속감과 자존감을 발달시켜줄 필요가 있다. 작은 일부터 차근차근히 하면서 작은 성공을 경험하고, 삶의 기술을 습득하며 자긍심을 강화할 수 있게 도와주어야 한다.

제안

1. 한사람이 동기를 부여할 수 있는 건 자신뿐이라는 사실을 받아들이고, 아이들의 내적 동기를 기대하는 일 없이 아이들을 참여시킬 창의적인 방법을 찾자. 아이들에게 일이나 프로젝트나 놀이 활동 등을 어느 정도 선택할 수 있도록 해주면 아이들도 임무를 완수하고 성공하고 싶다는 동기가 생길 수 있다.
2. 아이들과 함께 필요한 일들을 위한 일과를 세우자.(79쪽 참조) 일과를 세우는 과정에 아이들을 참여시키는 것은 아이들이 동기를 갖

도록 할 수 있는 최선의 방법 중 하나다. 아이들은 일방적으로 주어진 계획을 따라야 할 때보다 자신이 세우는 걸 도운 계획을 따를 때 더 큰 의욕을 보인다.

3. 아이들에게 뭘 시킬지가 아니라 내가 무엇을 할지를 결정하고 실천하자. 예를 들면 이런 식이다. "블록이 정리되면 바로 책을 읽기 시작할게." "바닥에 있는 장난감이 정리되면 바로 다른 장난감 주머니를 줄게."

4. 블록 정리 같은 필요한 일을 할 때 아이들끼리 하게 두지 말고 아이들과 함께하자.

5. 노래를 부르게 한다고 해서 딱히 동기부여가 되진 않겠지만, 해야 할 일을 좀더 기분 좋게 할 수는 있을 것이다.

6. "선생님은 도움이 필요해"와 같은 말을 해두자. 아이들에게는 소속감과 자존감을 추구하려는 동기가 있고, 다른 사람이 자신을 필요로 한다는 사실에 기뻐한다. 이렇게 말하면 아이들에게 필요한 소속감과 자존감을 줄 수 있다.

7. 말이 아닌 행동을 하자. 아이에게 뭘 시키기보다는 부드럽게 아이 손을 잡고, 해야 하는 일 쪽으로 데려가자. 해야 하는 일 앞에서 "이 일을 하려면 네 도움이 필요해"라고 말하는 것도 좋다.

8. 제한된 선택지를 제공하자. "네모 블록을 정리할래, 둥근 블록을 정리할래?" 이 방법도 마찬가지로 아이에게 동기부여를 한다기보다는, 원래라면 하지 않았을 일도 자기가 스스로 결정해서 하는 거라는 자신감을 준다.

9. 아이들이 사고능력을 발휘할 기회를 주자. "다음 일을 하기 전에

먼저 뭘 해야 할까?" 이렇게 하면 일을 하고 싶다는 동기가 된다기보다 생각할 수 있는 능력을 발휘하는 동기가 되겠지만, 결과적으로 일을 완수할 가능성이 더 커진다.

10. 보상을 사용하지 말자. 보상을 주면 아이들은 자신이 일에 이바지하는 데서 오는 내재적 보상을 추구하지 않고 더 많은 외재적 보상을 받기 위해 어른을 심리적으로 조종하고자 하게 된다.

11. 강점을 강화하자. 아이들, 특히 크게 좌절하고 의욕을 잃은 아이들은 주어진 일이 진심으로 좋아하는 일이거나 자신이 잘하는 일일 때 훨씬 더 쉽게 그 일을 시작한다. 아이의 강점을 파악하는 데는 노력이 필요하겠지만, 강점을 장려할 때 훨씬 더 성공적으로 아이에게 동기를 심어줄 수 있다.

부모와의 협력을 위한 팁

아이들에게는 긍정적으로나 부정적으로나 자신의 힘을 쓸 동기가 있다는 점을 부모가 이해할 수 있도록 하자. 아이들이 긍정적으로 힘을 발휘할 수 있도록 어른들은 위의 제안을 이용해서 방향을 제시해줄 수 있다. 상벌은 힘겨루기만 초래할 뿐이다.

징징거리는 아이

(19장 〈우는 아이〉도 참조하자)

21

아동발달 측면

떼를 써도 효과가 없다면 아이들은 떼쓰지 않을 것이다. 아이가 떼쓸 때 자신이 어떻게 반응했는지 생각해보자. 아이는 태어난 문화권에 따라 다른 언어를 배우지만, 문화권과 관계없이 떼쓰는 게 효과가 있는 것처럼 보이면 떼를 쓸 것이다.

우는 것과 마찬가지로, 떼쓰기 또한 하나의 언어다. 게다가 매우 짜증나는 언어다. 아이가 떼쓸 때 원하는 대로 해준다면 아이는 부정적인 관심이나 그릇된 권력을 얻으려고 떼를 쓰게 된다. 떼를 써서 효과가 있으면, 떼쓰기가 어른의 행동을 조종할 수 있는 도구가 된다. 따라서 여기서는 아이가 떼쓰는 걸 막을 수 있는 방법이 아니라, 아이가 떼쓸 때 반응해주지 않는 방법을 소개하려 한다. 사실 다른 사람의 행동은 내가 어떻게 통제할 수 있는 게 아니지 않은가. 아이도 마찬가지다.

제안

1. 떼쓰는 말이 아닌 아이 자체에게 반응을 보여야 한다. 왜 심통이 났는지 파악하고 격려를 해주자. "들어보니까 지금 선생님이 꼭 안아줘야 할 거 같은데?"나 "선생님 생각에는 스스로 어떻게 하면 좋을지 생각해낼 수 있을 거 같은데?" 등의 말을 건네줄 수 있다.

2. 떼쓰는 아이를 대하는 태도가 변화하면, 반응도 쉽게 변화할 것이다. 떼를 써서 원하는 걸 쟁취하도록 두기보다는 아이를 향해 미소 지어주고 다른 곳에 관심을 보이자. 그 순간에 모든 걸 다 해결할 수는 없다. 아이들도 효과가 없는 일은 곧 그만하게 되어있다.

3. 떼쓰는 것에는 반응을 해주지 않되, 아이가 떼를 쓰는 이유를 직접 언급할 수도 있다. "선생님이 도와줬으면 좋겠지? 그러면 '도와주세요'라고 말을 하자"라고 하거나 "그래 그 장난감을 가지고 놀고 싶은 건 알아, 지금은 빌리가 가지고 놀고 있구나" 혹은 "빌리가 장난감을 뺏어갔구나, 뭐라고 말해줘야 할까?"라고 말하는 것이다. 이처럼 건조하게 사실만을 나열하는 태도는 도움이 된다. 짜증이 났다는 걸 표현하는 건 도움이 되지 않는다. 아이들은 긍정적인 관심을 받을 수 없을 때는 부정적인 관심이라도 받으려 하

므로, 떼쓰는 아이에게 부정적인 반응을 보이면 그것 자체로 아이의 목적이 달성될 수도 있는 것이다.

4. 태도를 바꿀 수도 없고 아이가 떼를 쓰는 게 짜증이 난다면 그 감정을 솔직하게 표현하는 것도 하나의 방법이 될 수 있다. 평정심을 되찾았을 때, 아이에게 떼쓰는 걸 듣고 싶지 않으니 다음 번에 또 그런 일이 생기면 귀를 막거나 그 자리를 뜰 거라고 말하고, 징징거리지 않고 똑바로 또박또박 말을 하면 이야기를 들어주겠다고 하는 식이다. 이 말을 할 때 미소를 지으며 따뜻하게 말하는 것이 좋다. 아이에게 망신이나 수치심을 준다고 문제해결에 도움이 되지는 않는다.

5. 유머를 가미할 수도 있다. "떼쓰는 아이를 간지럽힐 간지럼 괴물이 온다!"

6. 문제행동을 보이는 아이는 좌절한 아이라는 사실을 기억하자. 아이들은 다양한 이유로 좌절하곤 하는데, 어떻게 소통해야 하는지 모르는 것도 그 이유 중 하나가 될 수 있다. 아이가 원하는 게 있을 때 어떻게 표현하면 좋은지 방법을 알려주고 격려해주자.

부모와의 협력을 위한 팁

가정에서 아이는 형제나 자매 때문에 떼쓰기도 하고 가게에서 뭘 사달라고 떼를 쓰기도 한다. 어떤 부모가 말했듯이, 애들은 정말 별걸 가지고 다 떼쓴다. 부모에게 아이들은 떼쓰는 게 효과가 있을 때만 떼쓴다는 것을 알려주고, 앞서 살펴본 방법을 소개해주자. 부모는 아이와 감정적으로 더 깊은 유대관계를 가지고 있기도 하고, 특히 아이의 행동에 반응하는 대신 일방적으로 소통하는 경우 떼쓰는 아이를 객관적으로 대하는 것을 힘들어할 수도 있다. 부모가 떼쓰는 아이에게 보이는 반응이 지극히 정상이라는 것을 알게 되면 부모도 마음이 놓일 것이다.

장난감 때문에 싸우는 아이

22

아동발달 측면

아이들이 싸우는 이유야 다양하지만 보육 시설에서는 주로 장난감 때문에 싸우는 경우가 많다. 6세 미만의 아이들은 자기중심적이기 때문에 원하는 것은 지금 당장 가지려 하고, 그래서 장난감을 놓고 싸울 수도 있다. 별로 인기가 없던 장난감도 누구 한 명이 갖고 놀기 시작하면 갑자기 인기 있어지는 상황을 본 적 있는가? 그러면 갑자기 다른 아이도 마치 집은 것을 절대 놓지 않는 게처럼 그 장난감을 물고 늘어지기 시작한다.

3세 미만의 아이들에겐 원하는 것을 달라고 할 만한 언어능력이나 타인의 감정을 배려할 사회성이 없다. 3~5세 아이들은 인내심이나 배려심, 문제해결 능력을 발휘하기보다는 발달 중인 언어능력을 이용해 자신이 원하는 바를 요구한다.

싸운다고 해서 '나쁜' 아이는 아니다. 나이에 맞게 행동하는 것뿐이다. 그렇다고 해서 어린이집이나 유치원에서 싸움을 못 본 체하고 넘어가라는 말은 아니다. 부모라면 그런 방법도 쓸 수 있겠지만, 아이들에겐 문제를 해결하고 언어능력과 사회성을 가르쳐줄 수 있는 교사가 자신을 감독하고, 따뜻하면서 단호하게 지도받는 경험도 필요하다. 가르쳐준다고 하더라도 그런 능력이 발현되려면 아이들이 교사가 일하는 시설을 벗어나고도 한참이 지나야 하겠지만, 교사는 언젠가 꽃 피워 세상을 더욱 평화롭게 만들 씨앗을 뿌리고 있다는 점을 항상 기억하자.

제안

1. 몇 번이고 반복해서 이미 눈치챘을지도 모르겠지만, 화난 상태의 아이들은 이성적 사고를 할 수 없다. 화가 나 있는 아이들과 이성적인 대화를 나누겠다고 시간을 낭비하지 마라. 장난감과 관련된 싸움이라면 장난감을 가져가서 잠시 높은 선반 위에 올려놓아야 할 수도 있다. 하지만 그러면서 "나눠 쓰지 못하면 갖고 놀 수도 없어"와 같이 모욕적이거나 어리석은 말은 하지 말아야 한다. 따뜻하고 단호하게 "일단은 장난감을 올려놓을게"라고 말하자. 한쪽 편을 들거나, 심판하려 하거나, "얘가 먼저 갖고 놀았잖아" 같

은 말을 하지는 말자. 이런 방식은 싸우고 있는 아이들에게 전혀 도움이 되지 않는다는 것을 당신도 이미 알고 있을 것이다. 아이들이 아직 지니고 있지도 않은 논리력을 요하는 방식이기 때문이다.

2. 아이들은 당연히 울기 마련이다. 최대한 달래주거나 아이들이 자신의 감정을 느낄 수 있도록 해주자.

3. 가능하면 큰 아이들의 도움을 받아 다투고 있던 아이들을 위로해주거나 주의를 분산시킬 수 있도록 하라. 학급회의나 그룹회의에서 미리 논의와 훈련을 할 필요가 있을 수도 있다.(80쪽 참조) 화가나 있는 아이들을 어떻게 달래주거나 주의를 분산시킬 수 있을지 아이들이 직접 브레인스토밍하게 하자. 제안한 아이디어들을 큰 종이에 쓰게 하고, 앞으로 참고할 수 있도록 눈에 잘 띄는 곳에 걸어놓자. 아이들이 직접 한 제안을 기억할 수 있도록 포스터에 그림을 그리게 하면 더 좋아할 것이다. 좀더 자란 아이들에게 분쟁을 해결하고 평화를 가져올 수 있는 기술과 어린아이들의 훌륭한 역할모델이 되어줄 수 있는 방법을 가르쳐주고 있는 것이라는 걸 알았으면 좋겠다.

4. 타이머를 준비해두자. 다른 친구가 장난감을 갖고 노는 동안 타이머로 시간을 재고 싶은 사람이 있나 묻자. 이런 식의 주의 분산도 좋은 방법이다. 아니면 다른 방법을 시도해볼 수 있다. 타이머를 하고 싶은 친구가 있다면 바로 해주지 말고 5분 동안은 아이 혼자 타이머를 맞출 수 있도록 도와주자.(대다수의 아이들은 5분 이상 기다리지 못한다.) 5분 후 장난감을 갖고 놀던 아이가 타이머를 받아든다. 한 명 또는 양쪽 모두가 흥미를 잃을 때까지 반복한다.

5. 타이머 훈련을 위해 시간을 들이자. 아이들이 말을 할 수 있게 되면 타이머를 보여주고 어떻게 시간을 맞추는지 보여주자. 숫자 5를 눈에 띄는 색의 마커로 색칠해두는 것도 좋다. 타이머를 5분에 맞출 수 있도록 연습시키자. 장난감과 타이머를 가지고 번갈아가며 역할놀이를 하게 하자.

6. 4세가 넘은 아이들이라면 이 문제를 학급회의 또는 그룹회의에서 얘기하고 싶은지, 혹은 선생님이 대신 얘기해주길 바라는지 물어보자. 아이들이 나중에 도움을 받을 수 있다는 걸 알면 진정할 수 있을 것이다. 자신의 사고력과 브레인스토밍 능력을 사용해 해결책을 찾을 수 있다는 사실을 깨달은 아이들은 굉장한 자신감을 가지게 된다.

7. 선택 돌림판을 만들자.

부모와의 협력을 위한 팁

아이들이 집에서 가져온 장난감이나 비디오게임 때문에 싸움이 일어나는 경우가 많기 때문에, 아이가 그런 물건들을 가져오지 못하게 해달라고 부모에게 요청하는 것이 현명하다. 아이의 발달 단계와 나이에 적합한 행동에 대해 부모들에게 계속 알려주고 격려하는 것도 필요하다. 또한 따뜻하고 단호한 개입과 장기적 능력발달을 위한 본보기 제시에 관한 교사의 철학을 부모들에게 반복적으로 알려주는 것도 필요하다.

선택 돌림판 활동을 부모들에게도 알려주고, 집에서도 아이와 돌림

판을 만들 수 있게 하자. 비난이나 벌보다는 가능한 한 해결책 찾기에
집중해야 한다고 알려주자.

선택 돌림판

목적
- 아이들에게 문제해결을 위한 대안을 준다.

중요
- 아이들은 단순히 문제해결의 대상이 될 때보다 해결 과정에 동참할
  때 더 힘을 얻고, 자신감이 생긴다.

방법
1. 가족회의나 학급회의에서 아이들에게 예시로 돌림판을 보여준다.
2. 큰 원을 그리고(아이에게 그려달라고 해도 좋다) 칸을 나눈다.
3. 싸움이나 차례를 지키지 않는 것과 같은 일반적인 문제 한두 개를
   다 같이 정하고 적는다.
4. 문제에 대한 해결책을 브레인스토밍한다. 남을 존중하면서도 문
   제해결에 도움이 될 수 있는 해결책 몇 개를 찾아 모두가 동의하
   면 그 해결책을 원 안에 적는다. 끝에 기호나 그림을 그릴 수 있도
   록 공간을 남겨두자.
5. 가능하면 완성된 돌림판을 코팅해서 눈에 잘 띄거나 쉽게 찾을 수

있는 곳에 붙여놓자.

6. 문제가 발생하면 아이들에게 선택 돌림판에서 도움이 될 만한 해결책을 찾을 수 있는지 묻자.

선택 돌림판은 그것이 유일한 선택지가 아닐 때 그 효과가 배가된다. 아이들에게 "선택 돌림판을 써보겠니, 아니면 '기분 좋은 장소'(또는 아이들이 정한 다른 이름으로)로 가보겠니? 아니면 나중에 해결책을 찾을 수 있게 회의 안건에 추가하겠니?"라고 묻는 것이 더 효과적이다.

선택 돌림판

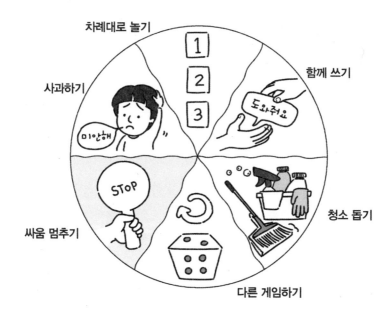

23

줄을 서지 않는 아이

아동발달 측면

줄서기는 우리 삶의 필수 요소이지만 어린이집, 유치원, 초등학교에서 온갖 종류의 문제를 일으키는 원흉이기도 하다. 줄을 서야 하는 일은 무슨 연유에서인지 가장 착한 아이들마저도 서로 때리고, 밀치고, 불평하고, 욕하고, 새치기하고, 제도에 맞서 싸우게 만든다.

왜 학교에서 문제를 해결한다기보다는 오히려 문제를 야기하는 이 방법을 고집해왔는지 궁금해질 때가 자주 있다. 유치원 교사들이 어린아이들을 '줄 세우려'하는 모습을 보면서 놀라기도 한다. 아이들이 발달학적으로 준비가 되기도 전에 요구하는 사항이 많은데, 줄서기도 그

중 하나다. 특히 어린아이들의 경우 줄서기의 목적을 이해하지 못하기 때문에 실패, 반항, 혼란이 생기곤 한다.

제안

1. 교사들이 학생들을 줄 세우는 이유는 질서를 위해서라고 생각한다. 그런데 보통 정반대의 결과가 나타나기 때문에, 질서를 세우고 효율성을 높이기 위해서라면 다른 방법을 시도하는 것이 옳다고 본다.

2. 아이들이 장소이동을 빨리, 조용히, 안전하게 할 수만 있다면 굳이 줄을 세울 필요가 없다. 문제가 있다면 함께 문제를 해결할 수 있도록 그 과정에 참여시키자.

3. 4세 이상의 아이들의 경우, 우리가 가장 선호하는 문제해결 방법은 학급회의에 참여시켜서 해결책을 브레인스토밍하고, 스스로 생각해낸 계획을 자랑스럽게 여기며 따르게 하는 것이다. 너무 어려서 브레인스토밍에 참여할 수 없는 아이들은 애초에 줄서기의 개념을 이해하기에도 너무 어린 것이다. 그럴 경우 빨리, 조용히, 안정하게 장소를 이동할 수 있는 방법으로는 무엇이 있을지 물어봐라. 약간만 유도를 해주면 어린아이도 다른 사람에게 손대지 않기, 어디로 가야 하는지 이해하기, 주변 사람들 존중하기 같은 아이디어를 떠올릴 수 있을 것이다.

4. 일과를 정했다면 줄서기는 필요 없다. 아이들이 놀이시간에서 이

야기시간, 야외놀이시간, 화장실시간에서 점심시간 또는 각각의 일과에 해당되는 장소로 자유롭게 이동할 수 있도록 하자. 혼자 남겨진 아이가 보이면 다음 일정이 뭔지 일과표를 보고 확인할 수 있게 하자.

5. 좀더 어린 아이들은 도움을 필요로 할 수도 있다. 아이의 손을 잡거나, 나이가 좀더 있는 아이들과 손을 잡게 하고 다음 장소로 데려가자.

6. 소풍이나 현장학습을 갔을 때 아이들이 줄을 서면 관리하기 좀더 용이한 것은 사실이다. 얇고 긴 밧줄을 구해두고, 공원과 같이 좀 멀리 걸어가야 하는 곳으로 이동할 때는 아이들이 줄을 서서 밧줄을 잡게 하자.

부모와의 협력을 위한 팁

어른들이 규칙적인 일과를 마련해주고 아이들이 문제해결에 동참하게 하면 아이들에게도 충분히 다른 사람을 존중할 능력이 있다는 사실을 믿어주는 것이 중요하다고 강조하자. 부모들에게는 자녀가 줄을 설 수 있는지 아닌지보다 행복하고, 안전하고 존중받는지가 더 중요하다.

친구를 따돌리는
아이

24

아동발달 측면

'넌 내 생일파티에 오지 마'는 『긍정의 훈육: 4~7세 편』 중 한 챕터
의 제목이다. 이 한마디만으로도 어린아이들의 사회성 발달에 시사하
는 바가 크다. 어른 입장에서는 아이들이 잔인해보일 때가 많다. 실제
로 아이들은 다른 아이들에게 큰 상처를 줄 수도 있다. 그러나 아이들
이 일부러 잔인하게 구는 것은 아니다. 아이들은 필연적으로 자기중심
적이고, 소속감이나 자존감, 자신의 힘을 끊임없이 시험하고 탐색한
다. 따라서 가급적 다른 아이들에게 상처를 주지 않도록 하고 공감 능
력과 예절을 가르치는 것은 어른의 몫이다.

아이들은 저마다 기질이 다르다. 다른 아이들보다 지배적인 아이들도 있고, 덜 지배적인 아이들은 지배적인 아이들 옆에 붙어서 호의를 갈구하다시피 한다. 지배적인 아이는 자신의 힘을 자각하고, 거만하다 싶은 태도로 한 아이를 선택해 일부러 따돌린다. 다른 아이들은 권력의 위치를 선점한 '선택받은' 자리를 지키기 위해 지배적인 아이와 '한 팀'을 이뤄 부지런히 그 아이를 따돌린다. 이런 연합은 보통 언어를 무기로 사용하는 여자아이늘 간에서 많이 나타나며, 매일, 때로는 매시간마다 구성원이 바뀌기도 한다.(아이들의 사회성에 관해 더 많은 정보를 얻고 싶다면 1부 5장을 보자.)

제안

1. 지배적인 아이를 따로 불러서 자신의 힘을 건설적으로 사용할 수 있는 법을 가르쳐주자. 갈등상황일 때는 진정할 때까지 기다렸다가 안정을 되찾은 후 얘기하자. "넌 정말 훌륭한 리더고 큰 힘이 있는 사람이야. 그 힘을 다른 사람을 돕는 데 쓰겠니? 아니면 해치는 데 쓰겠니?" 이렇게 물어보자. 대부분의 아이들은 일부러 다른 사람을 해치진 않지만 자신이 가진 힘을 즐긴다. 아이들이 다른 사람을 도울 수도 해칠 수도 있는 자신의 힘을 자각하게 되면 보통은 다른 사람을 돕고 싶어 할 것이다.

2. 일반적으로 적어도 4세가 되기 전까진 다른 아이들을 따돌리지 않는다. 4세 정도면 학급이나 그룹회의에 참석할 수 있는 나이다

(80쪽을 보자). 누가 못되게 굴거나 같이 놀아주지 않으면 기분이 어떨지 회의시간에 이야기를 나누게 하자. 특정 아이들에 대해 언급하는 것은 되도록 피하는 것이 좋다. 모든 아이가 차례대로 어떤 기분인지 말해보는 시간을 갖자. 아이가 자신이 느끼는 감정을 뭐라고 말해야 할지 모른다면 190쪽의 '감정 표정 표'를 이용할 수 있다.

3. 따돌림을 받으면 어떤 기분일지 얘기 나눈 후, 아이들이 문제에 대한 해결책을 브레인스토밍하게 하자. 어떻게 하면 친구를 아프게 하는 게 아니라 도와줄 수 있을까? 모든 아이디어를 플립차트에 적고 모두가 볼 수 있는 벽에 붙여두자.

4. 따돌림당하는 현장을 목격하면 상황에 개입하고 이렇게 묻자. "우리가 그룹회의 시간에 나눈 얘기 기억하니? 누가 못되게 굴거나 같이 놀아주지 않으면 기분이 어떻다고 했지?" 누군가 아이디어 한 개 정도는 떠올릴 때까지 기다리자. 그러고 나서 다른 아이디어가 생각나는 사람이 또 있는지 묻자. 교사가 말해주는 것보다는 아이들이 스스로 말할 수 있도록 묻는 것이 중요하다. 그런 후 해결책 목록을 가리키면서 일전에 정한 해결책 중에 기억나는 게 있는 사람이 있나 묻자. 여기서도 누군가 기억할 때까지 기다리자. 아무도 기억을 못할 경우, 누가 목록을 읽을 수 있는지 묻거나 읽을 수 있는 아이가 없다면 선생님이 대신 읽어주길 원하는지 묻자.

5. 아이들에게 이 중 어떤 해결책을 사용하고 싶은지 묻자.

6. 아이들이 만든 해결책 목록이나 교사가 생각해낸 해결책을 가지고 '선택 돌림판'(289쪽 참조)을 만들어보는 방법도 있다. 차례대로

번갈아가며 함께 놀기, 모든 친구의 좋은 점 하나씩 이야기해보기, 모든 사람이 함께 놀 수 있도록 놀이를 더 키우기, 다른 놀이 공간으로 가기, 지금 내가 어떤 기분인지 친구에게 말해주기, 문제를 학급회의 안건으로 제기하기, 번갈아가며 리더 되기 등이 있을 수 있다. 문제 상황을 겪고 있는 아이들에게 선택 돌림판을 보고 도움이 될 수 있는 해결책을 고르게 하거나, 돌림판을 돌려서 나온 해결책을 따르고 싶은지 묻자.

부모와의 협력을 위한 팁

부모들도 아이들이 일부러 잔인하게 구는 게 아니라 힘을 누리고 싶은 거란 사실을 이해할 필요가 있다. 그렇기 때문에 아이들에겐 자신의 힘을 건설적으로 사용할 수 있는 훈련이 필요하다. 아이들과 만든 선택 돌림판을 부모들과 공유하고, 가족회의 개최에 관한 다음과 같은 팁도 나눠주자.

성공적인 가족회의를 위한 주의 사항

해야 할 것

1. 장기적인 목표를 기억하자. 장기적인 목표로는 아이의 소속감과 자존감 발달, 자기 능력 신뢰, 의사소통능력, 문제해결 능력, 사고력, 책임감, 협동과 같은 중요한 삶의 기술을 지도하는 것 등이 있다.

2. 눈에 잘 띄는 곳에 안건지를 붙여놓고, 가족들이 논의했으면 하는 문제가 생기면 바로 쓰도록 하자.

3. 가족들이 회의시간을 기대하고 서로의 좋은 점을 말로 표현할 수 있도록 서로를 칭찬하면서 시작하자.

4. 해결책을 브레인스토밍하자. 재미를 위해 가장 무모하고 뜬구름 잡는 것 같은 아이디어부터 시작해서 모두를 존중할 수 있는 유용하고 현실적인 아이디어로 마무리하자. 모두가 동의하는 하나의 해결책을 선택하고, 일주일 동안 실행에 옮기자.

5. 그 주에 가족이 함께할 수 있는 재밌는 일과 운동 등의 활동과 차량 픽업 일정을 계획하자.

6. 아이들의 연령에 따라 다르겠지만, 가족회의는 되도록 10~30분 정도로 짧게 하자. 가족이 함께할 수 있는 즐거운 일이나 게임 또는 디저트로 마무리하자.

하지 말아야 할 것

1. 가족회의를 훈계나 부모의 자식 통제 시간으로 사용하지 말자.

2. 아이들이 지배적으로 회의를 통제하게 내버려두지 말자. 어디까지나 상호존중이 중요한 열쇠다.
3. 가장 중요한 일정이라 생각하고 미루지 말자.
4. 실수가 훌륭한 학습 기회라는 것을 잊지 말자.
5. 가족회의를 완벽하게 진행하는 것이 중요한 게 아니라 중요한 삶의 기술을 가르쳐주는 과정이 중요하다는 사실을 잊지 말자. 삶의 기술을 배우는 데는 시간이 걸린다. 해결책이 설령 소용없더라도 다시 목록을 보고 존중과 해결책에 기반을 두어 다시 한번 시도할 수 있게 해주기 때문에 소중한 기회인 것이다.
6. 4세 미만의 아이들이 회의에 참가하길 기대하지 말자. 어린아이들이 방해가 되면 잠들 때까지 기다렸다 회의를 진행하자.

화내는
아이

25

아동 발달 측면

대부분의 교사와 부모는 어른이든 아이든 화를 낼 수 있다는 사실을 잘 알고 있다. 적어도 머리로는 이해를 하고 있기 때문에, 아이가 화를 낼 때 건설적인 방법으로 분노를 이해하고 해소할 수 있도록 도와줘야 한다고 생각한다. 하지만 막상 화가 난 아이를 마주하면 이상하게도 그런 선한 의도가 모조리 사라져버린다. 화가 난 아이는 소리를 지르고, 울고, 물건을 던진다. 다른 사람을 때리거나, 물건을 부수거나, 머리를 갖다 박기도 한다. 선생님이나 부모는 그런 모습에 겁을 먹거나 아이만큼처럼 이성을 잃기도 한다.

아이가 제일 처음 느끼는 감정 중 하나가 분노이다. 동시에 어른들이 용납하지 않는 감정이라는 것을 제일 먼저 알아차리는 감정 중 하나이기도 하다. 아이가 화를 내면 어른들은 미간을 찌푸리며, "엄마한테 그런 식으로 말하면 못써"라거나 "아빠한테 화내는 거 아니야!"라고 말한다. 그러나 다른 감정들과 마찬가지로, 분노는 멈추라고 해서 사라지는 감정이 아니며, 아이들 나름대로 화가 날 만한 정당한 이유가 있을 때도 있다.

보글보글 끓고 있는 냄비를 상상해보자. 김이 올라오고 있는 건 알 수 있지만 가까이서 보기 전까진 안에서 뭐가 끓고 있는지 알 수 없다. 분노는 수증기와 같다. 알아차리기는 쉽지만 안에서 끓고 있는 문제는 가려져 있다. 아이들은 상처받거나, 두렵거나, 답답하거나, 걱정하거나, 외롭거나, 오해받았거나, 무례한 대우를 받았다고 느낄 때 화를 내곤 한다. 특히 어린아이들은 자신이 느끼는 감정이 분노라는 것조차 모를 수도 있기 때문에 분노가 어떤 감정이고, 왜 화가 났고, 자신과 다른 사람들에게 상처를 주지 않기 위해 어떻게 대처해야 할지 하나하나 알려주어야 한다.

제안

1. 화가 난 아이를 대할 땐 평정심을 잃지 말고 부드럽게 대해야 한다. 10까지 셀 수도 있고, 깊은 심호흡을 할 수도 있다. 어른이 평정심을 잃은 상태에선 아이가 감정을 자제하도록 도울 수 없다.
2. 분노를 다스릴 방안을 제시해주자. 아이가 화가 난 상태에서는 해

결책을 찾을 수 없다. 아이에게 긍정적 타임아웃을 제안한 후, '기분 좋은 곳'으로 가도록 유도하거나, 어른 자신이 긍정적 타임아웃의 장소로 갈 수도 있다.(76쪽 참조) 아니면 학급회의 시간에 '분노 돌림판'을 만들어 화났을 때 어떻게 진정하면 좋을지 이야기를 해볼 수도 있다. 운동장에서 빨리 달리기, 오뚝이 풍선 때리기, 목제 말뚝에 망치질하기, 찰흙 짓뭉개기, 인형극으로 감정 표현하기 등이 있다. '기분 좋은' 장소에 가는 것이나 학급회의를 여는 것도 '분노 돌림판'에 포함할 수 있는데, 아이들이 삶의 기술을 고르고 실천해보는 과정에서 자신의 힘을 깨달을 수 있기 때문이다. 자기 자신이나 다른 사람을 신체적, 언어적으로 상처 주거나 물건을 부수는 선택지는 적절하지 못하다.

3. 아이가 진정됐다면 아이에게 무슨 일이 있었는지 물어보자. 적극적 경청(90쪽 참조)을 통해 아이가 왜 화났는지 원인을 찾아보자. "들어보니 제니가 기분을 상하게 해서 똑같이 상처 주고 싶었구나"라든지 "매튜가 장난감 트럭을 가져가서 속상했겠다"라는 식으로 반응해 줄 수 있다. 아이가 느꼈을 감정을 인정해주면, 아이는 이해받았다고 느끼고 진정하게 된다. 상황에 따라 아이와 함께 해결방안에 관해 이야기하거나 학급회의 시간에 안건으로 다룰 수도 있다.

4. 아이에게 진짜 화가 났을 때 신체에 어떤 반응이 일어나는지 물어보자. 분노는 심장을 빨리 뛰게 하고, 호흡을 가빠지게 하며, 혈관을 확장시키고, 근육을 수축하게 하는 등 신체적 반응을 불러일으키기 때문에 대부분의 경우 신체 변화를 통해 화가 난 것을 알 수

있다. 만약 아이가 가슴이 꽉 막힌 거 같다고 하거나, 주먹을 꽉 쥐거나, 얼굴에서 열이 나는 것 같다고 한다면 이는 화가 났을 때 느낄 수 있는 자연스러운 반응이므로 아이에게 그건 화가 나서 그런 것이라고 알려주고, 아이가 더 화가 나서 자제력을 잃기 전에 진정할 방법을 알려주자.

5. 아이에게 화가 났을 때의 감정을 그림으로 그려보라고 하자. 신체의 어느 부위에서 분노가 일어나는지, 무슨 색인지, 혹은 무슨 소리가 나는지 물어볼 수 있다. 감정에 일종의 실체를 부여하게 되면, 아이가 감정에 어떻게 대처해야 하는지 알기가 쉬워진다.

6. 만약 아이가 자신이 느끼는 감정이 뭔지 정확히 모르는 상태라면 '감정 표정 표'(190쪽 참조)를 참고해 어떤 감정을 느끼는지 물어보도록 하자.

7. 부정적인 감정일지라도 아이가 그 감정을 벗어나도록 강요하기보다는 아이의 감정을 인정하자. 아이가 느끼는 감정을 그 자체로 받아들이고, 어떻게 대처하면 좋을지 함께 고민하고, 일어난 일은 수습하고, 실수로부터 배울 수 있도록 도와주자. 아무리 노력해도 아이의 감정을 '고칠' 수는 없다. 그리고 부정적인 감정조차 아이에게는 배움과 격려의 기회가 될 수 있다는 걸 잊지 말자.

부모와의 협력을 위한 팁

화가 난 아이의 감정을 이해하고 대처하는 것은 부모에게도 어려운 일이다. 앞서 말한 방법들로 참고자료를 만들어서 부모가 참고할 수 있도록 준비해줄 수도 있다. 아이가 스스로 어떤 감정을 느끼는지 모르거나, 어떻게 표현을 해야 할지 모르는 경우에는 '감정 표정 표'를 보여줄 수도 있다. 보육원의 아이들 중 화를 자주 내거나 호전적인 아이가 있다면 아이의 부모와 마주 앉아 이야기를 나누는 것도 하나의 방법이다. 아이가 자주 분노한다면 가정에 무언가 일이 있다는 신호이며, 이럴 경우 카운슬링이나 육아 수업을 통해 상황이 개선될 수도 있다. 부모의 이혼, 가족의 질병, 혹은 다른 가정사가 있다는 것을 이해한다면 아이의 행동이 교사 개인에 대한 공격이 아니라는 것을 받아들이고 보다 차분하게 대처할 수 있다.

협력하지 않는
아이

26

아동 발달 측면

당나귀는 어떻게 당나귀에게 동기를 부여할지 알지 못하는 주인에게 협조적이지 않다. 당근이 채찍보다 훨씬 효과적이다. 협력하지 않는 아이를 비난하기보다는 어른들이 아이에게 동기부여하는 법을 알아야 한다. 이 장에선 동기부여를 집중적으로 논하겠지만 다른 장에서 다룬 발달상의 문제들(어른의 기대에 맞는 행동을 할 발달단계가 아니라든가 언어 능력이나 기타 기술 부족으로 답답함을 느낀다거나)이 비협조적인 행동의 원인일 수도 있다는 점을 기억하는 것도 중요하다.

제안

아이에겐 자율성과 자주성이 중요하다는 점을 기억하자. 선택지를 주는 것이 중요하다. "블록 공간 청소를 도울래? 소꿉놀이 공간 청소를 도울래? 네가 정해."

아이들은 무얼 하라고 시킬 때보다 부탁을 받을 때 더 기꺼이 돕는다. "네 도움이 정말 필요해. 블록 공간에서 뭘 해야 할지 알고 있니?" 이렇게 질문하면 아이들은 사고능력을 키울 수 있고 할 수 있다는 자신감을 가질 수 있다. 아이들이 자율성과 자주성을 유용하게 사용할 수 있도록 격려하자.

훈련에 시간을 들여라. 차근차근 단계별로 하는 법을 보여주고, 같이 하라. 아이들이 스스로 하게 됐을 때 한동안 지켜보라. 노력을 장려하자. 양말 신기를 예로 들어보자. 먼저 발꿈치 부분이 밑에 오도록 바닥에 양말을 놓는 방법을 보여주고, 그다음에 발가락이 쉽게 들어갈 수 있도록 양말을 엄지손가락과 다른 손가락 사이에 움켜잡는 걸 보여준다. 발을 넣고 양말을 잡아당겨서 신는 과정을 보여준다. 아이들이 터득할 때까지 연습하게 한다. 이러한 과정을 청소나 다른 옷가지 입기 등 여러 분야에서 활용할 수 있다.

3~6세 아이들 반에서는 학급회의나 그룹회의를 열어서 서로를 도울 수 있는 해결책을 브레인스토밍하면서 서로 협력하는 법을 가르쳐줄 수 있다.

앞장에서의 예시와 같이 일과를 짤 수 있게 도와주면 정해진 규칙을 안전하게 지키면서 자율성과 자주성을 기를 수 있다. 79쪽에 있는 활동은 부모를 위해 고안된 것이다. 보육시설을 위한 계획을 부모가 자기 집에 맞게 수정하는 것보다는 부모를 위한 활동을 교사가 보육시설에 맞게 수정하는 것이 더 수월하기 때문이다. 아침시간, 점심시간, '조용한 시간', 오후시간, 퇴원시간에 맞게 일과표를 짤 수 있다.

일과표가 '대장'이 되게 하는 것이 매우 중요하다. 아이들에게 뭘 하라고 시키기보다는 "일과표에는 다음 일과가 뭐라고 되어 있지?"라고 물어본다.

부모와의 협력을 위한 팁

부모는 아이들의 협동심을 길러주는 방법을 배우길 원한다. 부모들과 몇가지 방법을 공유하고 집에서 만들 수 있는 일과표 작성법을 알려주자.

부록

아이와 함께하는 미술 놀이

비눗방울 만들기

준비물

물과 액상 세제를 10:1로 섞은 비눗물

방법

다 쓴 깨끗한 플라스틱 통에 물과 세제를 넣어 뚜껑을 덮고 하룻밤 둔다. 스티로폼 컵에 비눗물을 담고 빨대나 커피 스틱을 비스듬하게 꽂는다. 아이를 싱크대 근처 테이블에 앉히거나, 큰 대야에 비눗물을 담아서 밖으로 나갈 수도 있다. 야외에서 깨끗한 파리채, 과일 담는 플라스틱 바구니, 6개들이 캔 음료 위에 있는 플라스틱 고리, 모루 등 다양한 모양으로 만든 다음 어떤 모양의 모루를 쓰든 비눗방울은 항상 동그란 걸 관찰해보면 더욱 좋다. 치즈 강판, 뒤집개, 구멍 있는 국자 등을 사용해 다양한 크기의 비눗방울을 만들어 보자. 다 쓴 휴지심도 비눗방울 만들기에 좋다. 욕조에 아이를 앉히고 비눗방울을 불게 할 수도 있고, 방수되는 재질의 식탁보를 바닥에 깔고 아이를 가운데 앉힐 수도 있고 앞치마를 입고 미끄러지지 않는 작은 의자를 밟고 올라가 싱크대에서 비눗방울을 불 수도 있다.

손가락 물감 #1 – 옥수수 전분으로 만드는 물감

준비물

옥수수 전분 1.5컵

물 7컵

찬물

조각 비누 1.5컵

식용색소

방법:
옥수수 전분을 충분한 찬물과 함께 섞어서 반죽을 만든다. 물 7컵을 냄비에 넣어 끓인 후 반죽을 넣고 반짝반짝해질 때까지 끓인 후 꺼낸다. 반죽이 식기 전에 조각 비누를 넣는다. 식용색소를 넣고 반죽을 잘 섞는다. 밀봉만 잘하면 일주일은 쓸 수 있다.

손가락 물감 #2

준비물
면도용 크림이나 핸드크림(여행용의 작은 크기가 딱 좋다. 아이가 알레르기가 있다면 무향 크림을 쓰자. 식용색소가 들어간 템퍼라 가루를 써도 좋다.)

방법
쿠키를 굽는 제빵 판이나 종이 포일에 면도용 크림이나 핸드크림을 적당히 짠 후, 손가락에 묻혀서 글씨를 쓰거나 그림을 그리거나 지금까지 그린 것들을 마법처럼 쓱 밀어서 지우고 새로 시작할 수도 있다. 소금을 넣으면 독특한 질감도 느낄 수 있고, 반짝반짝해진다.

짜서 쓰는 물감

밀가루, 소금, 물을 같은 비율로 섞는다. 각 재료를 두 컵씩 넣으면 네 가지 색깔을 내기에 충분한 양이 된다. 원하는 색상의 템퍼라 가루 한 테이블스푼을 넣는다. 말랑말랑한 플라스틱 병에 혼합물을 넣고 종이 위에 짜면서 그림을 그린다. 완성작을 벽에 걸기 전에 잘 말리는 걸 잊지 말자.

물로 색칠하기

준비물
플라스틱 통(투명한 것이면 더 좋다.)

일회용 물감 팔레트
큰 붓
페인트 롤러

플라스틱 통을 물로 가득 채우고 원하면 식용색소를 넣는다. 롤러와 큰 붓을 사용해 말 그대로 동네를 칠해보자! 인도, 집 앞, 건물 등 어디든 색칠할 수 있다.

소금물 수채화

물감이 마르지 않은 수채화 위에 소금을 뿌려 새로운 느낌을 살려보자!

투명한 비닐봉지 놀이

집에서 만든 손가락 물감 두 테이블스푼, 혹은 각각 다른 색(빨강, 노랑, 파랑) 손가락 물감을 각각 한 테이블스푼을 투명한 비닐봉지에 넣고 밀봉한다. 아이에게 봉투를 주물러 보게 하거나 봉투 위에 손가락으로 글씨를 써보게 하자. 감촉이 어떤지, 선이 어떻게 보이는지, 색은 어떻게 섞이는지 이야기해보자.

크레용, 마커, 색연필 놀이

크레용 서너 개를 고무줄을 사용해 묶고 아이에게 준 다음 종이에 원하는 대로 마구 그림을 그려보라고 한다. 이때 생긴 빈 곳을 원하는 색으로 색칠해보라고 하자.
마커와 색연필과 크레용을 묶어 그림을 그리도록 하고 서로 다른 굵기나 색상 등이 세 가지 재료가 그리는 각기 다른 선에 대해 이야기해보자.

크레용 덩어리 만들기

다 쓴 크레용을 겉의 종이는 제거해서 빈 통에 잘 모아두자. 통이 꽉 차게 되면 안 쓰는 머핀 팬에 크레용 조각을 담고 오븐에서 65도로 서서히 녹인다. 너무 어두운 색만 나오지 않도록 밝은 색도 섞어주도록 한다. 녹은 크레용이 굳을 때까지 식히고 재미있는 크레용 그림을 그려보자. 부러져서 쓰지 못하는 크레용을 재활용하기에도 좋은 놀이이다.

액체 괴물 만들기

옥수수 전분 3컵과 물 반 컵을 가장자리가 위로 올라와 있는 젤리롤 펜이나 쿠키 틀에 넣고 섞는다. 원하는 촉감이 될 때까지 물을 조금씩 붓는다. 이상적인 슬라임은 손에 붙지 않고 스르륵 떨어진다. 원하면 식용색소를 넣어도 된다. 아이들은 슬라임의 독특한 촉감을 좋아한다. 다 먹은 땅콩버터 통을 깨끗이 씻은 다음 넣어두었다가 나중에 재사용할 수도 있다. 좀 마르면 물을 더 넣어주면 된다. 한 번 만들면 오랫동안 가지고 놀 수 있다.

홈메이드 반죽

찬물 1컵
밀가루 1컵
끓는 물 2 1/4컵
백반 1 티스푼
노루발풀(wintergreen) 향신료 3/4 티스푼

찬물과 밀가루를 매끄러워질 때까지 섞는다. 뜨거운 물을 넣고 약한 불에서 계속 젓는다. 매끄럽고 반짝이면서 파란빛이 도는 회색이 되면 불을 끈다. 산뜻한 향을 원하면 향신료를 넣는다. 저렴한 이 홈메이드 반죽을 오래 저장하려면 냉장고에 넣어두면 된다.

플레이 도우 만들기

#1 가열해서 만드는 플레이 도우
준비물
밀가루 1컵
물 1컵
식용유 1 테이블스푼
소금 1/2컵
식용색소 몇 방울
타르타르 크림 1 테이블스푼

방법
모든 재료를 섞은 후 중~약불에서 나무 숟가락으로 저어준다. 이때 공 모양으로 동그랗게 만들어준다. 식힌다. 밀가루를 뿌린 쟁반 위에서 매끄러워질 때까지 치댄다. 밀봉된 용기에 보관한다. 냉장고에 넣으면 아주 오랫동안 보관할 수 있다. 색의 삼원색으로 점토를 만든 후, 아이에게 주황색, 초록색, 보라색을 만들어 보게 할 수도 있다.

#2 가열하지 않고 만드는 플레이 도우
준비물
물(1/2컵으로 시작해서 필요한 만큼 조금씩 더한다.)
밀가루 2컵
소금 1컵
식용유 2테이블스푼
타르타르 크림 4티스푼

방법
물 반 컵과 나머지 재료를 잘 섞고, 필요하다면 조금씩 물을 더 넣는다. 식용색소 몇 방울을 물에 넣는다. 반죽이 매끄러워질 때까지 치댄다. 뚜껑이 있는 용기에 보관한다. 너무 끈적거리면 밀가루를 조금 더 넣는다. 2~3주 동안 가지고 놀 수 있다.

#3 시나몬 플레이 도우

준비물

밀가루 2컵

식용유 1 테이블스푼

물 2컵

시나몬 4 테이블스푼

소금 2컵

타르타르 크림 4 테이블스푼

방법

1. 냄비에 모든 재료를 넣고 섞는다.

2. 중불에서 고무 같은 질감이 될 때까지 가열한다.

3. 밀가루를 뿌린 쟁반 위에서 매끄러워질 때까지 치댄다.(냄새는 시나몬 롤 같이 달콤하지만, 소금을 넣었기 때문에 맛은 냄새만큼 좋지 않다.)

4. 식힌다. 뚜껑이 있는 용기에 넣어 냉장고에 보관하면 오랫동안 계속해서 가지고 놀 수 있다.

#4 달콤한 향이 나는 플레이 도우

준비물

밀가루 1컵

소금 1/2컵

식용유 3 테이블스푼

끓는 물 1컵

무가당 주스 파우더 작은 봉지로 1개

방법

1. 끓는 물과 식용유를 나머지 재료에 넣고 섞는다.

2. 밀가루를 뿌린 쟁반 위에서 반죽을 치대서 공 모양을 만든다. 독특한 촉감과 향을 느낄 수 있을 것이다. 뚜껑이 있는 용기에 담아 냉장 보관하면 오랫동안 가지고 놀 수 있다. 여러 가지 다른 주스를 사용해 각기 다른 용기에 담아 보관할 수도 있다. 빈 플라스틱 버터 통은 이 플레이 도우를 보관하기에 좋다.

플레이 도우로 더 재밌게 놀 수 있게 해줄 물건들

쿠키 판, 밀대, 쿠키 커터, 날카롭지 않은 테이블 나이프와 포크, 옷핀, 아이스크림 막대, 필름 통, 모루, 빨대, 감자 매셔, 캔 스프레이 뚜껑, 휴지심, 이쑤시개(주위에 너무 어린아이가 없을 때만), 작은 머핀/제빵틀, 플라스틱 용기, 작은 블록, 목재 릴, 커피 스틱, 고기용 쟁반, 작은 타일, 알루미늄 포일 프라이팬, 작은 도마

노는 방법

아이들은 대개 더러워지는 놀이를 좋아한다. 탁자 위의 쟁반에서만 찰흙을 가지고 놀 수 있게 함께 규칙을 정하자. 아이가 규칙을 잊어버리면 찰흙을 치우고 "나중에 다시 해보자"라고 부드럽게 말하자. "감촉이 정말 흥미롭다. 네가 제일 좋아하는 색이 파란색 맞지?"라고 말하자. 흥미로운 도구를 주면 아이가 부엌을 재난구역으로 만들지 않고서도 창의력을 발휘할 수 있을 것이다. (아이오와주립대학 가족 생명 분야 전문가 매리 L. 휴즈Mary L. Hughes의 허락을 받아 발췌)

미국 유아교육협회 평가 지표

　전미유아교육협회(National Association for the Education of Young Children, NAEYC)는 미국에서 가장 규모가 크고 가장 영향력 있는 단체로, 신생아부터 3학년 아이들의 교육의 질을 향상하고자 노력하는 교사들의 모임이다. 1926년에 설립된 NAEYC의 회원 수는 100,000명이 넘었으며 미국 전역에서 450개에 달하는 시립, 주립, 지역 단위의 기관과 협력하고 있다. NAEYC는 아이들이 유아교육을 받는 동안 최적의 교육을 받을 수 있도록 매년 콘퍼런스를 개최하고, 연구를 진행하며 교육의 질을 높이기 위해 힘쓰고 있다.

　NAEYC의 가장 큰 업적 중 하나는 유아교육 승인을 위한 기준을 세운 것이다. 승인을 받는 과정은 쉽지 않지만, 결과적으로 아이들이 높은 수준의 교육을 받을 수 있게 되고 교사들도 올바르게 교육할 수 있다는 점에서 NAEYC로부터 교육 프로그램을 승인받는 것을 고려해 볼 수 있다. NAEYC의 승인을 받기 위해선 세 가지 단계를 거쳐야 한다. 우선 스스로 기준을 보며 확인해보고, NAEYC가 확인을 하고 승인을 내려준다. 더 많은 정보를 위해선 1509 16번가 NW, 워싱턴 D.C. 20036-1426에 있는 NAEYC를 방문하거나 +1 800-424-2460으로 전화를 하거나 웹사이트(www.naeyc.org)를 방문하면 된다. 승인을 받을 생각이 없더라도 승인기준을 살펴보면 양질의 교육을 제공하는 데 도움이 될 것이다.

　승인기준은 다음과 같다.

교사와 아이와의 관계

따뜻하고, 존중하고, 개개인의 특성에 따라 다르고, 긍정적으로 지지하고, 대응성이 좋은 어른과의 관계를 통해 아이는 자기 자신뿐 아니라 타인도 이해할 수 있는 사람으로 성장하게 된다. 교사는 아이들의 자존감, 사회성, 지적능력 발달을 위해 아이들이 원만한 관계를 유지할 수 있도록 도와야 한다.

- 교사는 아이들의 말과 행동에 반응해주어야 한다. 아이들이 경험, 생각, 감정을 표현할 수 있도록 도와주고, 아이를 존중하는 마음으로 관심을 가지고 경청해야 한다.
- 교사는 인종, 종교, 가정환경, 문화에 관계없이 모든 아이를 존중과 배려로 대해야 한다.
- 교사는 체벌이나 아이에게 수치심이나 공포감을 유발하는 훈육을 해서는 안 된다.
- 교사는 아이들이 안정감을 느끼고 편안해하며 행복하고 다양한 활동에 참여할 수 있도록 유도해서 아이가 정서적으로 발달할 수 있도록 노력해야 한다.

교육과정

교육과정에는 교육 프로그램의 목표(아이들이 배우게 될 내용)를 비롯해 다양한 활동 목록, 하루일과, 어떤 교육 도구를 어떻게 활용할 것인지, 한 활동에서 다른 활동으로 넘어갈 때 어떻게 진행할지, 일상적인 행동을 어떻게 배움의 기회로 삼을지 등의 계획이 포함되어 있어야 한다. 교육과정 운영에 대한 기준을 설정할 때, 아이들이 능동적 학습자이며 신체적 사회적 경험을 통해 성장하는 존재라는 점을 염두에 두어야 하며, 아이들이 문화적인 지식습득을 통해 세상에 대한 이해도를 높일 수 있도록 구상되어야 한다.

- 프로그램에는 모든 교사와 학부모가 참고할 수 있도록 서면으로 기록된 교육철학과 교육 목표가 있어야 한다.
- 교육과정 계획은 아동발달과 학습에 대한 이해와 아이 개개인의 욕구나 관심사를 고려해 서면으로 작성되어야 한다.
- 영아, 유아, 어린이집 원생, 유치원생, 초등학생에 이르기까지 각각의 발달과정에 맞는 재료나 도구가 구비되어있어야 한다.
- 일상적인 활동도 아이가 배우고, 자기계발을 하고 사회성을 기를 수 있도록 프로그램에 포함되어야 한다.

교사와 학부모와의 관계

교사와 학부모는 양질의 유아교육을 위해 서로 협력하는 관계이며, 부모들은 수업 참관이나 교육과정에 참여할 기회를 환영한다.

- 입학 전 학교 방문, 학부모 오리엔테이션 미팅, 아이가 교육 프로그램에 서서히 적응할 수 있도록 돕는 과정 등을 통해 아이가 가족을 떠나 새로운 환경에서 잘 적응할 수 있도록 도와야 한다.
- 교사는 지속적이고 꾸준한 양방향소통을 통해 학부모와 협력해 상

호 간의 신뢰를 쌓고 이해도를 높이며 아이의 학습적, 발달적 욕구가 충족될 수 있도록 노력해야 한다.

- 교사는 학부모의 말에 귀 기울이고 부모가 아이를 위해 어떤 목표를 세웠고 어떤 걸 선호하는지를 이해하고 문화적, 가정적 차이를 존중해야 한다.
- 원장과 교사 들은 지역사회에 어떤 사회복지 사업, 심신 건강 관련 기관, 박물관, 노서관, 지역 복지 분화센터 등의 교육 프로그램이 있는지 알고 있어야 하며, 이를 적절히 활용해야 한다.

교사의 자질 및 전문성의 구축

교육을 제공하는 교사는 아동과 가족 발달에 대한 높은 이해도를 가지고 아동과 가족의 발달적, 학습적 필요를 충족시켜줄 수 있는 어른이어야 한다.

- 아이를 대면하는 교사는 만 18세 이상이어야 하며 NAEYC가 명시한 기준에 따라 교사로서의 자질과 인성을 갖추고 있어야 한다.
- 영유아 교육 보조자(본 교사의 감독 하에 교육과정 활동을 지도하는 보육 시설의 직원)는 고졸 혹은 그에 상응하는 교육과정 이수자여야 한다. 또한 영유아 교육 및 아동발달에 대한 교육을 받았거나 전문 유아 발달 교육 프로그램에 참여하고 있어야 한다.
- 교사(만 5세 이하의 아동의 교육을 책임지는 보육 시설 직원)는 최소한 영유아 발달 및 아동발달 분야의 전문대 학사학위나 그에 상응하는 학위를 소지해야 한다.

- 원장은 영유아교육과 아동발달은 물론, 인사관리 및 재무관리 분야에서 정식 교육을 받고 현장 경험을 쌓은 전문성을 갖춘 사람이어야 한다.
- 영아, 유아, 유치원생을 위한 교육과정의 경우, 최소한 영유아 교육 및 아동발달 학사학위를 소지했으며 3년 이상의 영유아 교육 경력이 있는 영유아 전문가 혹은 영유아 교육 및 아동발달 석사학위를 취득한 전문가가 교육과정을 지도해야 한다. 이는 보육 시설의 원장이나 교육과정 담당자, 교육과정 전문가, 부원장 등 다양한 직책에 될 수 있다.

행정

교육과정은 아동, 가족, 교사 모두에게 필요한 부분을 채워줄 수 있는 방향성을 가지고 효과적, 효율적으로 운영되어야 한다.

- 교육과정 운영, 비용, 질병, 휴일, 경비 처리, 해고와 관련된 사항을 서면으로 기록해 두어야 한다.
- 정규직의 복리후생제도에는 유급휴가, 건강보험, 퇴직금이 포함돼야 한다.
- 경영 이사진이 있는 경우, 이사진과 실무자의 역할과 책임을 서면으로 명시해야 한다.
- 장기적인 안목으로 예산을 짜고, 재무 건선성을 염두에 둔 회계 장부를 기록해야 한다.

직원채용

아이들의 신체적, 사회적, 감성적, 인지적 발달을 위해 적절한 수의
교사를 채용해야 한다.

학급 규모와 연령에 따른 이상적인 교사와 학생의 비율

연령	학급 규모	비율(교사:학생)
0~12개월	8	1:4
12~24개월 12~24개월	12	1:4
	10	1:5
24~30개월	12	1:6
30~36개월	14	1:7
3세	20	1:10
4세	20	1:10
5세	20	1:10
유치원생	24	1:12
6~8세	30	1:15
9~12세	30	1:15

물리적 환경

아이가 탐구하고 배울 기회를 통해 성장하고 발달할 수 있는 최적의
실내외 환경을 제공해야 한다.

- 실내 놀이방의 실평수는 아이 한 명당 최소 $3.3m^2$의 비율이 되어

야 한다.

- 실외 면적은 아이 한 명당 최소 7㎡의 비율이 되어야 한다.
- 아이들의 연령에 적합한 다양한 도구와 기구들이 실내외에 구비되어있어야 한다.
- 아이들이 1년 내내 다양한 야외활동을 즐길 수 있어야 한다.
- 교실과 교사를 위한 공간을 포함한 모든 교육공간이 편안하고, 정돈되어 있으며 좋은 상태를 유지하고 있어야 한다.

건강과 안전

어른과 아이 모두가 안전하며 건강을 보장받으며 증진할 수 있어야 한다.

- 아이들이 집단으로 모여 있는 상황에서, 건축법규, 위생, 수질, 방화시설같이 아이들의 건강과 안전을 담보할 수 있는 법적 기준을 충족한다는 인증을 받아야 한다. 교육과정이 주나 지역의 교육 관련 부처의 운영 허가나 승인을 받아야 한다.
- 입학하기 전 6개월 이내에 검증된 의료 기관에서 받은 건강상태진단서, 예방접종 증명서, 비상 연락망, 등·하원을 책임지는 보호자 성명, 관련 병력 등의 정보가 담긴 아이들 개개인의 생활기록부를 관리해야 한다.
- 아이들은 항상 어른의 관리·감독 하에 있어야 한다.
- 가정 또는 교사, 자원봉사자 등에 의한 아동 학대나 방치가 의심되

는 경우 관련 지역 기관에 신고해야 한다.

• 납 페인트나 석면이 포함되지 않은 무독성의 건축자재를 사용했다
  는 인증서가 있어야 한다.

• 모든 놀이기구 주변엔 미국 소비자제품안전위원회와 미국 재료시
  험협회의 기준을 충족하는 적당한 깊이의 탄성이 있는 자재나 해
  당 용도로 제작된 고무 재질의 매트가 깔려 있어야 한다. 매트가
  깔린 공간의 길이와 너비는 아이가 기구에서 떨어질 수 있는 구역
  보다 최소 1.2m 더 길어야 한다.

영양과 식사

아이와 어른 모두 신체적, 사회적, 감성적, 인지적 발달을 위해 충분
한 영양분을 섭취할 수 있어야 한다.

• 아이들은 미국 농무부의 '탁아 음식 프로그램' 권고안에 따라 영
  양 기준섭취량에 맞춘 식사와 간식을 먹을 수 있어야 한다. 이때
  섭취하는 양은 보육 시설에서 보내는 시간에 비례하도록 신경 써
  야 한다.

영유아 돌봄에 관한 참고자료

데비 크라이어Debbie Cryer, 텔마 함스Thelma Harms, 베스 보랜드Beth
Bourland의 『능동학습 시리즈*Active Learning Series*』
5세 이하의 아동 교육과정을 위한 능동학습 시리즈
레드리프 출판사(www.redleafpress.org)

베브 보스Bev Bos의 창의적 표현 서적Creative Expression Books
『머핀틀을 옮기지 마세요*Don't Move the Muffin Tins*』 외 다수
턴더페이지 출판사

차이나베리 카탈로그Chinaberry Catalog
(주)차이나베리Chinaberry, Inc.

다이앤 트리스터-더지Diane Trister-Dodge의
『창의적 교육과정 시리즈*Creative Curriculum Series*』
(실용적이면서 발달에 적합한 교육 아이디어가 담긴 시리즈)
레드리프 출판사

주디 허Judy Herr의 『창의적 자원Creative Resources』
교육과정을 구상하는 초보자에게 가이드가 되어줄 서적

학용품 할인점Discount School Supply
(교육 자료, 미술용품, 동화책, 교육과정 관련 서적, 저렴한 기구 등 돌봄센터에서 활용할 수 있는 다양한 물품을 구매할 수 있다.)
www.earlychildhood.com

엘리자베스 크레리Elizabeth Crary
『유치원생을 위한 문제 해결 시리즈Problem-Solving Series Books for Preschoolers』
『내꺼야I Want It』외 다수
패런팅 출판사

진 워렌 Warren, Jean의 『동물 어부바 노래Animal Piggyback Songs』
워렌 출판사

리즈 윌므스, 딕 윌므스Wilmes, Liz and Dick의 『배움의 공간Learning Centers』
빌딩 블록스 출판사

데비 톰슨Debbie Thompson의 『영유아를 위한 1년 교육과정 짜기Early Childhood Themes Through the Year』
티쳐 크리에이티드 리소시스 출판사(www.teachercreated.com)

역자 후기

선생님의 컵을 채워주세요

이 책의 번역을 제안받고 반가웠습니다. 오래전 스탠퍼드대학에서 공부할 때가 떠올랐거든요. 그곳 심리학부에서는 특별히 공부하고 싶은 분야를 정하는데, 저는 조금도 망설임 없이 아동발달심리를 택했습니다. 아동발달심리를 중점적으로 공부하며 스탠퍼드대학 부속 유아유치원 Bing Nursery School에서 아이들을 돌보는 실습을 했던 시절을 떠올리면 지금도 마음이 따뜻해집니다.

"Teacher, I love you"라고 고사리손으로 쓰고 만든 카드를 발렌타인데이에 자랑스럽게 전해줬던 라이언. 귀여운 그 소년이 지금은 청년이 되었겠지요. 모국어가 일본어인 잭은 제게 더욱 특별한 아이였어요. 말 한마디 없이 자기만의 블록쌓기 놀이에 빠져 있는 잭 옆에서 저는 한달 내내 혼자 떠들었습니다. 지금 블록을 쌓고 있구나, 노란 블록과 파란 블록을 연결했구나, 하면서요. 그러기를 4주째. 잭이 갑자기 "I like blocks!" 하며 말문을 열었어요. 정말 놀라운 순간이었죠. 그 후로 저는 잭 옆에 있을 수가 없었어요. 친구들과 활발히 어울려 노느라 제가 끼어들 틈이 없게 되었으니까요. 읽기 시간마다 앞에 나와 곤충 연기를 하고 싶어 했던 다이앤도 떠오릅니다. 왜 하필 곤충 흉내일까 궁금했는데, 지금 생각해보면, 할 수만 있다면 그때의 다이앤에게 사랑의 키스를 띄워 보내고 싶습니다. 이 책을 번역하는 내내 그 아이들과 생일 케이크를 나눠 먹으며 놀았던 기억이 마치 어제 일처럼 새록새록 떠올랐습니다. 분명 힘들었던 순간도 있었을 텐데 매일매일 생일파티처럼 즐겁고 사랑스러운 기억만 남아 있어요.

지금 생각해보면 저는 Bing Nursery School에서 아이들을 칭찬하고 격려하며 훈육하는 방법을 통째 배웠던 것 같습니다. 아이들이 자유롭게 생각하고 판단 내리고 결정할 수 있도록 북돋는 분위기 속에서 성장하는 모습을 제 눈으로 직접 보았던 것은 무척 소중한 경험이었습니다. 영유아 교육에 종사하는 선생님들이야말로 한 사람 인생의 열쇠를 쥐고 계신 중요한 분들이라는 사실, 아이들에게 단지 학습에 도움이 되는 교육이 아니라 인성을 길러줄 수 있는 전인적 교육을 제공하는 것이 아이의 삶에 꼭 필요하다는 사실을 몸으로 느낄 수 있었던 그 시간의 기억들은 이 책을 번역하는 내내 제게 힘을 주었습니다. 이 책을 읽는 선생님들도 힘을 내셨으면 좋겠습니다. 이 책은 아이와 선생님이 곧바로 달라질 수 있는 길을 안내합니다. 놀랄 만큼 심플한 해법을 주지요. 문제가 결코 가볍지 않은 데도요. 마치 알라딘의 마술램프처럼, 우리가 간직하고 있지만 꺼내지 못하고 있던 커다란 힘을 손쉽게 꺼내주는 것 같습니다.

문제행동으로 비치는 아이의 행동이 사실은 '나를 도와주세요'라는 신호라는 것, 세상에서 가장 중요한 일을 하시면서도 그만큼 존중받지 못할 때가 많은 영유아 교사들은 자기의 컵을 채워야 아이들의 컵도 채워줄 수 있다는 것, 아이의 자존심을 키워주기 위한 칭찬이라고 생각했던 말이 오히려 아이에게 족쇄가 될 수 있다는 점 등 이 책에는 영유아 교사에게 꼭 필요한 통찰과 조언이 가득 담겨 있습니다. 무궁무진한 가능성을 품고 있는 아이들이 교육을 통해 상상에 나래를 달고, 자기 자신과 타인을 존중하고 사랑하며 남을 돕는 데서 기쁨을 느끼며 자신감을 가지고 자아를 실현하는 모습을 볼 때만큼 교사가 자긍심과 행복을 느낄 때는 없겠지요. 지금까지 수많은 학급을 변화시켜온 긍정훈육이 영유아 교육 현장에서도 아이들의 삶을 긍정적으로 바꿀 수 있길 바라며 이 땅의 모든 선생님을 진심으로 응원합니다.

지금까지 한영통번역을 전문으로 해온 제게 이번 번역은 큰 도전이었습니다. 저를 믿고 격려를 아끼지 않으며 끝까지 이끌어주신 에듀니티 이하영 주간님, 번역에 도움을 준 한국외국어대학교 통번역대학원의 이민경, 이선경 통번역사님, 감수해주신 PD KOREA 김성환 대표님, 그리고 지금까지 저를 가르쳐주신 부모님과 선생님들, 이 책을 읽어주시는 모든 분께 깊이 감사드립니다. 자, 이제 선생님의 컵을 채워주세요. 아이들을 위해서요.

성은지